法律命题与法律真理

陈 坤 ◎ 著

LEGAL
PROPOSITIONS
AND LEGAL TRUTH

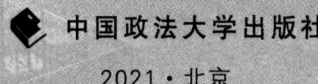
中国政法大学出版社

2021·北京

图书在版编目（ＣＩＰ）数据

法律命题与法律真理/陈坤著.—北京:中国政法大学出版社,2021.5
ISBN 978-7-5620-9994-9

Ⅰ.①法… Ⅱ.①陈… Ⅲ.①法律－研究 Ⅳ.①D9

中国版本图书馆 CIP 数据核字(2021)第 104229 号

出 版 者　　中国政法大学出版社

地　　址　　北京市海淀区西土城路 25 号

邮寄地址　　北京 100088 信箱 8034 分箱　　邮编 100088

网　　址　　http://www.cuplpress.com (网络实名: 中国政法大学出版社)

电　　话　　010-58908586(编辑部) 58908334(邮购部)

编辑邮箱　　zhengfadch@126.com

承　　印　　固安华明印业有限公司

开　　本　　880mm×1230mm　 1/32

印　　张　　9

字　　数　　240 千字

版　　次　　2021 年 5 月第 1 版

印　　次　　2021 年 5 月第 1 次印刷

定　　价　　59.00 元

目 录 CONTENTS

为法律领域的真理与客观性而辩护

本书试图通过提出一种新的法律真理观来为法律知识的客观性辩护。这一辩护的必要性在于，当下法律领域内的知识获取工作正在遭受如下一些错误思潮的败坏。只有消除这些错误思潮的影响，才能更好地推动法律领域的知识增长与实践进步。

第一种错误思潮是各种似是而非的后现代理论。不知从什么时候开始，否认客观性与真理似乎成了一件时髦的事情。人们不断讲述着或被告知：并不存在独立于主体所处的社会条件与历史境遇之外的真理，无论它是关于物理世界的，还是关于自我、历史、文化、法律或道德的。例如，对任何事物的认识都是从自己的"前见"出发进行解释的结果，[1]对知识的寻求不可避免地掩盖了意识形态与权力的运作，[2]知识并不是源于客观实在，而是源于我们自身；[3]不同的科学观点在很大程度

---

〔1〕 参见 ［德］汉斯-格奥尔格·伽达默尔：《诠释学Ⅰ：真理与方法》，洪汉鼎译，商务印书馆 2010 年版，第 377~385、417~424、482~511、688 页等处，对前见、解释与诠释学之普遍性的讨论。

〔2〕 参见 ［法］米歇尔·福柯：《规训与惩罚》，刘北成、杨远婴译，生活·读书·新知三联书店 2007 年版，第 29 页。

〔3〕 Steven Shapin and Simon Schaffer, *Leviathan and the Air-Pump*: *Hobbes, Boyle and the Experimental Life*, Princeton: Princeton University Press, 1985.

上只是根源于人们采用了不可通约的范式，[1]科学研究没有一套的确发挥作用的，或者值得遵循的方法论；[2]知识是社会建构的并因此具有无法克服的偶然性。[3]总之，没有所谓的"客观认识"，合理信念与不合理信念之间的区分也没有任何道理。[4]于是，我们最好以"团结"来代替"客观性"，[5]"用希望代替真理"。[6]

虽然这些说法实际上是夸大其词的，但它们的表述往往是新颖的甚至令人振奋的，从而塑造了一种破坏性怀疑论的智识

---

〔1〕 参见 ［美］托马斯·库恩：《科学革命的结构》，金吾伦、胡新和译，北京大学出版社 2003 年版，第 40~47、101~122 页等处，对范式与范式转变的讨论。库恩此书在 1962 年出版后，一直处于巨大的争议中。范式的确切含义究竟是指什么？科学发展是否可明显地区分为常规阶段与革命阶段？范式转换是否过于夸大了科学知识增长过程中的断裂性，而忽视了其连续性？所有这些问题都仍然处于晦涩不清中。对范式理论的了解还可参见 ［日］野家启一：《库恩：范式》，毕小辉译，河北教育出版社 2002 年版。对库恩理论的发展，或者说，对库恩范式理论与波普尔证伪主义之综合的科学史理论，可参见 ［英］伊·拉卡托斯：《科学研究纲领方法论》，兰征译，上海译文出版社 1999 年版，第 182~191 页，对"内部史"与"外部史"的讨论。

〔2〕 See Paul Feyerabend, *Against Method*, New York: Verso, 1993, pp. 214~229.

〔3〕 参见 ［奥］卡林·诺尔-赛蒂纳：《制造知识——建构主义与科学的与境性》，王善博等译，东方出版社 2001 年版，第 76~87 页。书中所持的观点体现了科学知识社会学（Sociology of Scientific Knowledge，SSK）的一般认识，自 20 世纪 70 年代以来，不断有社会学家以激进的外部视角对传统的科学哲学进行挑战。对此学派的进一步了解，可参见 ［英］大卫·布鲁尔：《知识和社会意象》，艾彦译，东方出版社 2001 年版；［法］布鲁诺·拉图尔、［英］史蒂夫·伍尔加：《实验室生活：科学事实的建构过程》，张伯霖、刁小英译，东方出版社 2004 年版。

〔4〕 See Barry Barnes and David Bloor, "Relativism, Rationalism and the Sociology of Knowledge", in Martin Hollis and Steven Lukes, *Rationality and Relativism*, Cambridge, Mass.: MIT Press, pp. 21~47.

〔5〕 参见 ［美］理查德·罗蒂：《实用主义哲学》，林南译，上海译文出版社 2009 年版，第 94~114 页。

〔6〕 ［美］理查德·罗蒂：《后形而上学希望——新实用主义社会、政治和法律哲学》，张国清译，上海译文出版社 2003 年版，第 1 页。

氛围，并波及了我们对于法学知识的思考。[1]如果一般地说，人们无法获得任何知识的话，那么他们当然也就无法获得任何法学知识。因此，要为法律领域的真理与客观性辩护，有必要反思与抵制这种思潮，并清除它对法学研究的影响。

如果说这一种思潮是一般性的，只是不幸波及法律领域，那么本书所要清理的第二种错误思潮则源发于法学领域。我们知道，在法律实践中，人们经常会碰到一些疑难案件。在这些疑难案件中，人们经常会就相关法律问题的答案争论不休。例如，在泸州"二奶"继承案[2]中，人们争论相关的遗嘱是否有效；于欢故意伤害案[3]中，人们争论于欢的行为是正当防卫，还是防卫过当。值得注意的是，虽然人们争论相关法律问题的答案，但他们在一个更基本的问题上，观点是一致的，即他们所争论的问题，是存在正确答案的。例如，在朱建勇故意毁坏财物案中，[4]虽然陈兴良教授认为朱建勇的行为不构成故意毁坏财物罪，[5]而张明楷教授则认为构成，[6]但他们都认为，朱建勇的行为是否构成故意毁坏财物罪这一问题是存在正

---

〔1〕　如，刘星教授对法学知识的讨论显然受到了福柯知识社会学等后现代理论的影响。参见刘星："法学'科学主义'的困境：法学知识如何成为法律实践的组成部分"，载《法学研究》2004年第3期，第27~38页。

〔2〕　具体案情，参见四川省泸州市中级人民法院民事判决书，[2001] 泸民一终字第621号。

〔3〕　具体案情，参见最高人民法院指导案例93号。

〔4〕　简要案情如下：被告人朱建勇侵入被害人股票交易账户，采取高进低出的方法进行股票交易，给被害人账户造成资金损失19.7万余元。参见"上海市静安区人民检察院诉朱建勇故意毁坏财物案"，载《中华人民共和国最高人民法院公报》2004年第4期，第27页。

〔5〕　参见陈兴良："故意毁坏财物行为之定性研究——以朱建勇案和孙静案为线索的分析"，载《国家检察官学院学报》2009年第1期，第96~107页。

〔6〕　参见张明楷：《刑法学》（第3版），法律出版社2007年版，第749~750页。

确答案的。如果没有正确答案，那么他们之间的争论也就没有任何意义了。另外一种不同的声音是，陈兴良教授和张明楷教授都错了，因为这个问题根本没有正确答案。这种声音又可以细分为两个不同的主张。一种主张认为，不仅朱建勇的行为是否构成故意毁坏财物罪这个问题没有正确答案，而且所有的法律问题都没有正确答案。本书将这一主张称为"法律真理的怀疑论"。因为所谓法律问题没有正确答案，和法律命题没有真假之分，实际上说的是一回事。如果"朱建勇的行为构成故意毁坏财物罪"这个命题具有真假之分，那么"朱建勇的行为是否构成故意毁坏财物罪"这个问题就有正确答案；反过来，如果"朱建勇的行为是否构成故意毁坏财物罪"这个问题有正确答案，那么"朱建勇的行为构成故意毁坏财物罪"这个命题就有真假之分。另一个稍微弱一点的主张认为，虽然朱建勇的行为是否构成故意毁坏财物罪这个问题没有正确答案，但有些法律问题还是具有正确答案的。虽然我们不知道朱建勇的行为是否构成故意毁坏财物罪，但我们知道他的行为一定不构成故意杀人罪。换句话说，"朱建勇的行为构成故意毁坏财物罪"这个命题可能没有真假之分，但"朱建勇的行为不构成故意杀人罪"这个命题一定是真的。本书将这一主张称为"法律真理的空缺论"。法律真理的怀疑论和空缺论都在一定程度上消解了人们追求法律真理的信心。

第三种错误思潮是一种反科学主义的理念。法律与自然科学研究的对象在许多方面是不同的，法学与物理学等所谓的"硬科学"在许多方面也不同，于是一些人就声称"法学不是科学"。很多这样声称的人既不了解法学，也不了解科学。有趣的是，虽然很多人没有真正地阅读过一本科学哲学方面的著作，但这似乎并不妨碍他们谈论法学是不是科学的问题。这使得多数关于"法学不是科学"的论断不值得被严肃对待。还有一些人认为，如果将法学称为科学，那么将助长法学知识领域中的霸权主义，而消解法学的科学性才有利于在法学学术共同体中"实现交流对话的民主机制"。[1]这一说法是莫名其妙的。从来没听说过物理学知识领域有什么霸权主义。实际上，消解法学的科学性不仅无助于消解所谓的霸权主义；相反，和任何知识领域中的相对主义或怀疑论一样，这种消解只会造成知识的"意识形态化"，从而最终助长话语霸权。在任何学术领域，有意义的对话都实质性地依赖于"存在客观知识"这一预设；抵制或瓦解理论霸权的可能性也恰恰存在于"任何人的信念都不必然等同于真理"这一前提之上。很明显，如果没有真理存在，那么决定对错的就只剩下权力了。

本书试图清除上面三种错误思潮。从这个角度看，就此而论，本书是批判性的，但本书同时也是建构性的。本书第五章将提出一种新的法律真理观。实际上，由于这三种错误思潮是对客观（法学）知识的批判与解构，对它们的批判在某种意义上本身就是建构性的。在这三种错误思潮中，第二种思潮与我们讨论的问题最直接相关，也将得到最为详尽的考察。本书第二章批判各种不同的法律真理怀疑论。它们有的建立在某种哲学理论的基础上，有的是从法律领域内部出发的，但无一例外都是错误的。本书第三章批判法律真理空缺论。比起怀疑论，空缺论更温和，但也因此更有"蛊惑性"。通过对怀疑论与空缺论的批判，可以初步建立"法律领域内的命题具有真值"这一判断的正确性，但要最终建立它的正确性，是否需要提出一个妥当的法律真理观呢？本书将在考察已有的各种法律真理理论

---

〔1〕　刘星：《法学知识如何实践》，北京大学出版社 2011 年版，第 62~63 页。

的基础上，给出自己的回答。本书最后一章试图将这样一种法律真理理论运用到对正确判决的考察中，以彰显法律真理理论的实践意义。

法学之所以是或者说可以成为一种科学，实质性地依赖于法律知识具有客观性。如果我们将科学理解为一种求真的事业，那么本书主要是在论证：法律领域的确有"真"可求。当然，要证明法学的确是一种科学，仅证明法律领域有"真"可求还不够，还要证明法学的确是一种求真的事业。而这正是一些学者所反对的，在他们看来，法学与科学的最大区别正是在于：科学研究旨在"描述世界"；而法学研究则旨在"改造社会"，或者说，在于使现有的法律在形式、内容与运作上均更为良善。为避免冲淡主题，本书不在正文部分专章讨论这一问题，而用导论的余下部分来说明这一想法的错误性。

事实上，法学研究与科学研究的目标是一致的，都是为了给人们提供关于研究对象的知识，以增进人们对研究对象的认识与理解；或者说，法学与科学一样都是认识性的活动，仅为"求真"，而非"求善"。而法学的目标是或包括"求善"这种看法，基本上都根源于下述四个混淆中的一个或数个：

- 对法学实践与法律实践的混淆；
- 对法学实践的"内在目标"与"外在目标"的混淆；
- 对研究对象与研究目标的混淆；
- 对问题不同层次的混淆。

首先，我们并不否认，从最终目标上说，所有以法律为对象的人类实践活动都旨在"求善"。实际上，更宽泛地说，所有的人类实践活动——不管是科学研究活动，还是政治决策活动——都旨在"求善"，都旨在使人类所处的物理与社会环境更加理想。以法律为对象的实践活动作为其中的一部分，一定会分享这种宽泛意义上的"求善"目标，同时也会有自身较为具体的"求善"目标：使法律在形式、内容与运作上更为良善，并使人类行为符合这种良善的规则治理。为达成这一具体的"求善"目标，人们进行立法、裁判等各种决策，或对已经作出的决策（及其结果）进行评价，或为尚未作出的决策提供建议（如周永坤教授关于修改《宪法》第 126 条的建议[1]）。这些直接针对法律决策的实践活动——它们或者本身就是决策，或者是对决策的评价或建议——为法律实践。

　　然而，并不是任何法律决策都能带来好的结果，一个具有良善目标的决策也可能事与愿违——为此，我们才强调"科学立法"；同时，也不是对法律决策的任何评价或建议都是中肯或可行的。因此，为了达成求善的目标，我们不仅需要法律实践活动，而且，实际上也更为重要的是，需要法律实践活动建立在理性的基础之上。"理性"具有丰富的内涵，但不管如何理解，知识一定是理性的必备要素。在广义的以法律为对象的实践活动中，存在一类独特的实践活动，它们旨在为决策、评价或建议提供知识基础。这一类实践活动便是我们所说的法学实践。法学实践的典型实例，如对某个行为进行定性分析（如陈兴良教授对"故意毁坏财物行为"的定性分析[2]），或对某个现象或制度进行实证考察（如陈林林教授对公众意见如何影响法官决策的考察[3]）。这些实践活动与法律决策之间的关系是间接

---

　　[1]　参见周永坤："关于修改宪法第 126 条的建议"，载《江苏警官学院学报》2004 年第 1 期，第 62~65 页。

　　[2]　参见陈兴良："故意毁坏财物行为之定性研究——以朱建勇案和孙静案为线索的分析"，载《国家检察官学院学报》2009 年第 1 期，第 96~107 页。

　　[3]　参见陈林林："公众意见影响法官决策的理论和实验分析"，载《法学研究》2018 年第 1 期，第 18~35 页。

的，它们试图告诉我们一些有关法律的事实或道理，以提出知识基础的方式帮助我们作出理性决策，而不是直接参与到这种决策之中。例如，陈兴良教授对相关行为的定性分析可以为相关案件的裁判提供指导，但其本身不是裁判；陈林林教授对公众意见的考察可以为相关的立法提供依据，但其本身也不是立法。

法学实践与法律实践的区别主要在于：法学实践关心"是什么""为什么"，评价标准为是非正误；法律实践更关注"做什么""如何做"，评价标准主要为利弊得失，有时也包括正当与否。为了判断利弊得失、正当与否，人们首先需要知道，何处有"利"、哪里藏"弊"、如何能够"得"、怎样避免"失"，以及什么是"正当"的标准，而所有这些都需要法学实践来提供。从这个意义上说，法律实践在多大程度上能够取得成功，依赖于直接目标为求真的法学实践所获得的知识在多大程度上是可靠的。

之所以说这些提供知识的法学实践的直接目标为求真，是因为它们并不一般地对法律实践的不成功负责，除非不成功是由它们所提供的知识不可靠引起的。这类似于：果树学家并不一般地对果树种植的失败负责，除非失败是由于果树学家提供了错误的知识；无论果树学家提供的知识是否可靠，果树的种植者都可能采纳或不采纳。就此而论，知识可以用来为某种实践服务，但是否真的能够服务于实践并得到预期的结果，主要不取决于知识本身或其提供者。对于法律实践的求善事业来说，要想取得成功，不仅依赖于求真的法学实践所提供的知识，还依赖于智慧、能力、正义感等，后面这些法学实践可能都无法提供，但这不意味着法学实践提供的知识是不重要的，而只意味着知识不是全部。知识从来都不是全部。正因为此，康德在谈到道德判断时，强调作为一种知识的"道德法则"无法离开作为一种"天赐机智"（mother wit）的良好的判断力而得到运用。[1]

当然，在现实生活中，可能会有一些实践活动，既不是纯粹的法律实践，也不是纯粹的法学实践，而是综合性实践。例如，在《生态文明保障的刑法机制》一文中，焦艳鹏教授主要试图告诉我们什么样的刑法机制才能有效保障生态文明，但同时也试图倡导一种有利于生态文明保障的刑事立法与刑事司法。[2]在这种综合性实践中，我们能够并且应当区分作为法学实践的要素与作为法律实践的要素。其中，作为法律实践的要素旨在求善，在这一具体的实践活动中即旨在建立一种有利于生态保障的刑法机制。然而，什么样的刑法机制才有利于生态保障，这一问题并不取决于人们的信念或期望。作为法学实践的要素旨在揭示"有利于生态保障的刑法机制实际上是什么样的"，而不是"人们认为有利于生态保障的刑法机制是什么样的"，也不是"人们期望建立什么样的刑法机制"。从这个意义上说，综合性实践中的法学实践要素是求真性的，并且只有专心求真，暂时疏离于法律实践要素的其他目标，才能得到确凿的、可信赖的知识，以使作为法律实践要素的评价或建议更加中肯或可行。

有人可能会说，如果不是源于某种实际需求，那么为什么要选择这一而非那一问题进行研究呢？或者会说，如果法学实践提供的知识无法用于法律实践，那么法学实践就是无意义的；因此，法学研究应当关注现实问题，把解决现实问题作为自己

---

〔1〕 李秋零主编：《康德著作全集》（第3卷），中国人民大学出版社2010年版，第125~126页。

〔2〕 参见焦艳鹏："生态文明保障的刑法机制"，载《中国社会科学》2017年第11期，第75~98页。

的价值追求。这些说法本身都没有问题。我们并不否认，法学研究会受到实际问题的推动；甚至也不一般地否认，法学研究应当关注实际问题。但不能据此得出：法学实践旨在求善。这是因为，当我们谈到一种实践活动的目标时，所指的通常是具体的直接目标而非抽象的间接目标或最终目标。目标可以在不同的抽象层次上被谈论。比如，在谈到法律条款的立法目标时，亚历山大说："立法者可能想通过一部法律来实现某个具体的结果 R，并以此来促进某个较为一般的目标 P，这一目标将促进某个更为一般的目标 P_1，而 P_1 将促进作为最终目标的善与正义。"[1]当在解读某个法律条款遇到困难时，知道它最终是想促进"善与正义"对我们来说并无帮助；有帮助的是那些具体的直接目标。[2]同样，对于法学实践的目标来说，是直接目标而非间接目标或最终目标标识了它区别于所有其他实践活动的独特性，从而更具有谈论的意义。此外，更为重要的是，当谈到法学实践的目标时，我们所说的是研究者在法学研究活动中所设定的研究目标，而不是研究者或其他人希望用这一研究达成的社会目标。前者内在于法学实践活动之中，影响研究方法的选定，我们一般根据它来评价研究活动是否取得了成功；后者则是在法学实践活动之外的，影响选题能否获得社会支持或成果具有多大的社会影响力，我们一般用它来评价某一研究活动是否"重要"或"有意义"。从这个意义上说，前者是法学实践的内在目标，后者是法学实践的外在目标。实际上，不仅法学研究，

---

〔1〕 Larry Alexander："All or Nothing at All? The Intentions of Authorities and the Authority of Intentions", in Andrei Marmor, (ed.), *Law and Interpretation*, Oxford: OUP, 1995, p. 388.

〔2〕 对此问题的进一步讨论，参见陈坤："所指确定与法律解释——一种适用于一般法律词项的指称理论"，载《法学研究》2016 年第 5 期，第 125 页。

所有研究活动的目标都有内在与外在之分。这里并非是要论证内在目标比外在目标更重要，而仅试图指出：如果我们从研究目标的角度谈论"法学不是科学"的话，那么一定要在同一种目标的意义上去比较法学与科学。如果我们选定了目标的意义，就可以看出，法学与科学其实并无区别：它们均以求真作为内在目标，同时也都以求善作为外在目标。

正是由于没有区分法学实践与法律实践，以及综合性实践中的法学实践要素与法律实践要素，传统的规范法学遭受了猛烈的抨击。例如，陈瑞华教授说："传统的'规范法学'是不区分'法制'与'法学'的。这与中国文人治学的传统有些一脉相承。……在这种学术传统影响下，'政治'与'学术'也是不加区分的。基本上，写作也罢，学术也罢，无非被视为一种改造社会的手段和工具。"为了改变这一现象，他提倡由"规范法学"转向"实证法学研究"，即运用社会科学方法，从中国的法律经验现象中总结出一般性的规律。[1]

应当说，陈瑞华教授对传统规范法学的批评是中肯的，他所倡导的实证性研究对于我国的法治建设来说也有极为重要的价值；然而，这并不意味着规范法学就没有任何出路，只能被实证法学所取代。陈瑞华教授之所以主张我们从对法律规范的研究转向对法律现象的实证研究，在很大程度上是由于，在他看来，法律现象是可观察的对象，我们能够通过观察这些现象总结出"制度变迁的轨迹与规律"。这些观察和总结旨在告诉我们一些事实与道理，而不是进行评价或建议，因此可以成为真正的法学实践。相对来说，规范法学直接关注的是实践问题的

―――――――――

〔1〕　陈瑞华："法学研究的社会科学转型"，载《中国社会科学评价》2015 年第 2 期，第 24~35 页。

解决，因此在研究中，求真性的法学实践很难被从求善性的法律实践中分离出来。然而，关注实践问题的解决并不是规范法学的特色，实证法学的研究无疑也受到实践问题的推动。比如，陈瑞华教授曾举例道："假如我们能够找到一条足以对各种程序规避问题都具有解释力的'理论线索'……所谓的'因果律'其实也就不难推导出来。"[1]如果不是为了解决刑事程序法的失灵问题，为什么要去找出这种"理论线索"呢？实际上，几乎所有研究——不管是社会科学，还是自然科学——都会受到实践问题的有力推动。比如，如果没有治疗疟疾的强烈现实需要，很难想象人们能在当时的科研条件下发现青蒿素。只要我们将内在目标与外在目标区别开来，就能够明确地认识到：说一种研究活动是求真性的，并不是说它不能受到其他实践目标的推动，或研究者不能追求其他实践目标，而只是说不要让这些实践目标扭曲了研究本身的进程；不要让关于某一问题的客观真理被人们的信念或期望取代。

有人可能会说，与实证法学、其他社会科学或自然科学不同，规范法学研究的对象是法律规范。法律规范本身是有价值的，或旨在实现某些价值。与经验性的法律现象、其他社会现象与自然现象不同，它包含了人们的信念和期望。因此规范法学的研究如何能够摆脱这些信念或期望呢？这一说法首先混淆了研究对象与研究目标。它假定：对于规范性的现象，我们只能采取评价或建议的规范性态度。实际上，这一假定是没有任何道理的。正如我们可以评价那些经验性的现象一样，我们也可以评价规范性的现象。研究对象本身并不决定我们的态度。

---

〔1〕 陈瑞华："法学研究的社会科学转型"，载《中国社会科学评价》2015年第2期，第24~35页。

它既不决定研究的目标，甚至也不决定研究所采取的进路。正是在这个意义上，哈特说："即便描述的对象是评价，描述仍然可以是描述。"〔1〕

规范法学的研究无法摆脱研究者的信念或期望这一想法还可能根源于对问题不同层次的混淆。有一些现象本身是由人们的信念和期望所决定的，但关于这些现象为真的描述并不由这些信念和期望所决定。比如，在一个社会或社群中，人们的信念决定了什么样的服饰搭配是时髦的。这意味着，某一种服饰搭配是不是时髦的，取决于大多数人是否认为它是时髦的。然而，值得注意的是，其取决于"'实际上'大多数人是否认为它是时髦的"，而不是"'大多数人是否认为'大多数人是否认为它是时髦的"。一个社会或社群的主流道德观也是如此，它取决于大多数人的看法，但这并不意味着，我们无法对它作出从根本上说独立于我们的信念与期望的描述。在同样的意义上，虽然理想的法律规范或许取决于人们的信念与期望，实在的法律规范一定取决于人们的信念与期望，但对法律规范——理想的或实在的——的认识却可以独立于人们的信念与期望而客观地为真。无疑，规范法学要为法律实践提供如何做的评价标准，〔2〕但提供评价标准这一活动并不是通过评价完成的，而是通过认识"法律是如何评价的"来完成的。换句话说，它提供的并不是研究者的评价标准，而是"法律的评价标准"。就此而论，虽然法律规范在"价值的世界"，但对理想与实在的法律规范的内容及其运作的探究，仍为求真，而非求善，只不过所求

---

〔1〕　H. L. A. Hart, *The Concept of Law*, (2nd ed.), Oxford: Clarendon Press, 1994, p. 244.

〔2〕　雷磊："法教义学的基本立场"，载《中外法学》2015 年第 1 期，第 221 页。

之真在善之领域而已。正如我们需要将研究对象与研究目标区别开来一样，我们也需要将活动的领域与目标明确区别开来。在"事实的世界"，人们可以从事以求善为直接目标的实践活动。同样，在"价值的世界"，人们也可以从事以求真为直接目标的研究活动。法学实践正是这样一种活动。

总之，从研究目标的角度来说，法学与科学并不存在真正的区别，它们都是求真性的认识活动。值得注意的是，这并不是说立法、裁判等法律决策或对这些法律决策及其结果进行的评价、建议等实践活动是求真性的，也不是说为这些活动提供理由的论证是求真性的；而是说，在论证过程中所使用的理由或者是由求真性的法学研究活动提供的，或者能够被求真性的法学研究活动所评判（评判其是否成立）。

对于上面提到的第一类错误思潮笔者既没有专门立章讨论，也没有在导论中详细说明。一个原因是，本书重点处理那种认为法律领域内没有客观知识的特殊怀疑论，而不是一般性的知识怀疑论。另一个原因是，虽然各种后现代理论一度很流行，"知识的社会建构"一度成为时髦的词令，但很少有人真的会严肃地怀疑我们的科学产生了大量的知识，正是这些知识使我们登上月球、发明了移动电话与互联网、制造了新型冠状病毒疫苗……虽然一些人持有稀奇古怪的信念或者离经叛道的哲学反思，但他们赖以建立这些信念与反思的仍然是大量的与科学一致的常识观点。说到底：能够批判科学的只有科学，能够质疑知识的只有知识，能够反思理性的只有理性。各种后现代理论以及基于它们的一般性的知识怀疑论，初看起来是喧嚣的、有趣的，但实际上是浅薄的、乏味的。它们也许能够吸引一些反智主义者的目光，但远构不成对科学、理性以及知识的真正威胁。

第一章
法律命题、法律知识与法律实践

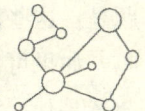

在法律实践中，人们经常作出各种具体的法律主张，例如：

- 许霆的行为不构成盗窃金融机构
- 黄某彬所立遗嘱无效
- 北京大学作出的撤销于艳茹学位的决定有违正当程序原则[1]

人们不仅作出这些主张，而且还会通过援引一些更一般的法律主张来支持它们，例如：

- ATM 机不属于金融机构
- 所有违反社会公德的民事行为都是无效民事行为
- 行使学位撤销权应当遵守正当程序原则

本书将这些具体或一般的法律主张的内容称为"法律命题"（legal propositions）——下面我们就会谈到为什么采用"命题"

---

〔1〕 这些法律主张分别来自"许霆盗窃案""泸州'二奶'继承案""于艳茹诉北京大学撤销博士学位决定案"。具体案情分别参见：广东省广州市中级人民法院刑事判决书，〔2008〕穗中法刑二重字第 2 号；四川省泸州市中级人民法院民事判决书，〔2001〕泸民一终字第 621 号；北京市第一中级人民法院行政判决书，〔2017〕京 01 行终 277 号。

而非其他的术语，例如"陈述""判断"等。本书所关心的问题是：这些法律命题可以合理地被称为"真的"或"假的"吗？如果可以，那么说一个法律命题是"真的"或"假的"，究竟是什么意思呢？应当如何判断一个法律命题是真的还是假的？由于当且仅当一个法律命题 p 为真时，我们说 p 是一个法律真理（legal truth），那么上述问题也就是：存在任何法律真理吗？如何正确地理解法律真理？本书将对这些问题的不同回答称为不同的法律真理观。[1] 在哲学与法学学说史上，存在不同的法律真理观，有传统的符合论的，也有融贯论的或共识论的（见本书第四章）；本书也将提出一种新的法律真理观（见本书第五章）。

按照学术惯例，在进行任何具体的讨论之前，均有必要先行说明进行这一讨论的必要性与重要性。本章就是为这一目标服务的。本章首先通过考察命题与法律命题来揭示一个妥当的法律真理观的必要性，然后通过考察法律命题与法律知识、法律实践之间的关系来揭示一个妥当的法律真理观的重要性，或者说它的理论与实践意义。

一、命题与法律命题：法律真理理论的必要性

本节介绍命题与法律命题，并试图在此过程中同时讲清楚两个问题：（1）为什么选用"命题"这一看起来稍有些抽象的

---

[1] 在哲学上，更一般的问题是：命题是否存在真假？说一个命题是真的，意味着什么？"哲学不是研究什么命题是真的，而是研究，什么是真？当一个人说一个命题是真的，他在说些什么？"See Robert Audi, (ed.), *The Cambridge Dictionary of Philosophy*, Cambridge：CUP, 1995, p. 812. 苏珊·哈克对哲学史上不同的真理理论进行了梳理。参见［英］苏珊·哈克：《逻辑哲学》，罗毅译，商务印书馆 2003 年版，第七章。

术语；（2）为什么需要构造一个妥当的法律真理观，而不是直接依赖于已有的真理理论来探究法律命题的真假。

（一）命题作为真值承担者

法律命题是否可以合理地称为"真的"或"假的"，如果用哲学气息稍微浓厚一点的话说，也就是，法律命题能否作为"真值承担者"（truth bearer）。在哲学史上，人们对什么对象是真值承担者（即真理的载体）是有争论的，候选的对象有：语句、陈述、主张、判断、命题、信念等。这一争论随着术语的混用而变得更加杂乱。例如，在亚里士多德那里，命题就是具有真假的语句，[1] 而弗雷格（Gottlob Frege）则认为命题不是语句本身，而是语句所包含的"思想"或者"意义"。[2] 此外，陈述（statements）与命题、判断与陈述等经常都被当作同义词使用。这些词语的混用并不一定会给相关的理解造成实质性的障碍，但从一个清晰的词汇表述出发通常是有利的。

在上述词汇中，"语句"是最好理解的，是指任何语法上正确且表达完整意思的自然语言表达式。"犯罪是指违反法律应受刑法处罚的行为"是一个语句，"所有的违法行为都是犯罪吗？"也是一个语句。显然，不是所有的语句都具有真值。只有那些陈述句具有真值，疑问句、祈使句都不具有真值。如果将语句作为真值承担者，那么我们就要承认，自然语言中的相当多的语句是缺乏真值的。另外，一个语句有可能此时是真的、彼时却是假的，例如，一定有过某个时间段使得"苏格拉底去世了"在该时间段

---

〔1〕［古希腊］亚里士多德：《工具论》，李匡武译，广东人民出版社 1984 年版，第 58 页。当下的许多哲学词典与逻辑学教科书也这样界定"命题"。例如，金炳华等编：《哲学大辞典》，上海辞书出版社 2001 年版。

〔2〕参见［德］弗雷格：《弗雷格哲学论著选辑》，王路译，商务印书馆 1994 年版，第 116 页。

是假的，但该语句现在是真的。正因为此，有学者坚决反对将语句视为真值承担者。例如，奥斯汀（J. L. Austin）、斯特劳森（P. F. Strawson）反复谈到，具有真值的不是语句，而是陈述。[1]

"陈述"这个词可以在不同的意义上使用。有时它是指一种语言活动，例如，奥斯汀将陈述定义为"特定说话者运用特定语句对特定听众就某个历史事实是什么或不是什么而进行的发言"。[2]谈论一种语言活动的真假多少有些古怪。同样古怪的是谈论作为一种思维活动的"判断"的真假。实际上，"判断""陈述"与"主张"都可以作为动词使用。判断是断定或否定某个事态的思维活动，陈述则是将判断表达出来的语言活动。"主张"的含义大致与"陈述"相同，如果说有什么不同的话，那么可以说"主张"不仅表达了相关的想法，而且同时向他人强调了这一想法的正确性。

作为动词使用的"判断""陈述"与"主张"不宜作为真值承担者，作为名词使用的"判断""陈述"与"主张"也不适宜。因为作为名词使用时，它们通常是指相关思维活动或语句的对象或内容，[3]这使得它们很难与人们更常使用的"命题"区别开来。"命题"是陈述句的内容，或者说一组同义的陈述句所共有的东西。"公司包括合伙"与"合伙属于公司"是两个不同的陈述句，但它们表达了相同的意义，因为它们的内容是同一个命题。

---

〔1〕 See e. g. , J. L. Austin, *Philosophical Papers*, （Oxford：OUP, 1979）, p. 86; P. F. Strawson, *Introduction to Logical Theory*, London：Methuen & Co Ltd, 1952, p. 4.

〔2〕 J. L. Austin, *Philosophical Papers*, Oxford：OUP, 1979, pp. 87 ~ 88. See also, G. Hallett, *Language and Truth*, New Haven：Yale University Press, 1988, p. 32（认为陈述是一种表达或真或假之语句的断定性行为）.

〔3〕 例如，苏珊·哈克将"陈述"定义为"说出或写出一个直陈语句时所说的东西"。[英] 苏珊·哈克：《逻辑哲学》，罗毅译，商务印书馆2006年版，第95页。

命题既是语句的内容，也是信念的对象。当你相信牛黄是一种天然孳息时，命题"牛黄是一种天然孳息"就是你相信的对象。人们经常谈论信念的真假。例如，罗素曾说"真"与"假"主要是"信念的谓词"。[1]然而，一方面，信念在人的头脑中，如果不通过命题表达出来，就无法判断它的真假，正因为此，弗雷格才要求始终把心里的东西与逻辑的东西、主观的东西与客观的东西严格区别开来；另一方面，存在一些从来没有出现在任何人头脑中的命题，它同样可以是真的或假的。

一般地说，将命题作为真值承担者是最合适的。首先，命题将语句、判断、主张、信念等联系了起来。一个命题是真的，因此表达这个命题的语句是真的，不管这个语句属于何种语言，或采取何种语法形式；一个命题是真的，因此以这个命题为对象的信念是真的，虽然有些真的命题从来没有作为任何信念的对象；一个命题是真的，因此如果你断定、陈述或主张这个命题，那么你作出了真的断定、陈述或主张。在这个意义上，命题是主要的或基础的真值承担者，而语句、信念等在派生的意义上可以作为真值承担者。其次，命题作为真值承担者，解释了一些现象。例如，有些语句没有真值，是因为它们没有表达任何命题，不管是指称失败还是没有意义；有些语句时而为真、时而为假是因为它们在不同的语境下表达了不同的命题。再次，命题是最好的形式推理中的"p""q"等的非形式实例。苏珊·哈克建议我们这样去思考关于真值承担者的问题，对于形式推理，例如：

（1）如果 p，那么 q；

----

〔1〕［英］伯特兰·罗素：《意义与真理的探究》，贾可春译，商务印书馆2009 年版，第 266 页。

（2）p；

因此，（3）q。

在相应的非形式推理中，什么是 p、q 的合适替代？苏珊·哈克提出了这个思路，但没有对这个问题作出明确的回答。[1] 实际上，如果沿着这个思路思考下去的话，我们会发现，命题是最合适的替代者。语句不是合适的替代者，因为语句的意义随语境变化，用语句替代可能使得推理无效。判断与主张也不是合适的替代者，因为在前提（1）中，p 与 q 并没有被断定，而在前提（2）与结论中，p 与 q 被断定了。信念也不是合适的替代者。因为在前提（1）中，相信的对象既不是 p，也不是 q，而只是 p 与 q 之间的关系。换句话说，无论是用判断、主张来替代，还是用信念来替代，都会使该形式推理中首次出现的 p、q 与第二次出现的 p、q 不是同一个东西。只有命题能够同时保持 p 与 q 的同一性与推理的有效性。[2]

上述支持命题作为真值承担者的理由实际上也是本书选用"命题"这个术语——而非"主张""判断""陈述"等——的原因。

（二）法律命题的特殊性

一般地说，法律命题是陈述某个或某类事物（在某些条件下）具有某种法律属性或法律后果的命题。法律命题的特殊性

---

　　[1] 她似乎认为，这个思路使得什么作为命题承担者这个问题显得无甚意义。参见 [英] 苏珊·哈克：《逻辑哲学》，罗毅译，商务印书馆 2006 年版，第 94~105 页。

　　[2] 命题作为真值承担者在传统上会遇到两个诘难。一是，命题是一种抽象的实体，这在一些唯名论看来是不可接受的。二是，由于同义性问题臭名昭著地难以处理，很难提出两个语句同义的标准，而根据蒯因（W. V. O. Quine）的说法，"没有同一性，就没有实体"。这两个诘难都可以得到有效的回应。前一个诘难实际上是一种本体论紧缩主义的体现，有时这种本体论紧缩主义也用来反对法律真理的存在，因此将在本书第二章的相关部分讨论。第二个诘难可以通过可能世界语义学来解决，将两个句子的同义性理解为在每一个可能世界中都具有相同的真值。

在于，它既不是纯粹的描述性命题，也不是纯粹的规范性命题，而是兼具描述性与规范性的命题。

描述性命题的典型例子是各种日常经验命题。例如，"张三今天上课迟到了"。这种命题最主要的特点是可以直接通过观察来验证它是否为真。有些描述性命题要比日常经验命题更难验证一些。例如，"在气压保持不变的情况下气体体积会随温度上升"。这个命题虽然更难验证一些，但大体上仍然属于可以通过直接观察来加以验证的范畴。还有一些命题也是描述性的，但对它们的验证就不能通过直接观察来进行了，而是要结合相关的理论。例如，"这瓶溶液是碱性的"。我们可以通过石蕊试纸检验溶液的酸碱度，但是我们不能直接观察到溶液是酸性的还是碱性的，我们观察到的是石蕊试纸的颜色。结合相关的理论，才能判断溶液的酸碱度。正因为如此，人们通常将"红色石蕊试纸变蓝了"称为"观察陈述"，将"这瓶溶液是碱性的"称为"理论陈述"。与日常经验命题不同，绝大多数的科学命题均为理论陈述而非观察陈述。我们关于各种亚原子粒子的陈述，关于磁场与引力的陈述，关于古生物与历史事件的陈述，都是如此。虽然在一些后现代理论家看来，作为理论陈述的科学命题从根本上说是一种虚构，因为它所依赖的科学理论是多样的，而且没有什么客观的标准可以用来判断一种理论比另外一种理论更好。[1]但科学界的主流观点还是认为它们在可验证性方面

---

〔1〕　例如，方法论无政府主义者费耶阿本德（Paul Feyerabend）、知识社会建构论者布鲁尔（David Bloor）、特恩布尔（David Turnbull）等。See e. g. , Paul Feyerabend, *Against Method*, London: New Left Books, 1975, p. 28; David Bloor, "Durkheim and Mauss Revisited: Classification and the Sociology of Knowledge: Contemporary Perspectives in the Sociology of Knowledge & Science", 13 *Studies in History and Philosophy of Science*, (1982), pp. 267~297; David Turnbull, "Relativism, Reflexivity and the Sociology of Scientific Knowledge", 1/2 *Metascience*, (1984), pp. 47~60.

与日常经验命题并没有什么差别。"在理解科学如何给我们提供关于原子和电子的知识时,无论存在着什么样的问题,都与在理解科学如何为我们提供关于常规、普通对象的知识时遇到的问题一样。"〔1〕换句话说,判断它们是否为真的方式仍然是将它们与我们的经验相对照,尽管可能要以一种间接的方式。

规范性命题就不一样了。"张三今天上课迟到了"这个命题是不是真的,我们看一看就能知道,但我们看不出"张三不应当上课迟到"这个命题是不是真的。哪怕张三以外的其他学生都没有迟到,也不能据此认为这个命题是真的;另一方面,即便上课迟到是一种极为普遍的现象,也不能据此认为这个命题是假的。在这个意义上,规范性命题是无法验证的。正因为此,一些学者认为它们谈不上真假,也不是真正的命题。这一观点可以被称为道德真理的怀疑论。〔2〕但也有一些学者坚持认为,虽然规范性命题不可验证,但它们仍然是有真假之分的。在直觉上,人们会觉得,"奴隶制是不正义的""种族灭绝是错误的""女性割礼是邪恶的"这些命题在客观上是真的,哪怕有些文化下的人们对此有不同的看法。换句话说,存在客观的道德真理,而不仅仅是人们关于道德的不同看法。由于那些用来反对道德真理存在的理由同样被用来反对法律真理的存在,我们将在第二章详细考察人们在这一分歧中所提出的一些论证。这里笔者想说的是,即便道德真理是存在的,或者说,即便规范性命题是具有真值的,它们通常也是以一种不同于验证经验命题的方

---

〔1〕 [英]萨米尔·奥卡沙:《科学哲学》,韩广忠译,译林出版社 2013 年版,第 74 页。

〔2〕 对道德真理的怀疑论还可以从其他的角度提出。例如,麦基(John Mackie)提出的"古怪性论证"从本体论的角度质疑道德真理的存在。See John Mackie, *Ethics: Inventing Right and Wrong*, Penguin, 1977, pp. 15~19.

式获得真理地位的。道德推理与科学推理是不同的，道德真理与法律真理也是不同的。但相同的是，在道德领域内，对于什么样的命题是真的，如何获得真的命题，同样存在一些严肃的思考。[1]

然而，无论是一般的真理理论，还是人们对于道德真理的已有探究，对于我们思考法律真理问题来说都是不充分的。这不仅是因为人们在一般的真理问题上与道德真理问题上都存在广泛的分歧，更重要的是因为法律命题的特殊性。一方面，法律命题不是纯粹的描述性命题，因为人们不能通过观察来判断它的真假。例如，我们看不到张三犯了故意伤害罪，我们只能看到张三捅了某人一刀；我们看不到张三违约，我们只能看到张三没有及时交付某项货物。另一方面，法律命题也不是纯粹的规范性命题，因为它的真假高度依赖于一些立法性的事实，我们的各种道德直觉与道德原则在判断一个法律命题是否为真时只具有间接的相关性。正因为此，"张三应当赔偿李四的损失"作为法律命题和作为道德命题可能具有不同的真值；再如，强迫劳动、童姻、殉葬在一些法律制度下是合法的，在另外一些制度下是非法的，但我们可以相当自信地说，在所有法律制度下它们都是邪恶的。正因为法律命题既不是纯粹的描述性命题，也不是纯粹的规范性命题，一个旨在说明科学真理或道德真理的理论可能并不适宜被用来说明法律真理。

二、法律知识与实践：法律真理理论的重要性

上一节首先说了为什么选用"命题"这一术语，然后简单

---

[1] 例如，边沁的功利主义理论，罗斯（David Ross）的直觉主义理论，古德曼（Nelson Goodman）、罗尔斯（John Rawls）的反思性平衡理论等。

地讨论了法律真理理论的必要性；这一节将从法律知识与法律
实践两个方面讨论法律真理理论的重要性。

（一）法律真理理论与法律知识

在知识论中，真理一直被视为知识的必要条件之一。[1]在
任何一个领域中，知识都由一些真的命题构成。从而是否存在
一些真的命题，就决定了这一领域中是否存在知识。虽然人们
对什么是真的命题尚存争议，但它至少应当存在如下特征。

首先，真理是非个人性的。换句话说，如果一个命题是真
的，那么它对于所有人来说都是真的。对此，有的学者可能会
持反对意见。因为在有些领域内，真理似乎是相对的。例如，
在口味领域，"草莓是好吃的"可能对张三来说是真的，但对李
四来说却是假的。这个例子有些令人困惑。因为"草莓是好吃
的"这一表达式可能是在不同的意义上说的。例如，它可能仅
仅是指"我喜欢草莓的味道"，那么当索引词"我"被不同的
专名"张三""李四"代入时，它就表达不同的命题，从而并
不构成对真理非个人性的反驳。很明显，"张三喜欢草莓的味
道"不管对于张三还是对于李四来说都是真的。"草莓是好吃
的"也可能是说"草莓在客观上是好吃的"，如果是在这个意义

---

〔1〕 知识在传统上被定义为"得到证立的真信念"（justified true belief）。盖梯
尔（Edmund Gettier）在《得到证立的真信念是知识吗?》（Is Justified True Belief
Knowledge?）一文中通过两个反例对这一定义进行了挑战。这两个反例显示了，虽
然一些信念是真的，并且得到了证立，但仍然不是知识。在盖梯尔之后，一些学者
尝试维护传统的定义，也有一些学者通过增加新的要素重新定义知识。例如，
Michael Clark, "Knowledge and Grounds: A Comment on Mr. Gettier's Paper", 24 *Analysis*,
（1963）, pp. 46~48（提出的新要素为"用来证立的理由"都是真的）, Peter Klein,
"Knowledge, Causality, and Defeasibility", 73 *Journal of Philosophy*, （1976）, pp. 792~
812（提出的新要素为"不存在任何使得证立被废止的真命题"）。不过这些方案又
引发了一些新的反例。盖梯尔问题尚未得到最终的解决。或许知识不是一个可以充
分定义的概念，但无论如何，知识应由真的命题构成这一点并没有什么疑问。

上说的，那么对于那些认为存在客观的味道标准的人来说，如果符合这一标准，那么这个命题就是真的，不符合这一标准，它就是假的；而对于那些认为不存在任何客观标准的人来说，它既不是真的，也不是假的，或者说在这个问题上并无真假可言。这仍然构不成对真理非个人性的反驳，而仅仅是说，在口味领域，不存在任何真理，只存在个人的感受。真理的非个人性，仅仅是说，如果存在真理，那么它是超越于个人的，并没有承诺任何领域内的确存在真理。

其次，真理是超越时空的。如果一个命题是真的，它就永远是真的，并且在任何地方都是真的。"地球是一个球体"在今天是真的，在古代也是真的。它曾经被认为是假的，但它实际上是真的，并且如果它是真的，那么它在未来也是真的。假设有一天更好的科学证据证明它是假的，那么它就一直是假的，而不是从真的变成假的。同样，假设我们认为在政治道德哲学的领域内存在真理的话，那么如果"奴隶制是不正义的"是真的，它就不管是在古希腊的城邦中，还是在现代社会的民主国家中，都是真的。虽然"奴隶制不符合某时某地下人们的正义观念"在某些时空背景下可能是真的，在某些时空背景下可能是假的。但同样，这只是因为"某时某地"这一变元的存在使得这一语言表达式并不表达确定的命题。当然，你也可以认为，这个命题没有真假，因为不存在客观的道德标准来判断，那么这时你就是在认为，在政治道德哲学领域内，在有关正义与非正义的事项上，并不存在任何真理。

真理之所以是非个人的和超越时空的，是因为它独立于人们的信念与意志。独立于信念的意思是说，一个命题是否为真不依赖于人们是否认为它为真。"一个命题是真的"和"某个或某些主体认为它是真的"始终是两个不同的说法。换句话说，信念可能会出错，不管它建立在多么牢固的基础上，有多少看起来可靠的理由，或者它的产生机制多么完善。独立于意志的意思是说，真理不可能被决定，只能被发现。在某些特殊的情况下，人们可能决定将某些命题视为真的，但永远不能决定一个命题是真的。

最后，真理是能够说得明白的，是可获得的、可复制的、可传授的。不存在任何"不可说"的真理。所谓"直面事物本身"，所谓"天地并生、物我齐一"，都不过是一些神秘主义的胡言乱语；不管它是来自于古代思想家，还是披上某些现代哲学的外衣。如果在某个领域内，有些问题说不清楚，那么最有可能的原因就是没有想清楚。

一个领域内是否存在具有上述性质的真理，决定了这个领域内是否存在客观的知识。在法学领域内，有些学者正是因为认为不存在具有上述性质的真理，从而认为不存在客观的法律知识。例如，有的学者认为，法律命题的真假并不独立于法律工作者的信念；还有的学者认为，法律命题的真假在根本上说是由那些掌握特定权力的人决定的；还有的学者认为，法律领域内的知识是一种"实践知识"，它只能依靠自己在实践中去"体悟"。这些观点给法律领域内的知识获取工作带来了极大的破坏。

但问题在于，这些学者的想法并不是全然没有道理的。他们并不是完全没有思考，而只是没有想明白。法律领域内何以能够存在非个人的、超越时空的、独立于主体信念与意志的以及可复制的真理，的确是一个需要仔细思考、深入研究的问题。要回答这些问题，就需要一个站得住脚的法律真理观。一个妥当的真理理论有助于澄清人们在法律知识问题上的一些误解，消除人们在探寻法律知识之路上的一些疑虑，为人们重塑信心。

此外，法律真理观也在一定程度上影响法律知识的获取途径。很显然，如果法律真理最终和道德真理并无二致，那么人们就可能放心地进行各种道德论证，而如果法律真理最终要依赖于科学真理，那么就需要使用更多的经验科学的方法。

（二）法律真理理论与法律实践

在每一位法官的司法态度中，都隐藏了一种对法律真理的看法，尽管他本人可能并没有认识到这一点。一个认为不存在任何法律真理的人往往更有可能凭借自己的经验信念与价值观念行事，一个认为法律真理存在的人则会感到有义务去揭示它。如何揭示则取决于他对法律真理的理解。例如，如果他认为法律命题是否为真与立法意图密切相关的话，那么他就会努力从文本语境中揭示立法意图，或者使用更多的历史材料；如果他认为一个法律命题是否为真更多地取决于它与其他法律命题之间的关系，那么他就可能更多地利用法律文本而非经验素材。可以看出，虽然法律真理理论本身不是规范性的，但一个正确的法律真理理论对法官等法律工作者如何从事法律实践提出了一些规范性的要求。

不仅在法官的司法态度中，相关的制度设计，或者至少如何理解相关的制度设计，背后也隐藏着特定的法律真理观。例如法院的独立审判权。一个法院具有独立审判权，当且仅当这个法院可以独立地认定事实与适用法律。独立认定事实就是独立地确定一个事实陈述是真的还是假的，而独立适用法律就是根据自己对于法律的理解来适用。为什么法院应当根据自己对于法律的理解来适用法律，而不应采纳上级法院的理解，正是因为对于法律的理解是存在客观的对错之分的，这使得每一个主体的信念都不因为主体的地位而有高低之分。

法律真理理论还影响法律方法。上面说过，人们更看重历史材料、社会后果还是法律文本本身，在很大程度上取决于那些可能没有被他们明确意识到的在法律真理问题上的一些看法。实际上，在一些非常规案件中，人们是否决定对已经确立下来的规则进行修正以及如何修正，也在很大程度上受到法律真理观的影响。再如，如果对法律规则的理解与解释存在客观上的对错之分的话，那么所谓的"合宪性解释"，就站不住脚了。王书成教授曾说："它（合宪性解释）的要义在于，即使违宪解释相比较合宪解释更具表面上的合理性，仍采用合宪解释。"〔1〕如果对规则的理解与解释存在正误之分的话，那么法院在这一意义上进行合宪性解释就是错误的，因为法院的首要义务是作出正确的解释，而非合宪的解释。

三、一个简单的小结

尽管看起来比较抽象，但法律真理并不是一个玄虚无用的提法，对妥当的法律真理观的寻求也并非纯粹理论性的智力游戏。一方面，无论是在法官的司法哲学，还是在相关的制度设计背后，都隐含着人们对于法律真理的看法。另一方面，一个妥当的法律真理理论还是我们更为深入、持久地理解法律规则、增进法律知识、反思法律方法、获取正确判决的重要理论工具。

---

〔1〕 参见王书成："论合宪性解释方法"，载《法学研究》2012年第5期。其他学者对"合宪性解释"的界定也都大同小异。例如，［德］卡尔·拉伦茨：《法学方法论》，陈爱娥译，商务印书馆2003年版，第217页（"相对于其他将使规定违宪的解释，应优先择用那些依其余解释标准仍属可能，且不抵触宪法原则的解答"）；［德］克劳斯·施莱希、斯特凡·科里奥特：《德国联邦宪法法院：地位、程序与裁判》，刘飞译，法律出版社2007年版，第449页（"如果可以对规范作出多种解释，并且部分解释所形成的结果是该规范是违宪的，部分解释所形成的结果是该规范合宪；那么……必须对之作出合宪解释"）王锴："合宪性解释之反思"，载《法学家》2015年第1期，第45~46页（"合宪性解释是指，当一个规范有多种解释可能时，即至少有一个解释合宪，至少有一个解释违宪，应当选择符合宪法的解释"）。

有的学者说，人们在法律实践中很少会说某个法律命题是真的或假的，因此你探讨这些有什么意义呢？[1]对此，我的回应是：是的，人们在实践中不经常这么谈论，不过人们在吃饭时也很少谈到糖类、油脂与蛋白质；如果那些怎样才能做到营养搭配的研究并不因此而失去意义的话，那么这一事实何以能够消减法律真理研究的重要性也是令人不解的。

---

[1]　这是一位在中国极著名的法理学者在看到本书最初稿时的一个评论，在此，不方便透露其真实姓名。而在我看来，这位学者的文章之所以修辞多于论证、煽情多于说理，正是因为不讲逻辑、不重视真理之故。

第二章
形形色色的怀疑论及其批判

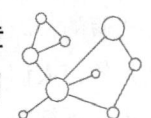

　　本章系对法律真理问题上的怀疑论进行反思与批判，它们从不同的理由出发质疑法律真理的存在。一些怀疑论不仅质疑法律真理的存在，而且一般地质疑任何真理的存在，我们可以把它们称为"全面的怀疑论"。例如，一些唯我论者可能会认为，除了他自己的心灵或感觉之外，世界上不存在任何事物，从而任何关于外部世界的描述都不可能是真的。对于这样的怀疑论，我们很难说什么，正如康德所说，外部世界的存在，最终要依赖于信仰。笛卡尔也说，我们无法保证自己被系统性地欺骗了。[1]但这种怀疑论也很难伤害到我们，因为除了猜测，它们并没有提出什么有力的论据；而比起怀疑一切，我们有更充分的认知与实践上的理由相信至少部分真理的存在，我们依赖于这些真理从事各种"说明与改造世界"的活动。本章所考察的怀疑论是局部怀疑论。局部怀疑论不是一般性地认为不存在任何真理，而是认为在某个领域内不存在真理。例如，道德领域、美学领域，以及我们所关心的法律领域。一些局部怀疑论值得严肃对待，因为它们提出了相应的理由与论证。这些理由与论证可能建立在不同的哲学理论的基础上，也可能从法律理论内

----

　　〔1〕［法］笛卡尔：《第一哲学沉思集：反驳和答辩》，庞景仁译，商务印书馆1986年版，第11~18页。

部提出。下面笔者将考察一些常见的理由与论证。

一、基于本体论的怀疑论

在任何领域内，一些最简单的命题都是关于某个或某些事物具有某些性质的，从而如果在这个领域内人们所谈论的那些事物或性质并不真实地存在，也就没有任何真理而言。一些学者试图告诉我们，法律领域正是这样的一个领域。虽然人们在谈论"所有权""婚姻关系""责任"，但并不存在这些词语所指称的对象，因此像"张三是某物的所有权人"这样的表述是没有真假之分的。最著名的论证是阿尔夫·罗斯（Alf Ross）在《哈佛法律评论》的一篇文章中提出的。[1]下面，笔者将对这一论证进行批判性的考察。

（一）罗斯的论证及不同的声音

在一篇名为"图图"（Tû-Tû）的短文中，罗斯假想了一个原始部落。在这个原始部落的语言中，存在"图图"这样一个词语以及如下规则：

（1）如果 x 碰到了 x 的岳母，那么 x 是图图；

（2）如果 x 杀死了图腾动物，那么 x 是图图；

（3）如果 x 吃了首领的食物，那么 x 是图图；

（4）如果 x 是图图，那么 x 要被净化。

罗斯问道，究竟什么是"图图"？他自己的回答是，并不存在"图图"所指的对象，"图图"只是一个没有意义的词语（a word devoid any meaning），从而"关于图图的谈论是纯粹的无意义"的。罗斯的论证是这样的。考虑上面的（3）和（4）。最

---

〔1〕　Alf Ross："Tû-Tû", 70 *Harvard Law Review*, (1957), pp. 812~825.

符合直觉的理解是，在（4）中，"图图"是指"需要被净化"；而在（3）中，"图图"是指"吃了首领的食物"。但这一理解使得"图图"具有两个不同的意义，从而使得建立在（3）与（4）上的推理在逻辑上无效。要使得建立在（3）与（4）上的推理有效，"图图"要么在（3）（4）中都指使得某个人成为图图的事态，要么都指某个人成为图图之后的结果。但这两种选择都不可行。由于使得某个人成为图图的事态是"碰到岳母""杀死图腾动物"与"吃了首领的食物"的析取，因此（3）就会成为：

（3'）如果 x 吃了首领的食物，那么 x 或者吃了首领的食物，或者碰到了 x 的岳母，或者杀死了图腾动物；

而如果"图图"是指某个人成为图图之后的结果，那么（4）就会成为：

（4'）如果 x 要被净化，那么 x 要被净化

（3'）与（4'）都是分析永真的，从而显然不是（3）与（4）所要表达的意思。

虽然"图图"是没有意义的，但并不意味着它是没有作用的。在罗斯看来，这一词语的主要作用在于减少规则的复杂性。假设关于成为图图的后果，除了（4）外，还有规则：

（5）如果 x 是图图，那么 x 应被禁止参与搏斗；
（6）如果 x 是图图，那么 x 应被禁止参与狩猎。

如果不使用"图图"这一词语，那么就需要"如果 x 碰到了 x 的岳母，那么 x 要被净化""如果 x 碰到了 x 的岳母，那么

x 应被禁止参与搏斗"等 9 条规则。一般地说，如果使得某个人成为图图的事态有 m 种，而某个人成为图图之后的后果有 n 种，那么使用"图图"这个词语需要 m+n 个规则，而去除这一词语之后则需要 m×n 个规则。显然，当 m 与 n 很大时，使用这个词语将更有效率。

在罗斯看来，这正是在当代社会中，我们广泛地使用"所有权""合同"等法律术语的原因，而从根本上说，这些法律术语和"图图"一样，不指称任何实体，从而也没有任何意义。例如，我们存在一些使得某个人在特定条件下具有所有权的规则（例如，"如果 x 购买 i，那么 x 为 i 的所有权人"），也有一些规定一个人如果有所有权那么可以做什么的规则（例如，"如果 x 为 i 的所有权人，那么 x 可以使用 i"）。"所有权"这一术语的作用无非是把这些条件与这些后果联系起来。换句话说，如果把"所有权"这一术语从我们的语言中删除，除了会使我们的表述更加繁琐，不会造成任何实际的损失。

对于罗斯的论证，存在一些不同的声音。布罗泽克（Brożek）指出，如果罗斯的论证是对的，那么不仅法律术语是没有所指的，而且所有的一般词项都是没有所指的。[1]例如，对于"食物"，有如下关于某个对象在什么条件下是食物的一些陈述：

（1a）如果 x 是水果，那么 x 是食物；

（1b）如果 x 是蔬菜，那么 x 是食物；

（1c）如果 x 是面包，那么 x 是食物；

　　　………

---

〔1〕　Bartosz Brożek, "On Tû-Tû", *Revus*〔Online〕, 2015. URL, http://revus. revues. org/3426.

也可能存在关于如果一个对象是食物那么有什么样的后果的一些陈述：

（2a）如果 x 是食物，那么 x 不应浪费；

（2b）如果 x 是食物，那么 x 应被分享；

（2c）如果 x 是食物，那么 x 应存放在安全的地方；

…………

按照罗斯的论证思路，"食物"既不是指"水果""蔬菜"等的析取，因为那会使得第一类陈述成为分析永真的；也不是指"不应浪费""应被分享"等的析取，因为那会使第二类陈述成为分析永真的。就此而论，"食物"也是没有所指的空洞词语。如果罗斯的论证使得任何一般词项都成为空洞的，那么它就无助于达成罗斯想要说明的问题。因为在罗斯那里，日常生活中的一般词项显然是被假定为有所指的，这才使得法律术语的空洞性成为一种值得注意的现象。

布罗泽克还指出，法律中的一般词项，并不像罗斯所想的那样，仅提供了一种使规则更简单的方法。在布罗泽克看来，法律术语还增强了法律讨论的融贯性。萨托则谈到了法律术语的更多功能。例如，分类、学习、记忆、演绎、说明、一般化、类推等，[1]但仅谈论法律术语的功能并未触及罗斯论证的核心。法律术语可能有很多功能，但仍然可能是没有所指的。另一方面，虽然布罗泽克的类比归谬是有力的，但它只能告诉我们罗斯的论证是错的，而不能告诉我们它为什么错。要彻底说明罗斯论证的问题，我们需要对它所隐含的语言/世界观进行分析。

---

〔1〕See Giovanni Sartor, *Legal Reasoning: A Cognitive Approach to the Law*, Springer, 2005, pp. 560~562.

（二）对罗斯论证的回应

在罗斯论证的背后，是一种传统的语言/世界观。在这种语言/世界观看来，语言是反映客观世界的一面镜子。语言中的专名（proper names）指称作为个体（individuals）的对象，语言中的通名（general names）或者说一般词项则指称由个体构成的类别或者范畴（categories）。个体与范畴客观地存在于世界，语言不过是用来指称它们的工具。如果存在词语所指称的个体或范畴，那么我们便可以说这个词语是有语义所指的，否则我们就只能说这个词语是空洞的。罗斯的观点正是：一般法律词项是没有语义所指的，因为对于一个一般词项来说，客观存在的可能作为候选所指的范畴要么是相应的构成要件，要么是相应的法律后果。例如，对于"所有权"来说，要么是指成立所有权的方式，例如，"x 购买 i"这一行为模式；要么是指所有权的后果，例如"x 可以使用 i"这一行为模式的规范状态。这两个候选项都不合适，而我们又想象不到其他客观存在的候选对象。可以看出，罗斯的论证正是依赖于这样一种看法：一个词项是有语义所指的，当且仅当我们能够找到某个对象，将它与该词项对应起来。这种看法是完全错误的，因为它将个体与范畴视为独立于语言而存在的，但实际上并非如此。

我们先从范畴开始谈起。在传统的语言/世界观看来，范畴是先于一般词项存在的，一般词项只是贴在范畴之上的名称。但实际上，范畴与一般词项都产生于人类的归类实践，而归类实践则带有深刻的主体性。举例来说，如果我们手头有一根长木棍、一根甘蔗和一个苹果，那么我们既可以将形状作为标准，将长木棍与甘蔗分为一类，也可以将是否可食用作为标准，将甘蔗与苹果分为一类。选择何种标准，在很大程度上取决于我们是要解渴，还是要从池塘里捞水草。一般地说，虽然两个个体在某个方面是否相似是客观的，但要挑出哪些相似的方面进行归类则是主观的，是依赖于主体的目的与需要的。正是在这个意义上说，"动物学家以一种方式对动物类别进行区分，皮毛加工业则会以另外一种方式区分"。[1] 既然挑出哪些相似性进行归类依赖于主体的目的与需要，而在不同社会背景下的人们可能有不同的目的与需要，从而在不同的社会背景下也就极有可能形成不同的范畴。

范畴来源于人们从不同的目的与需要出发对世界的一种归类，而为了确立一个类别，需要将它与一个符号对应起来。就此而论，不是先有范畴，再有一般词项，而是人们运用某个一般词项来确立某个范畴。换句话说，范畴与一般词项同时产生于人们基于特定目的与需要的归类活动。这也是为什么我们在翻译一种语言时很难找到与另外一种语言中的某个词语对应的词语，因为"每种语言都以特有的、'任意'的方式将世界分成不同的范畴"[2]。

实际上，不仅世界中"存在"哪些范畴带有文化的烙印，个体通常是社会建构的。传统的语言世界观将个体视为最真实的存在。这在很大程度上符合我们的直觉，我们环顾周围世界，总能看到一个接一个对象。比如，现在的我看了看周边，我看到了几本书、一个水杯和我的手机。这些无疑都是真实的存在。我可以从不同的视角描述它们。比如，这个水杯装了半杯水、它是玻璃制成的。看起来，在这些描述中，装了半杯水、玻璃

---

〔1〕 John Hospers, *An Introduction to Philosophical Analysis*, London: Routledge & Kegan Paul Ltd., 1970, p. 45.

〔2〕 ［美］J. 卡勒:《索绪尔》，张景智译，中国社会科学文献出版社 1989 年版，第 25 页。这里的"任意"是在"偶然"的意义上说的，而不是"随心所欲的"。

制成的都是关于这个水杯的；它们不能脱离这个水杯而成为独立的存在。正是在这个意义上，斯特劳森说，个体（"所指称的人—物等"）是物性相关者（material correlate），性质（"被指称者'具有'的性质"）则是伪装的物性相关者（pseudo-material correlate）。[1]

但仔细想来，我们看到的一切个体，都是以某种状态存在的，而不是孤立存在的。我们看到的是：那只狼走了过来、大雁排成一行飞走、天空突然阴郁了下来、树在那儿不动；而不是孤零零的狼、大雁、天空或者树。换句话说，我们看到的总是一个个情境，而不是一个个对象。对于"那只狼过来了"这样一个情境来说，如果说"过来了"不能脱离那只狼而存在——或者说不存在不依附于个体的"过来了"这一性质；那么同样，那只狼也不能脱离"过来了"而存在——或者说不存在不处于任何状态之中，不走、不跑也不静止的那只狼。既然如此，在什么意义上，我们说那匹狼比过来了更实在呢？[2]

实际上，无论个体，还是个体的性质，都来自于我们通过语言对事态的切分。这种切分使人们可以运用有限的语言单位来谈论大量的情境。举个简单的例子来说，假设我们要用信号来表达狼来了、兔子来了、妈妈来了、暴风雨来了与狼走了、兔子走了、妈妈走了、暴风雨走了这些情境，那么需要八种不同的信号。而如果我们区分所谓的个体与状态，那么需要四个分别表达狼、兔子、妈妈、暴风雨的词语与两个分别表达来了、走了的词语。想一想更多的情境。由于对于我们来说有意义的情境是无限的，因此需要这样一种切分机制来应对。

---

[1]　See Peter F. Strawson："Truth", in *Logico-Linguistic Papers*, (*2nd*), Ashgate Publishing, 2004, p. 195.

[2]　陈嘉映:《语言哲学》，北京大学出版社 2003 年版，第 347~348 页。

此外，更为重要的是，正是由于这种切分，人们才可以运用旧材料来谈论新事物，语言才能展示出所谓的"开放性"。正如蒯因举例所说："当一个儿童学会在一个句子中适当地使用'Foot'（'脚'），如'This is my foot'（'这是我的脚'），同时又学会了使用'Hand'（'手'）以及把'My foot hurts'（'我脚疼'）作为整体使用，那么在适当的场合，即使没有先前使用这个句子的实际经验，也可以想象他会说出'My hand hurts'（'我手疼'）。"[1]

由于个体与性质都来自语言切分，因此个体并不比个体的性质更多地具有本体论意义上的实在性。在通过语言的这一切分之前，情境是作为一个整体出现在我们面前的。正是在这个意义上，索绪尔说："若不是通过词语表达，我们的思想只是一团不定型的、模糊不清的浑然之物，……在语言出现之前，一切都浑然不清。"[2]索绪尔所说的并不仅仅是符号的能指和所指之间的对应关系是任意的；而是在语言之前并无明确的所指。语言创造了属于自己的所指，不同的语言创造不同的所指。

语言不是世界的镜子，而是世界的切刀。就此而论，世界中存在哪些对象，不仅受制于世界本身，亦受制于我们的语言。正是在这个意义上，蒯因主张我们不要去讨论什么东西确实存在，而是转而讨论特定的理论框架承诺什么东西存在。而特定的理论框架承诺什么东西存在，从根本上说则是一个承诺标准的问题，蒯因将此标准表述为，"存在就是成为一个约束变项的

---

〔1〕 ［美］W. V. O. 蒯因：《语词和对象》，陈启伟、朱锐、张学广译，中国人民大学出版社 2005 年版，第 10 页。

〔2〕 ［瑞士］费尔迪南·德·索绪尔：《普通语言学教程》，高名凯译，商务印书馆 1985 年版，第 157 页。

值"。在这里，"约束变项"是指这样的表达式，当我们使用这些表达式时，我们就作出了相关对象存在的承诺，否则就会导致自相矛盾。[1]比如，蒯因举例说，当我们说"有些狗是白的"时，我们就承诺了一条白狗的存在，但并不意味着我们承诺了狗性和白性的存在。"'有些狗是白的'是说有些是狗的东西也是白的，要使这个陈述为真，'有些东西'这个约束变项所涉及的事物就必须包括有些白狗，但无需包括狗性或白性。"[2]

既然如此，我们就不能依据客观上存在什么来判断某个由语言构成的理论是否正确，而是反过来，应当依靠一个正确的理论来判断什么对象是存在的。换句话说，如果一个承诺了某种对象存在的理论优于不承诺这种对象存在的理论，那么我们就说相关的对象是存在的。例如，如果一个承诺立法意图存在的法律解释理论优于不承诺立法意图存在的法律解释理论，那么我们就说存在立法意图。所以，问题的关键不是什么对象在客观上存在，而是什么样的理论更有可能是正确的，或者说理论的评价标准问题。正是在这个意义上，蒯因说："关于有没有类的争论好像更是一个方便的概念系统的问题；关于有没有半人半马怪物或埃尔姆大街上有没有砖房子的争论好像更是一个事实问题。但我一向极力主张这个差别只是程度上的差别，它取决于我们宁可调整科学织造物的这一股绳而非另一股以适用某些特定的顽强的经验这个模糊的实用倾向。"[3]

在科学哲学中，科学理论的评价标准是与科学划界问题并

〔1〕　参见［美］蒯因："存在与量化"，载涂纪亮、陈波主编：《蒯因著作集》（第2卷），中国人民大学出版社2007年版，第416~433页。

〔2〕　［美］威拉德·蒯因：《从逻辑的观点看》，江天骥等译，上海译文出版社1987年版，第12页。

〔3〕　［美］威拉德·蒯因：《从逻辑的观点看》，江天骥等译，上海译文出版社1987年版，第43页。

重的核心问题。在逻辑实证主义的可证实原则与波普尔的可证伪原则等单一标准论破产之后，多数科学哲学家认为存在多个标准，但在具体的标准上并没有达成一致意见。例如，库恩总结了精确性、一致性、广泛性、简洁性和富有成果性五个标准；[1]比尔·牛顿-史密斯（Bill Newton-Smith）则总结了一个理论成为"好的理论"的八个特征，分别为：观察的嵌套性（observation-ally nesting）、丰产性（fertility）、优良记录、内在支持性、稳定性、内在一致性、与有充分根据的形而上学信念的相容性、简洁性。[2]从这些讨论出发，我们可以总结出如下五个多数学者都予以认同的标准。

（1）简洁性。一个理论越简洁，就越有可能是正确的。简洁性意味着一个理论中的主张是有秩序的，而不是杂乱无章的。在这个意义上，简洁性和系统性是密不可分的。正如古德曼所说："我们一旦考虑系统，就不可避免地要考虑简单性，因为，只有用来论述一个特定主题的基本词和首要原则被简单化后，才能建立这一系统。"[3]实际上，亚里士多德早就说过："所包涵原理愈少的学术又比那些包涵更多附加原理的学术更为精确。"[4]简洁性原则也是牛顿在《自然哲学的数学原理》一书

〔1〕 See T. S. Kuhn, *Objectivity*, *Value Judgment*, *and Theory Choice*, in The Essential Tension: Selected Studies in Scientific Tradition and Change, Chicago: University of Chicago Press, 1977, pp. 320~339.

〔2〕 Bill Newton-Smith, *The Rationality of Science*, London & New York: Taylor & Francis, 2003, pp. 226~230.

〔3〕 ［美］鲁德纳:《社会科学哲学》，曲厚跃、林金城译，生活·读书·新知三联书店 1983 年版，第 155 页。

〔4〕 ［古希腊］亚里士多德:《形而上学》，吴寿彭译，商务印书馆 1959 年版，第 4 页。

中提出的首要推理法则，"自然界喜欢简单化"。[1]当代著名的科学家爱因斯坦、海森堡等人同样将简洁性作为衡量科学假说可接受性的标准。[2]

（2）一致性。一个正确的理论不仅应与其他已被广泛接受的理论相兼容，而且最好与人们普遍认可的形而上学假定以及常识信念保持一致，或者能够解释与其不一致的理论、假定以及信念为什么会产生，换句话说，能够解释人们在相关问题上为什么会犯错。例如，一个主张地球是圆的理论应当能够解释它为什么看起来是平的。

（3）融贯性。一个正确的理论应当是融贯的。融贯性的最低要求是自洽性。一个自相矛盾的理论不可能是正确的。因此，无论是在库恩的列表中，还是在比尔·牛顿–史密斯的列表中，自洽性都是一个重要的标准。融贯性不仅要求自洽性，还要求一个理论中的主张是相互支持的并且具有统一性。相互支持是指理论中的主张之间存在推论关系，统一性则意味着如果删除某个主张，将会使得某些推论不再成为可能。

（4）符合性。一方面，正确的理论应当能够解释人们已经观察到的相关现象，这实际上正是人们构造理论的最初动因；另一方面，正确的理论应当能够作出一些成功的预测。在一些科学家看来，预测比解释更重要，因为它排除了一些"事后诸葛亮"式的、穿凿附会的说明。[3]在符合性上，如果一个理论

---

〔1〕　参见［美］H. S. 塞耶编：《牛顿自然哲学著作选》，上海外国自然科学哲学著作编译组译，上海人民出版社1974年版，第3页。

〔2〕　参见［美］A. 爱因斯坦、［波兰］L. 英费尔德：《物理学的进化》，周肇威译，上海科学技术出版社1962年版，第158页。

〔3〕　See e. g. , Peter Lipton, *Inference to the Best Explanation*, London：Routledge, 1993, pp. 138~150.

能够解释更多的现象，或者说遇到更少的反常，那么它更可能是正确的；同样的，如果一个理论能够作出更精确的、更新奇的预测，那么它更有可能是正确的。

（5）功效性。这一标准涉及科学理论的功能，而非科学理论本身。在传统上，科学理论的正确性被认为与科学理论的功能无关。SSK（科学知识社会学）对关于科学的这种传统理解进行了严厉的批判。虽然 SSK 的核心观点是极端的、误入歧途的，但它的确指出了社会结构、政治形态、经济文化发展水平等外部力量对科学理论的选择与制约作用。即便我们并不像一些科学外史论一样，认为这些外部力量决定科学理论的内容。[1]但一个温和的主张看起来是不可否认的：如果一个科学理论可以用来指导相关的技术实践，那么它更有可能是正确的。对于一些很难进行符合性检测的社会科学理论来说，情况更是如此。如果一个理论能够很好地用来分析社会问题，或者可以被用来追求一些好的社会目标，那么，其至少比起那些无法做到这一点的理论来说更有可能是正确的。

现在我们可以通过这些标准来衡量不同的法学理论。由于当下的主流法律教义学理论是承诺所有权、合同、婚姻关系等存在的，所以我们需要考察的是，不承诺这些实体存在会导致现有理论发生什么样的变动，而这一变动是使得原来的理论更符合还是更不符合上述标准。

（1）简洁性。不承诺所有权等对象的存在会使法学理论中

---

〔1〕 对于科学的发展，有两种不同的主张：一种认为科学的发展有自己的逻辑和规律，不受政治经济或社会文化的影响，这一主张可以称为内史论；另一种认为外部因素决定了科学的发展，这一主张可以称为外史论。最著名的外史论著作是贝尔纳（J. D. Bernal）四卷本的《历史上的科学》（Science in History）。这是一本经典的西方马克思主义的科学史著作。

的基本概念减少，看起来会使理论更简洁。但正如消去"图图"会使规则更多一样，基本概念的减少会使得具有同样内容的法学理论需要更多的主张。以所有权为例。在一个承诺所有权存在的法学理论中，可能有如下命题：

（1a）如果 A 购买 i，那么 A 具有 i 的所有权；

（1b）如果 A 继承 i，那么 A 具有 i 的所有权；

（1c）如果 A 先占 i，那么 A 具有 i 的所有权；

（1d）如果 A 具有 j 的所有权，且 i 是 j 的天然孳息，那么 A 具有 i 的所有权；

（2a）如果 A 具有 i 的所有权，那么 A 可以使用 i；

（2b）如果 A 具有 i 的所有权，那么 A 可以出卖 i；

（2c）如果 A 具有 i 的所有权，那么 A 可以出租 i；

（2d）如果 A 具有 i 的所有权，而 B 没有合理的依据占有 i，那么 A 可以请求 B 返还 i。

这并不是关于所有权的全部命题，但对于说明我们的问题已经足够了。首先，如果消去"所有权"，那么（1d）就要用"如果 A 购买 j，且 i 是 j 的天然孳息，那么 A 具有 i 的所有权"等三个命题才能得到完整的表述。其次，和"图图"的情况相同，如果消去"所有权"，那么就需要分别对每一种所有权的构成事实匹配不同的法律后果。

（2）一致性。不承认法律实体的存在将损及法学理论的一致性。以婚姻关系为例，我们可以设想一下，如果不承认婚姻关系的存在，而同时又认为"甲乙之间存在婚姻关系"这样的表述并不是没有意义的，那么我们就需要将它"还原为"其他关于一些"客观存在的事物"的表述。那么如何还原呢？"甲乙之间存在婚姻关系"显然不仅仅是说"甲乙以夫妻的名义生活",也不是说"甲乙在某个特定的时间到某个特定的地点领了结婚证",因为可能存在无效婚姻的情况;也不是说"甲乙应对双方忠实"等后果,因为可能存在许多人们认为合理的但并没有规定在相关条文中的后果。最终我们会发现,不管我们如何还原,都无法表达出我们通过"甲乙之间存在婚姻关系"所表达的全部意思。如果无法通过一种方式还原那些包含了法律实体的表述,那么那些不承诺这些实体存在的理论和人们关于这些实体的信念就不具有一致性。

(3)融贯性。不承诺法律实体的存在将损及法学理论的融贯性。在上面所有权的例子中,通过"所有权"这一概念,人们能在相关的事实构成与法律后果间建立关联。例如,从(1a)(2a)可以推出(3a)"如果 A 购买 i,那么 A 可以使用 i"。这使得不同的主张之间具有相互支持的关系。如果消去"所有权",那么在不同的事实构成与法律后果之间仅仅是一种并列关系。像"所有权"这样的中间概念的加入不仅增强了主张间的相互支持性,而且增强了法学理论的统一性。在仅仅存在一些事实构成与法律后果的法学理论中,删除一个命题通常并不会损及其他命题以及通过其他命题的推理;但在包含中间概念的法学理论中,删除一个命题则可能会使通过其他命题的推理同样成为不可能。[1]

(4)符合性。人们在日常生活中与法律实践中,经常谈论自己的或其他人的权利与义务、合同的生效时间、某个主体是否具有民事行为能力或刑事责任能力,等等。一个不承诺相关实体存在的理论很难解释,为什么看起来涉及法律实体的这些

---

〔1〕 Bartosz Brożek, "On Tû-Tû", *Revus* [Online], 2015. URL, http://revus. revues. org/3426.

谈论，和那些不涉及这些实体的谈论——例如，午餐是吃水饺还是米饭，晚上是看电影还是逛商场——一样真实。不仅如此，在法律争论中，律师、法官等法律工作者会去严肃地思考某一个别对象是否在某个法律范畴之内，例如，自动取款机（ATM）是否属于金融机构。一个不承诺相关法律范畴存在的理论很难解释法律工作者为什么会这样去思考法律问题。法律现实主义学者经常谈论对法官的预测。但最好的预测并不是通过法官的个人化因素，例如，他的年龄、性别、学历或工作经历，而是通过教义学理论。因为一些经验研究显示，法律教义在司法决策中扮演的角色要比现实主义者所假设的大得多。[1]而这些法律教义承诺了相关法律范畴的存在。正如肖尔（Frederick Schauer）所意识到的那样，一些法律范畴"不仅使得学生能更好地理解侵权，帮助法律人更好地预测司法结论，而且还能最好地解释真正影响司法行为的因素"。[2]

（5）功效性。法学理论的一个重要作用是解决法律实践中出现的各种案件，以确定人们的权利、义务或责任。在简单案件中，承认并探究法律赋予了人们什么样的权利、义务与责任是最便捷的做法，虽然不承认这些实体仅谈论人们在特定的条件下应当做什么或不应当做什么也许同样是可行的，但在疑难案件中，后一种做法就不太可行了。只有在承诺相关事物存在

---

〔1〕 See e. g. , Paul Brace & Melinda Gann Hall, "Studying Courts Comparatively: The View from the American States", 48 *Political Research Quarterly*, （1995）, pp. 5~29; Frank B. Cross, "Decision-making in the U. S. Circuit Courts of Appeals", 91 *California Law Review* （2003）, pp. 1457~1515; Tracey E. George, "Developing a Positive Theory of Decision-Making on U. S. Courts of Appeals", 58 *Ohio State Law Journal*, （1998）, pp. 1635~1696; etc.

〔2〕 ［美］弗里德里克·肖尔:《像法律人那样思考——法律推理新论》，雷磊译，中国法制出版社 2016 年版，第 155 页。

的情况下，才可能去考察它与其他事物之间的区别。尤其是，对于合同等制度性实体来说，我们知道，已有的规则并不能穷尽它的成立条件，[1]如果不承认它的本体论地位，唯一的选择就是回到规则背后的政策性考量，从而使得法律领域内的问题解答活动成为一种政策建议活动。

综上，现有的各种法律教义学理论更有可能是正确的，而这些理论承诺了相关法律实体的存在，因此我们认为这些法律实体是存在的。实际上，它们与"图图"的不同在于，从我们的视角看，承诺了"图图"存在的神秘主义理论是不正确的。从这个意义上说，罗斯的论证颠倒了本体论承诺与理论正确性之间的关系。

二、基于认识论的怀疑论

基于认识论的怀疑论是这样一种主张，即便法律命题是有真值的，我们也缺乏有效的认识论判断它的真假。如果我们无从判断一个命题是真的还是假的，那么谈论它的真值就几乎没有任何意义了。对于从认识论出发的怀疑论，我们同样只考察局部怀疑论，而不考察那种认为所有的命题都不可认识的整体怀疑论。

（一）怀疑论者的论证

从认识论出发的局部怀疑论者往往从区分描述性命题和规范性命题出发开始他们的论证。论证的整体思路通常是这样的：（1）规范性命题是不可证明的；（2）法律命题是规范性命题；因此，（3）法律命题是不可证明的。这个论证是有效的。这意

---

[1] See e. g., H. L. A. Hart, "The Ascription of Responsibility and Rights", 49 *Proceedings of the Aristotelian Society New Series*, (1948~1949), pp. 171~194.

味着，如果前提（1）与前提（2）都是真的，那么结论（3）就是真的。前提（2）通常没有太大的争议，因此怀疑论者需要论证的主要是前提（1）。

对于前提（1），怀疑论者会说，规范性命题无法通过事实来检验，或者换句话说，是无法验证的。我们知道，正如休谟早就意识到的那样，仅从描述性命题出发无法得出规范性命题。例如，为了判断"张三没有准时到课"这一命题是否为真，我们只需要看一看教室里有没有张三就可以了，但我们显然无法仅仅通过观察来判断"张三应当准时到课"这一命题是否为真。为了判断"张三应当准时到课"是否为真，我们可能需要知道一些事实，例如"张三是学生"，但仅知道这样的事实是不够的，我们还要依赖于另外的规范性命题，例如"学生应当准时到课"。而为了得出"学生应当准时到课"，我们又要依赖于另外的一些规范性命题，例如"学生应当遵守学校的规章制度"。这意味着，为了得出规范性命题 p_1，需要规范性命题 p_2 作为前提，为了得出 p_2，又需要另一个规范性命题 p_3 作为前提，以此类推。为了不让这个过程无穷无尽地进行下去或首尾相接成为循环论证，有学者求助于所谓的"基本规范性命题"。基本规范性命题的成立不需要其他规范性命题作为前提，而是基于直觉"不证自明"的，[1]或者立基于毫无争议的共识。然而，并没有哪个规范性命题能够满足这样的要求。正如费格尔所指出的，

---

[1]　在元伦理学领域，直觉主义的主要代表人物有西季威克（Henry Sidgwick）、摩尔（George E. Moore）、普里查德（Harold A. Prichard）等。他们对于价值命题依赖于直觉的谈论，可参见 Henry Sidgwick, *The Methods of Ethics*, (7th ed.), Chicago: The University of Chicago Press, 1907, pp. 102~103（谈论三种不同的直觉），George E. Moore, *Principia Ethica*, New York: CUP, 1903, p. 148（指出不需要为伦理判断提供任何理由），Harold A. Prichard, "Does Moral Philosophy Rest on a Mistake", 21 *Mind*, (1912), p. 28（强调道德领悟的直接性）.

"在直觉上显得令人信服的东西很可能因人而异或者因文化不同而不同"〔1〕，而价值领域的广泛共识更是一个遥不可及的梦想。于是看起来，所有的规范性命题都是缺乏理性基础的。

在怀疑论者看来，这正是规范性命题与描述性命题的不同。在描述性命题中，存在着一些可以直接被观察所证实的命题，作为推论证实之链条的起点，其他命题依赖于这些命题而得到证实。但在规范性命题中，没有哪个命题能够直接被观察所证实，从而严格来说，没有任何一个命题被真正地证明了。

也许有人会说，法学领域和纯粹的价值领域有所不同，法学领域的"应当"是从有效的法律规则出发的"应当"，而不是没有任何视角的"应当"，从而有效的法律规则可以作为一种类似于直接被观察所证实的描述性主张那样的基本陈述。当人们说将有效的法律规则作为推理的起点时，他们所表达的意思通常是将直接陈述有效的法律规则内容的命题作为推理的起点。但现在先让我们忽略这种表达上的不精确性。问题在于，仅从直接陈述规则内容的命题出发，人们经常无法得出任何结论。例如，与"朱建勇的行为构成故意毁坏财物罪"这一法律命题相关的基本陈述是对规定故意毁坏财物罪的《刑法》第275条的内容陈述，但这一命题仅仅是关于毁坏的法律后果，而没有告诉我们某种具体的行为是或不是"毁坏"。除非我们对这一条文进行解释，否则无法用它来证明任何其他命题；而解释所依赖的各种原则与标准通常是规范性命题。就此而论，对于相当多的法律命题来说，即便存在所谓的基本陈述，如果规范性命题是不可证明的，那么它们也是不可证明的，因为在基本陈述

---

〔1〕 ［德］费格尔："维也纳学派在美国"，载［奥］克拉夫特：《维也纳学派》，李步楼、陈维杭译，商务印书馆1999年版，第197页。

与待证明的命题之间缺乏有效的推论关系。反过来，对于科学命题来说，不仅可以依赖那些可以直接被观察所证实的基本陈述，而且在基本陈述和其他命题之间能够构造决定性的逻辑关系。因此科学命题是可证明的，法律命题则是不可证明的。

（二）对不可证明论证的回应

在上述论证中，关于法律命题的说法大体是正确的。首先，至少在"规范性"的形式意义上（道义词"应当"等的使用），相当多的法学命题可以被视为规范性命题；而在规范性命题中，的确没有任何一个能够直接被观察所证实的命题，以作为推论链条的起点。其次，对于法学命题来说，包括法律规则在内的法律素材的确是不完备的，而解释往往需要从某些规范性的原则或标准出发，因此可以说，法律命题的确是规范性的。我们需要反驳的是前提（1），即规范性命题不可证明这一观点。

为了避免混淆，让我们先说结论。上述论证中隐含了验证式证明观，而这一证明观是错误的。在验证式证明观看来，一个命题被证明，就是直接或间接被经验所验证，而所谓间接验证就是在直接验证的命题的基础上通过演绎推理得出。我们知道，要求科学命题建立在验证基础上是休谟以来的经验主义的一贯传统，但将是否可验证作为一种严格的区分科学与非科学的标准则是由以石里克、卡尔纳普、艾耶尔等人为代表的逻辑实证主义者提出的。在逻辑实证主义者看来，一个命题是有意义的，当且仅当：（1）这个命题是分析的，或者（2）这个命题在原则上是可以证实的。比如，像"1+1＝2"这样的数学命题之所以有意义，是因为它们是分析的；像"在宇宙中存在其他高等智慧生物"这样的经验命题之所以有意义，则是因为它们在原则上是可以证实的——虽然当下尚未被证实或尚缺乏证实的条件。例如，石里克说："陈述一个句子的意义，……就是陈述证实（或否证）这个句子的方式。一个命题的意义，就是证实它的方法。"[1]如果一个句子既不是分析的，也不是可以证实的，那么它就是无意义的"伪命题"。"伪命题"自然不能成为科学命题。在逻辑实证主义者看来，传统哲学中的一些无休止的争论就来源于把这些"伪命题"被当作有意义的命题来对待，由于缺乏证实的条件，关于"伪命题"的争论不可能有任何结果，只能带来无穷无尽的混乱以及有限的智性资源的浪费。因此，应将它们剔除出科学或者说理性思考与言说的范围之外。"我们抛弃一切哲学问题，因为所有那些属于形而上学、规范伦理学以及认识论的陈述都是不可证实的，并且因此是非科学的。"[2]

逻辑实证主义者所说的证实即为经验验证。具体点说，知道一个命题如何被证实，就是知道什么样的观察能够使该命题为真，或什么样的观察能够使该命题为假。逻辑实证主义者早期提出的证实标准是极为严格的。例如，亨佩尔认为："句子 S 具有经验意义，当且仅当，有可能指出这样一个有穷的观察句集合 O_1，O_2，……O_n，如果这些句子都是真的，那么 S 必然也是真的。"[3]这一标准面临两个严重的麻烦：一是，对于全称命题来说，显然无法构造出这样一个有穷的集合。这是否意味着

〔1〕［德］石里克："意义与证实"，载洪谦主编：《逻辑经验主义》（上卷），商务印书馆 1982 年版，第 39 页。

〔2〕Rudolf Carnap, *The Unity of Science*, London: Kegan Paul, 1934, p. 22. 逻辑实证主义的这些观念还典型地体现在纽拉特等人为纪念石里克拟定的纲领性文献《科学的世界观：维也纳小组》中。在该文中，他们表达了对传统哲学的不满与抨击，倡导基于经验的实证科学研究。参见［奥］O. 纽拉特："科学的世界观：维也纳小组——献给石里克"，王玉北译，载《哲学译丛》1994 年第 1 期，第 36~44 页。

〔3〕［美］亨佩尔："经验主义的认识意义标准：问题与变化"，载洪谦主编：《逻辑经验主义》（上卷），商务印书馆 1982 年版，第 105 页。

将所有的全称命题都视为无意义的从而剔除出科学的范围之外呢？如果真这样做的话，那么任何旨在揭示一般规律或试图运用一般规律来说明现象的活动就都无法展开了。二是，有些科学命题中的名词所指称的对象是不可观察的——这些名词通常被称为理论术语，例如"易溶""可展"这样的倾向名词，以及"质量""电子"这样来源于某个理论的名词——按照这一标准，这些含有理论术语的科学命题（或称理论陈述）也是没有意义的。

对于第一个麻烦，逻辑实证主义者采取的对策是：弱化证实标准的严格性，不要求完全证实，只要求某种程度的证实，或者说：概率证实。例如，在赖兴巴赫看来，命题不仅具有"意义"和"真值"这两个属性，还具有"权重"这一属性。[1]"权重"即命题为真的概率，不同于真值只有"真""假"这两个值，"权重"体现为一系列连续的量。对于全称命题以及其他理论命题来说，虽然不能被完全证实，但只要可以确定它的权重，就是有意义的。[2]逻辑实证主义者对第二个麻烦采取的对

---

〔1〕 赖兴巴赫主张将自己的观点刻画为"逻辑经验主义"（logical empiricism）而非"逻辑实证主义"（logical positivism），因为他在证实标准、基本陈述的性质等方面与石里克、艾耶尔等维也纳小组的核心成员存在分歧。但无论在组织上，还是在观点上，维也纳小组本身也是非常松散的，异见纷呈；此外，艾耶尔等人的观点也是不断修正的。另外，石里克本人也更喜欢使用"逻辑经验主义"，以强调其与休谟、洛克以来的经验主义传统一脉相承。因此，本书将"逻辑经验主义"视为"逻辑实证主义"的一个别称。有的学者在狭义上使用"逻辑实证主义"和"逻辑经验主义"，并强调它们的不同。例如，萨尔蒙认为，前者相信基础主义、主张绝对证实；后者拒斥基础主义、主张部分证实。See W. Salmon, "The Spirit of Logical Empiricism", 66 *Philosophy of Science*, (1999), p. 334ff. 但实际上，并不是所有维也纳小组的成员都相信基础主义。此外，随着实证主义在批评中不断发展，也没有哪个学者仍然坚持绝对证实的标准。

〔2〕 See H. Reichenbach, *Experience and Prediction*, Chicago: Chicago University Press, 1938, pp. 53~54.

策是：严格区分观察陈述与理论陈述，并在观察陈述与理论陈述之间建立某种还原规则。观察陈述只包含观察名词，"使用那些指称可观察的性质和关系的名词来描述可观察的事物或事件"〔1〕。对于理论名词或理论陈述，逻辑实证主义者缺乏一致的定义，但大体而言，是指那些描述不可借由直接观察而证实的现象的陈述。为了维持弱证实标准，逻辑实证主义者要求这些理论陈述必须能够采取某种方式还原为观察陈述。例如，在1950年发表的《经验主义的意义标准》一文中，亨佩尔强调："一个语句只有能够翻译为经验主义的语言时，才具有认识论意义。"〔2〕

　　逻辑实证主义者的这两个应对方案并不令人满意。对于概率证实，正如波普尔所说的那样，由于全称命题涉及无限多的实例，不管我们进行了多少次观察或实验，任何普遍性结论的归纳或然性都等于零。〔3〕此外，逻辑概率的高低，往往并不反映一个命题所含经验内容的多寡。甚至相反，那些内容越空洞的命题，其逻辑概率越高。例如，"明天或者下雨或者不下雨"的概率为1，但一个旨在产生这种高概率之命题的天气预报理论

---

〔1〕　Rudolf Carnap, "The Methodological Character of Theoretical Concepts", 1 *Minnesota Studies in the Philosophy of Science*, (1956), p. 38.

〔2〕　亨佩尔所说的"经验主义语言"包括且只包括如下三类词汇：①"非""和""或""如果……那么……""全部"等逻辑常项和量词；②指称可观察的个体、性质（关系）的词汇；③能够通过前两类词汇进行界定的词汇。See Carl G. Hempel, "The Empiricist Criterion of Meaning", in A. J. Ayer (ed), *Logical Positivism*, *Glencoe*, *Ill.*: Free Press, 1959, pp. 116~117.

〔3〕　参见［英］卡尔·波普尔：《科学发现的逻辑》，查汝强、邱仁宗、万木春译，中国美术学院出版社2008年版，第228~238页。在这里，波普尔对赖兴巴赫和卡尔纳普所提出的不同版本的概率证实论（包括卡尔纳普后来提出的修正方案）均进行了批判。此外，在附录的"零概率和概率与内容的精细结构"一文中，波普尔还强调："在两个假设中，逻辑上更强的、信息更丰富的、更具有可检验性的，从而也就是能够更好地被验证的那个假设，总是比另外那个具有更小概率。"

显然不能给我们提供任何有用的信息。正因为此，在波普尔看来，判断一个科学理论优劣的标准不在于它能否被证实，而在于它是否包含了更多的经验内容，从而具有更大的"可证伪性"。[1]

第二个应对方案体现了逻辑实证主义者对于科学结构的"标准看法"。这一看法可以简要地总结如下：整个科学理论可区分为两个部分：观察语言部分与理论语言部分。观察语言部分只包含观察陈述与初等逻辑。理论语言中有两类陈述：第一类陈述不含有任何观察语言中的名词，可以视为科学理论中的假说或定律；第二类陈述既含有观察语言中的名词，也含有理论语言中的名词——不同的学者将这类陈述称为"操作定义"（布里奇曼）、"对应规则"（赖兴巴赫）、"解释规则"（卡尔纳普）或"连接原理"（亨佩尔）。[2]它们实际上相当于将理论名词与观察命题联系起来的"词典"。通过它们，理论陈述具有经验意义。

从 20 世纪 60 年代开始，这种"标准看法"遭受了诸多学者的攻击。例如，玛丽·赫西等学者指出，并不存在能够用"直接观察"予以充分说明的所谓"观察名词"，也不存在能够在科学理论的发展中保持不变的"观察陈述"。[3]因此，观察名词与理论名词之间的二分法是不成立的。基于另外的一些理由，普特南得出了相同的结论，并在此基础上指出，逻辑实证主义者的下述主张是错误的：观察名词得到了完全的解释，理

〔1〕　参见［英］卡尔·波普尔：《猜想与反驳——科学知识的增长》，傅季重等译，上海译文出版社 1986 年版，第 310 页。

〔2〕　参见［美］卡尔纳普：《科学哲学与科学方法论》，江天骥译，华夏出版社 1990 年版，第 53~57 页。

〔3〕　Marry Heese, *The Structure of Scientific Inference*, Berkeley: University of California Press, 1974, pp. 11~17.

论名词借助"词典"得到了间接的、部分的解释。[1]此外，彼得·阿钦斯坦还指出，如果理论名词只能借助"词典"得到间接解释，那么也就意味着它们本身并不指称什么东西；这是对科学家的语言实践的"极端令人误解的说明"。[2]基于这些批判，1970 年，亨佩尔发表了《论科学理论的"标准看法"》一文，放弃了这一关于科学结构的"正统理论"；此后，这一看法被广泛认为是错误的。[3]

逻辑实证主义的失败，根源于其所采取的验证式证明观。这种证明观将证明理解为向经验的还原。即，证明一个命题就是将其直接或间接地还原为一个能够直接用观察或其他经验方式加以验证的基本命题。然而，并不存在逻辑实证主义者所设想的这种基本命题：它能够直接被经验所验证，并能够作为其他科学命题的基础。

逻辑实证主义者起初设想的基本命题是像"我感受到一片红"这样的"单一经验命题"或"直接所与（the given）命题"。在一些学者看来，这种命题所涉及的经验是直接给予主体的，从而可以直接被经验所验证。或者用魏斯曼的话说，通过这些描述基本经验的命题，"理论接触外部实在"[4]。然而，正如批评者所指出的那样，单一经验命题也许能够直接被经验所

〔1〕 Hillary Putnam, "What Theories Are Not", in E. Nagel, P. Suppes and A. Tarski, (ed.), *Logic, Methodology and Philosophy of Science*, Stanford: Stanford University Press, 1962, pp. 243~244.

〔2〕 Peter Achinstein, "Rudolf Carnap II", 19 *Review of Metaphysics*, (1966), p. 763.

〔3〕 See Carl G. Hempel, "On the 'Standard Conception' of Scientific Theories", 4 *Minnesota Studies in the Philosophy of Science*, (1970), pp. 142~163.

〔4〕 Friedrich Waismann, *Theses*, in Waismann (ed.), *Wittgenstein and the Vienna Circle*, Oxford: Blackwell, 1979, p. 249.

验证并在此意义上是不可错的，但它在本质上是私人的，不具有主体间性，从而无法成为科学的基础。"既然一般认为科学活动的目的在于提供一种能被主体间检验的知识，因此，显而易见的、纯粹私人的，只能主观证实的知识论断就要被排除掉，也就是被宣布为在科学上没有意义。"〔1〕实际上，在进行了短暂的尝试之后，卡尔纳普也发现，"在建立一切科学概念的体系方面，一种物理主义的基础较之一种现象主义的基础更为合适"〔2〕，于是从"现象主义语言"转向"物理主义语言"，以那些关于物理实体的公共可观察的陈述作为基本命题。卡尔纳普等人设想，关于物理实体的陈述中立于不同的观察主体，从而共同的观察记录语句可以作为科学的基础及其可靠性的保证。这一方案的问题在于：记录语句从根本上说是理论依赖的；或者说，并不存在中立于不同主体的观察。

记录语句的理论依赖性至少体现在如下三个方面：首先，正如上文所说的，记录语句所使用的语言框架具有主体性，对此，这里不再赘述。其次，经由观察形成某种结论以卡尔纳普所说的"相似性记忆"为前提，而"相似性记忆"必然以某种见解、期望、假定或兴趣为前提。换句话说，理论预期决定了我们如何去观察。正是在这个意义上，查尔默斯说："科学中理论先于观察……进行观察和实验是为了检验或阐明某个理论，只有被认为同那个任务相关的那些才应该被记录下来。"〔3〕此外，更为重要的是，记录语句不能脱离理论预设孤立地得到证

---

〔1〕［美］费格尔："物理主义、统一科学和心理学基础"，载洪谦主编：《逻辑经验主义》（下册），商务印书馆 1984 年版，第 512 页。

〔2〕［美］鲁道夫·卡尔纳普：《卡尔纳普思想自述》，陈晓山、涂敏译，上海译文出版社 1985 年版，第 29 页。

〔3〕［英］A. F. 查尔默斯：《科学究竟是什么》，查汝强、江枫、邱仁宗译，商务印书馆 1982 年版，第 42 页。

实或否证。正如蒯因所指出的那样，我们的科学理论是作为一个整体接受经验检验的，无论什么样的经验，都不能单独地证明某个记录语句是真的或假的；换句话说，记录语句的真假不仅受制于经验，而且受制于它所在的科学理论的其余部分。[1]就此而论，无论是逻辑实证主义将记录语句作为科学基础的证实思路，还是波普尔所提出的将所谓"判决性实验"中的记录语句（波普尔称为基础陈述）作为证伪某一科学理论的依据，[2]都高估了记录语句以及经验证据的重要性。

科学理论来源于经验，也需要经验的证明。但无论作为来源，还是作为证明的依据，经验都是不充分的。一方面，科学是对经验的主体性建构，而不是纯粹经验的归纳式累积。正是在这个意义上，爱因斯坦说："科学不能在经验的基础上成长起来，在建立科学时，我们免不了要自由地创造概念，……这种状况被前几代人疏忽了，他们以为，理论应当用纯粹归纳的方法来建立。"[3]进一步地，从经验到实在只有一条途径，那就是"有意识的或无意识的理智构造的途径，它完全是自由地和任意地进行的"[4]。另一方面，既然科学理论的"输出"并不完全来自于经验的"输入"，那么基于同样的经验证据就可能会有不同的科学理论。正因为此，才有了上面所讨论过的科学理论的

〔1〕 See e.g., W. V. Quine, *Theories and Things*, Cambridge, Mass.：HUP, 1981, pp. 70~71；［美］威拉德·蒯因：《从逻辑的观点看》，江天骥等译，上海译文出版社1987年版，第40页。

〔2〕 参见［英］卡尔·波普尔：《科学发现的逻辑》，查汝强、邱仁宗、万木春译，中国美术学院出版社2008年版，第76~82页。

〔3〕 ［美］爱因斯坦：《爱因斯坦文集》（第1卷），许良英等译，商务印书馆1976年版，第309页。

〔4〕 ［美］爱因斯坦：《爱因斯坦文集》（第1卷），许良英等译，商务印书馆1976年版，第512页。

评价标准问题。

　　上述讨论意味着，如果我们像逻辑实证主义者那样，将证明理解为验证，理解为向基本命题的还原，那么科学就是"不可证明"的。正是在这个意义上，哈勒说："不存在简单的是否游戏，不存在单纯的证实而来的证明，不存在单纯的证伪而来的反驳。"[1]但这并不意味着，科学在任何意义上都是不可证明的。或者像有些所谓的后现代思想家所说的那样，是完全虚构的。而只是说，我们应该转向另外一种更可操作、更可能实现的证明观，即证立式证明观。科学命题虽然无法得到验证，但能够得到证立，也应当得到证立。

　　验证与证立之间的区别可以通过下面这个小例子较为清晰地展示出来。一个工程师、一个物理学家和一个数学家乘火车旅行。在经过一个村庄附近的牧场时，他们向窗外看去，发现一群白色的羊。工程师说："这个村庄的羊都是白色的。"物理学家纠正说："这个说法不对，只能说这个村庄有一些白色的羊。"数学家又纠正说："这个说法也不对，只能说这个村庄有一些羊，它们至少有一面是白色的。"[2]

　　在这三个说法中，哪个说法得到了验证？答案是：一个都没有。首先，我们可以轻易地看出来，工程师的表述不是建立在直接观察的基础之上的，而是增加了"那些没有被观察到的羊也是白色的"这一可能并不成立的假设。经过数学家的提示，我们发现，物理学家的表述实际上也不是建立在直接观察的基础之上的，它需要预设"这些羊没有被观察到的另外一面也是

----

　　〔1〕　〔奥〕鲁道夫·哈勒：《新实证主义》，韩林合译，商务印书馆1998年版，第216~217页。

　　〔2〕　这个例子来源于维基百科 defeasible reasoning 词条，但下文的分析是本书作者提出的。

白色的"。也许这个预设在一些人看来是"理所当然"成立的。但无论如何，它只是一种猜测——并没有谁观察到这一点。最后，数学家的表述是建立在直接观察的基础之上的吗？也不是。因为至少在逻辑上，无法排除这样的例外情况：这个村庄其实并没有羊，而这些看起来是羊的东西是村民们为了吸引对牧场的投资而制作出来的人工品；或者，这个村庄的羊其实是黑色的，村民们故意给它们披上了额外一层白色的皮毛；甚至或者，他们所看到的其实是某种全息投影；如此等等。可以看出，数学家的表述实际上依赖于一个被假定为真的前提：所有这些例外情况都不存在。由于在逻辑上可以设想无限多的例外情况，这一被假定为真的前提实际上是无法被彻底证实的。从另一个角度说，这也意味着，我们无法通过使数学家的表述进一步精确化的方式来得到一个能够直接被一致的观察所证实的关于外部实在的命题。就此而论，没有任何一个命题——除非是那些没有丝毫主体间性从而不能成为科学基础的"单一经验命题"——能够得到所谓的验证。

那么，在上述三个说法中，哪个得到了证立？答案是：全部。首先，数学家的表述得到了一致观察的证立，尽管它并没有被该一致观察所验证。这里涉及验证与证立的第一个重要区别：验证是不可撤回的，换句话说，如果一个观察命题得到了某个经验的验证，那么无论之后出现什么样的经验，都不会改变这个命题已被验证的状态；而证立则是可撤回的。一个已被证立的命题，有可能随着其他经验或命题的发现或提出，再次变成未被证立的状态。例如，你看到桌子上的纸是黄色的，这一经验（经验 p）证立了"桌子上的纸是黄色的"这一命题（命题 q）；但如果你发现屋里的灯发着黄光，它会使所有白色的物体看上去都是黄色的，这一新的发现（经验 r）切断了经验 p 与命题 q 之间的支持关系，从而使得命题 q 回到了未被证立的状态，尽管本用以支持命题 q 的经验 p 没有任何变化。从这个意义上说，证立是到此为止的（pro-tanto），而不是终局性的（final）；或者说，经验 p 为命题 q 的成立提供了一个可废止的（defeasible）而非决定性的（conclusive）理由。在现代认识论中，知觉经验一般被视为相关的信念与命题的可废止性理由，因为只有容许从知觉到相关信念与命题的推断，人类才可能具有知觉知识并根据这些知觉知识作出决策或采取行动。回到上述例子中来，虽然可能存在无数的例外情况使得数学家的表述不成立，但只要这些例外情况并没有被提出，数学家的表述就是一致的观察所证立的，从而至少可以暂时被接受为真的。

其次，物理学家的表述也是得到证立的。相较于数学家的表述，物理学家的表述增加了一个假定："如果一只羊的一面是白色的，那么另一面也是白色的。"这个假定并不总是成立，但可以想见的是，它在大多数情况下是成立的。因此物理学家的表述可以被重构为一个统计三段论（statistical syllogism）的结论；而统计三段论是另一个一般认为应当容许的并在推理与论证实践中经验运用的可废止推断，虽然它并不是保证的。在统计三段论中，大前提是一般性的（即"大多数 F 具有性质 G"），这使我们注意到验证与证立的第二个区别：验证是单向的，它最终要回到单称的观察命题以及单个的观察；而证立则没有固定的方向。存在以单称命题为前提、一般命题为结论的证立，也存在相反形式的证立。

最后，工程师的表述虽然看上去不是很可靠，但在现有的条件下也是可以得到证立的。它是一个尚未遇到反例的枚举归纳（enumerative induction）的结论，而枚举归纳同样是一个认识上许可的并常被使用的证立模式。虽然它在哲学上曾遭受过一些挑战，一旦我们将"逻辑上蕴含"与"认识上许可"区别开来，这些挑战就不复存在了。[1]实际上，枚举归纳所遇到的麻烦正是为什么要从验证式证明观转向证立式证明观的一个重要理由。因为验证式证明观只许可那些演绎有效的推断模式，而证立式证明观还许可一些可废止的推断模式。当然，具体哪些推断模式被许可，则是语境依赖而非普适的。例如，在民事审判实践中，类推通常是被许可的推断模式；而在刑事审判实践中则通常不被许可，除非其结果有利于被告人。值得注意的是，虽然工程师的表述和物理学家的表述、数学家的表述一样，都是得到证立的。但显然，这三个表述的证立程度是不同的。其中，工程师的表述的证立程度最弱，物理学家的表述次之，数学家的表述的证立程度最强。这一方面因为，从数学家的表述，到物理学家的表述，再到工程师的表述，使其为真的假定是逐渐增多的；另一方面也是因为，对工程师的表述的证立实际上以物理学家的表述为前提并依赖于一个不保真的推断模式（枚举归纳），而对物理学家的表述的证立则以数学家的表述为前提并依赖于一个不保真的推断模式（统计三段论）。这里涉及验证与证立的另一个重要区别：验证只有"是""否"而没有程度，证立则有程度之分。

从上面的讨论可以看出，科学命题虽然无法通过还原为基

---

[1] 哲学史上的传统归纳问题是休谟问题。休谟和波普尔均否认归纳推理的合法性（"不存在以重复为根据的归纳法"；[英] 卡尔·波普尔：《客观知识——一个进化论的研究》，舒炜光等译，上海译文出版社 2001 年版，第 7 页），但他们的论证混同了"可靠（sound）的推断"与"合理（reasonable）的推断"，或者说假定了"只有那些可靠的推断才是合理的"。实际上，对于有些推断来说，虽然前提并不蕴含结论，但前提仍然能够为结论提供一定的支持；从这个意义上说，它们虽然不是可靠的，但仍可以视为合理的。

本命题的方式得到验证，但能够得到证立。证立也要从某些前提出发，但与验证不同，它不要求有一类直接来源于经验的从而能够豁免于任何修改的特殊命题作为最基础的前提。因为它的总体思路不是要将代证命题与经验进行对照；而是将其与人们有理由接受的其他命题之间建立理性的关联，而这种理性的关联未必是演绎的。

在这点上，法律命题或者一般的规范性命题与描述性命题并不存在根本性的差别。它们都不能得到验证意义上的证明，但同时也都能得到证立意义上的证明。法律命题如何得到证立意义上的证明，是本书关注的核心问题，因此将放在第五章专门讨论。对于回应从认识论出发的局部怀疑论来说，通过说明描述性命题也无法被验证就足够了。因为如果我们不准备放弃描述性命题可以被认识的观点，那么也就没有什么特别的理由认为规范性命题不可以被认识。

三、基于元伦理学的怀疑论

上文已述，自从休谟区分"事实"与"价值"之后，就不断有学者主张，道德命题没有真假之分，要将伦理学驱逐出知识的领域之外。法律命题和道德命题都涉及价值，因此这种基于元伦理学的怀疑论有时会从道德领域延伸到法律领域。在《客观性与真》一文中，德沃金对道德怀疑论进行了批判。在他看来，并不存在一种能够从外部发起的对道德的怀疑，因为我们"不能爬到道德的外部，从某个阿基米德点对道德进行审判"[1]。这一

---

〔1〕 Ronald Dworkin, "Objectivity and Truth: You'd Better Believe it", 25 *Philosophy and Public Affairs*, (1996), p. 128.

论点借用了纽拉特之船的隐喻。[1]但这一借用显然是蹩脚的。我们固然不能跳出理性来评价整个知识体系，但我们完全可以跳出道德来考察道德的可能性。正如布莱恩·莱特（Brian Leiter）所说，一种道德理论只是关于世界的理论的一个子理论，而在一个子理论之外并不必然意味着要求一种阿基米德式的支点。[2]因此，对于道德怀疑论，妥当的应对方式不是否认外部怀疑论的可能性，或者将每一种元伦理学理论都视为实质性的道德理论，而是对外部怀疑论的理由进行分析，表明其误区所在。道德怀疑论者提出的理由主要有如下四种：（1）不存在客观的道德实体或道德属性。例如，休谟曾说，善、恶并不存在于客观世界中，而是一种主观投射；[3]麦基（John L. Mackie）也认为如果客观价值存在的话，那一定是"一种非常奇怪的实体、性质或关系"[4]。（2）道德命题不可证明。（3）不同的社会文化往往有不同的道德标准或道德规范。这一点已被一些人类学家所证实。（4）道德命题只是情感的表达，或者作出建议。人们通常将这种观点称为非认知主义。[5]这一部分将主要讨论基于第

---

〔1〕 纽拉特曾言，科学发展犹如大海上航船，我们不可能把船停在码头进行重建，而只能逐个甲板地进行修补。爱因斯坦也曾说过，科学知识没有基岩，只有纽拉特要修复的船漂浮着。这一比喻对蒯因也产生了重要影响，促使他形成了整体知识观。

〔2〕 Brian Leiter, "Objectivity, Morality, and Adjudication", in Brian Leiter, (ed.), *Objectivity in Law and Morality*, Cambridge: Cambridge University Press, 2001, p. 71.

〔3〕 See David Hume, *A Treatise of Human Nature*, Oxford: Clarendon, 1888, pp. 468~469.

〔4〕 John L. Mackie, *Ethics: Inventing Right and Wrong*, Harmondsworth: Penguin Books, 1977, p. 38.

〔5〕 对非认知主义的一个较为全面的介绍与评价，可参见 Mark Schroeder, *Noncognitivism in Ethics*, London: Routledge, 2010.

三种理由的道德怀疑论，因为基于其他理由的道德怀疑论都有相应的法律怀疑论的版本，而相关的讨论已经或将要围绕相应的法律怀疑论的版本进行。基于本体论的怀疑论与基于认识论的怀疑论已在上面两节中讨论过，非认知主义的怀疑论从根本上说是基于语言用法的，对此笔者将在下一节中讨论。值得注意的是，虽然那些部分的回应不能被视为对基于这些理由的道德怀疑论的回应，它们仅仅旨在回应基于本体论、认识论以及语言用法的法律怀疑论，但如果那些回应成立的话，即便道德怀疑论是对的，相应版本的法律怀疑论也是错的。这对于我们来说就已经足够了。

（一）道德相对主义的论证

道德相对主义的核心命题有三个，分别为：经验命题、元伦理学命题与宽容命题。经验命题陈述了不同的社会经常有不同的道德规范这一事实。人类学家已经找到了许多素材验证了经验命题的正确性。例如，希腊人认为吃死尸在道德上是错的，而卡雷逊人认为吃死尸是应当的。基于经验命题，有些学者认为道德上的对错取决于特定的文化，或者说，一个社会中的道德规范决定了这个社会中的对与错，除此之外，没有其他标准。[1]我们将这一命题称为元伦理学命题。除了经验命题与元伦理学命题之外，道德相对主义者通常还坚持认为，我们不应当随意地评价其他的文化，或者说，不应当以自己的道德标准来衡量其他社会的道德实践，对于不同于自己文化的道德现象，应当保持宽容。这一命题可以称为宽容命题。

这三个命题之间存在推论关系。经验命题经常被用来支持

_____

〔1〕 例如，威廉·萨默（William Summer）通过对不同社会风俗习惯的考察得出结论，道德真理只存在于风俗中。See William G. Summer, *Folkways*, New York：New American Library, 1906, p. 41.

元伦理学命题。元伦理学命题与宽容命题之间则是一种相互支持的关系。一方面，由于不存在客观上正确的道德标准，我们自己的道德规范并不同于其他社会的道德规范，因此应当宽容。这是通过元伦理学命题支持宽容命题。另一方面，如果我们认为存在正确的道德标准，并且认为自己的道德标准是客观上正确的，那么就会用自己的标准去衡量其他文化，从而造成一种不宽容的态度。换句话说，为了确保一种宽容的态度，在没有其他证据的情况下，我们最好认为并不存在客观上正确的道德标准。我们可以将从经验命题出发支持元伦理学命题的论证称为文化差异论证，将从宽容命题出发支持元伦理学命题的论证称为宽容论证。下面是对这两个论证的回应。

（二）对文化差异论证的回应

对于任何论证，我们都可以通过三个方面来进行考察：一是考察结论是否可接受，如果从一个论证的结论中推出了一些不可接受的后果，那么这个论证往往是存在问题的；二是考察前提是否支持结论，即推论的有效性问题；三是考察前提本身是否可靠。对于从经验命题推出元伦理学命题的文化差异论证，我们同样可以从这三个方面进行考察。

首先，从结论上看，我们可以想一想，如果元伦理学命题是对的，将会出现什么样的理论后果。显而易见的第一个理论后果是，我们不可以对其他文化中的道德现象进行评价，无论它看起来是多么"不合理"甚至"邪恶"。如果一个国家赞同奴隶制度、歧视女性、将孩子作为自己的私产，那么我们只能说这个国家中的道德标准和我们不同，"奴隶制、歧视女性、父权制在这个国家中是对的"，虽然对于身处现代社会的我们来说是错的。在某些文化风俗下，有殉夫与割礼的传统，我们也只能说，虽然这些行为对于我们来说不可接受，但在这些文化风俗下没什么不妥。这在很大程度上是反直觉的，因为多数人可能会觉得，奴隶制、歧视女性、残害儿童、割礼等在"客观上"是错的，而不是在某个地方是对的，在另外的地方是错的。如果我们接受了道德相对主义的元伦理学命题，那么我们不仅不能批评其他社会的文化与道德实践，而且不能批评我们自己所在的文化与道德实践。当我们意识到自己的社会文化中可能存在某些不合理的道德现象时，我们没有任何真正的理由去批评它，最多只能作出一些"符合自己胃口"的建议。这同样不符合人们的道德实践。实际上，人们经常意识到自己所在文化中的一些不合理，例如，人们意识到了男女不平等，并倡导某种改变。这种倡导不仅需要借助权力或权威，而且更重要的是借助文明开化与合理性论证。正因为此，社会才可能取得道德进步。如果文化完全决定道德上的对错，那么甚至连道德进步的概念都会成为不可能。因为进步隐含着一种客观的优越性标准，后来的比之前的要好，而如果道德相对主义的元伦理学命题是对的，那么只有"不同"，没有"更好"。

其次，从前提与结论之间的推论关系上看，文化差异论证是无效的。文化差异论证的前提所谈论的是实证的道德规范，即一个社会中对什么是对的与什么是错的看法，或者说是关于道德的信念；而文化差异论证的结论所谈论的是道德本身。一般地说，人们相信事情是什么样子的是一回事，而事情实际上是什么样子的是另一回事。人们对于道德的信念也许会随文化而不同，但不能就此得出结论道德本身也因文化而不同。卢坡尔（Steven Luper）也曾以"上帝存在吗？"为例来说明这点。如果问有神论文化的成员该问题，答案是肯定的；而如果问无神论文化的成员，答案则是否定的，但我们并不能说上帝是否存在这一问题的正确答案因为文化而不同。[1]当然，相对主义者可以说除了实证的道德规范之外，并不存在其他的道德规范，但那正是他们需要证明的主张。

最后，文化差异论证的前提也未必可靠。一方面，道德相对主义者有意或无意地忽略了在不同的文化下，同样存在很多共同的道德规范。例如，禁止随意杀人、盗窃、说谎等。实际上，正如哈特所强调的，基于人类社会的一些基本事实，不同文化的共同道德并不是一种偶然的现象，而是一种经验意义上的必然（不是逻辑上的必然）。[2]另一方面，一些道德规范上的差异可能最终来源于不同的社会环境或不同的信念。例如，虽然因纽特人有抛弃或杀死婴儿的习俗，但是如果条件允许，他们也会尽可能地保存自己的孩子，杀婴只是极端环境下的一种无奈选择，背后的合理性依据可能恰恰是最大限度地保存生命。不同的文化下对死者的处理方式不同，但背后相同的可能是"尊重死者"这样一个共同的价值理念，有区别的是他们关于如何对待才算尊重的信念。虽然未必所有的道德差异都可以最终被归结为价值差异，但正如阿马蒂亚·森所说，尚未发现有哪种道德判断可以被证明为基本的，或者说不可以通过修改经验信念的方式来重塑的，这一点无疑是耐人寻味的。[3]

（三）对宽容论证的回应

现在我们来看宽容论证。宽容论证的结论和文化差异论证是一样的，因此我们只需要考察宽容论证的前提以及前提与结

---

〔1〕 ［美］史蒂文·卢坡尔：《伦理学导论》，陈燕译，中国人民大学出版社2008年版，第51页。

〔2〕 H. L. A. Hart, *The Concept of Law*, (2nd edition), Oxford: OUP, 1994, pp. 193~200.

〔3〕 Amartya Sen, "The Nature and Classes of Prescriptive Judgments", 17 *Philosophical Quarterly*, (1967), pp. 46~62.

论之间的联系。首先，对于宽容论证来说，前提与结论之间同样不存在合理的推论关系。宽容论证的前提是，为了保证人们有一种宽容的态度，我们需要不存在客观的道德标准，然而，正如我们关于事实的信念未必是事实一样，我们的希望事情是什么样子的是一回事，事情实际上是什么样子的是另一回事。此外，宽容本身是一种道德价值。那么"应当宽容"是一种普适性的道德规范呢，还是仅仅是某些文化下的道德规范？不管怎么样，都会使这一论证成为自拆台脚的。如果是普适的，那么至少存在一个普适性道德规范，换句话说，道德规范不是相对于文化的；如果是相对于文化的，那么为什么基于某些文化的宽容规范可以要求其他文化呢？

　　宽容论证的前提也站不住脚。一方面，不同文化有不同的道德规范真的能促进人们的宽容态度吗？或者换句话说，道德相对主义真的能够阻止不宽容吗？实际上，如果道德相对主义是对的，仅仅意味着我的道德标准并不优于你的，那么反过来，你的道德标准也不优于我的。那么如果我的道德标准是符合我利益的都是对的，而干涉你的文化生活与道德实践是符合我的利益的，那么我为什么不这样做呢？毕竟不存在任何客观的标准来评价我的干涉行为。另一方面，宽容真的需要道德相对主义吗？并非如此。我们可以想象一下，我们什么时候会不宽容。我们对错误的实践不宽容。不宽容的两个条件是：首先，在本体论的层面上存在正确与错误之分；其次，我们坚信自己是正确的。当然，坚信自己正确性的逻辑前提是存在正确与错误之分，但不坚信自己是正确的并不以不存在正确与错误之分为前提。而为了保持一种宽容的态度，我们只需要意识到自己可能是错的就足够了，并不需要在本体论层面上怀疑客观标准的存在。实际上，认识论上的谦逊态度，比起本体论上的怀疑论更有助于促进宽容。正因为存在客观上的正确与错误，而我们的道德规范未必是正确的，所以我们要保持一种宽容的态度，因为他人的道德规范也有可能是正确的。如果本体论的意义上不存在正确与错误之分的话，那么虽然我们自己的道德规范不可能在客观上是对的，但别人的道德规范同样不可能在客观上是对的。既然如此，为什么一定要宽容其他文化呢？如果道德博弈最终仅仅是一种力量对比，那么为什么消除异己不是一个好的选择呢？

四、基于语言用法的怀疑论

（一）从词汇性质到语句用法

意识到语句的表层语法可能与它的深层语法不一致，可能是 20 世纪的语言哲学留给我们的最大遗产，但当这一教训被用来支持一种怀疑论的主张时，我们就要小心了。它最早被用来支持下述版本的道德怀疑论。在一些学者看来，道德判断（例如"杀人是邪恶的"）和事实判断（例如"雪是白的"）表面上看起来具有相同的语法形式，但实际上不是。"雪是白的"是在进行描述，而"杀人是邪恶的"不过是在表达说话者反对杀人的态度，类似于说"杀人，呸！"同样，"帮助他人是对的"，也就类似于说"帮助他人，爽！"这些学者被称为情感主义者，典型的代表是艾耶尔（A. J. Ayer）。艾耶尔说："如果我对某人说'你偷钱的行为是错误的'，比起我只说'你偷钱'来，我并没有陈述更多的东西。在补充'这一行为是错误的'这句话时，我并没有对'你偷钱'作出进一步的陈述。我只是表明我道德上不赞成这种行为。就好像我用一种极度厌恶的口气说'你偷钱'或在书写这句话时加上一些惊叹号是一样的。语调或惊叹号对句子的字面意义没有增加任何新的东西。它只是表明在表达这句话时伴随着说话者的某些情感。"〔1〕广义的情感主义还包括这样一种看法，道德判断的主要作用在于表达建议。例如，在斯蒂文森（C. L. Stevenson）看来，"这是好的"不仅仅是在表明说话者赞同的态度，更重要的作用是用来改变人们的态度，对相关的事物或行为进行推荐。〔2〕总的来说，在情感主义者看来，"对""错""正义""邪恶"这些词汇是规范性的，包含有这些词汇的判断是在表达情感或作出建议。进一步说，规范性词汇的意义就是表达情感或作出建议。

　　情感主义遇到的第一个难题是"约根森困境"。在 1937 年发表的论文《命令语句与逻辑》中，约根森指出：一方面，在逻辑所能刻画的推理中，前提与结论都是有真值的，因为对有效推理的传统理解就是能够将真值从前提传递到结论的推理，但作为祈使句内容的命令是没有真值的；因此，在命令与命令之间是不可能存在逻辑关系的。另一方面，有些命令之间似乎是存在逻辑关系的。例如，"遵守诺言！"似乎在逻辑上蕴涵了"遵守这个诺言！"于是这里出现了一个两难的困境。〔3〕如果道德判断是用来表达情感的，那么道德判断和作为祈使句内容的命令一样是没有真值的。因此约根森困境对于情感主义者同样是一个难题。然而，这未必是一个不可解决的难题。因为只有具有真值的命题之间才有逻辑关系这一主张未必正确。正如萨尔托尔所指出的那样，这一主张实际上是基于对当时已有的古典逻辑与经典逻辑的考察得出的。虽然这些逻辑系统是真值保持

　　〔1〕　[英] A. J. 艾耶尔：《语言、真理与逻辑》，尹大贻译，上海译文出版社 2006 年版，第 87 页。

　　〔2〕　See C. L. Stevenson, "Facts and Values", *Westport*, Greenwood, 1973, p. 16.

　　〔3〕　See Jörgen Jörgensen, "Imperatives and Logic", 7 *Erkenntnis*, (1937/1938), pp. 288~298. *Jörgensen's Dilemma* 这一表述最早出现于 Alf Ross 的一篇同名文章。See Alf Ross, "Imperatives and Logic", 7 *Theoria*, (1941), p. 32.

的，但在今天，人们已经提出了一些非真值保持的逻辑系统。[1]
例如，非单调逻辑学家纽特（Donald Nute）提出的可废止逻辑
（Defeasible Logic）就不是真值保持的，而是证立保持（justifica-
tion-preserved）的。[2]一般地说，逻辑是一个经过解释的形式
语言系统。所谓解释，是指将形式系统内的符号与系统外的真
实世界对应起来。与系统内的合式公式相对应的通常是现实世
界中的事态，因此将其解释为真的或假的最为自然。但这并不
是说，只能采取这种赋值。例如，有学者尝试将与规范相对应的
公式解释为"满足"或"未满足"[3]、"有效"或"无效"[4]。
当然，怎么将这些非真实逻辑值与可靠性、完备性、可判定性
这些传统上与真值相关的概念协调起来，存在很大困难。但这
至少表明：逻辑的可推断性从根本上与真值无关，只是借助真
值能够最为方便地构造一个令人满意的形式系统而已。实际上，
情感主义的后继者，例如黑尔（R. M. Hare）已经尝试去发展一
套关于道德判断的逻辑了。[5]

情感主义遇到的另外一个难题更加严重。上文已述，情感
主义将包含价值词汇的语句视为表达情感或作出建议。这对于
一些简单的语句来说可能是成立的，例如"盗窃是错误的"就
是说"不要盗窃！"但一些较为复杂的语句很难被还原为表达情

---

[1] See e. g., "Giovanni Sartor, Legal Reasoning: A Cognitive Approach to the Law", Dordrecht: *Springer*, 2005, p. 421.

[2] See Donald Nute, *Defeasible Logic*, in Oskar Bartenstein, et al., (ed.), "Web Knowledge Management and Decision Support", *Springer*, 2001, pp. 151~169.

[3] See Hofstadler and McKinsey, "On the Logic of Imperatives", 6 *Philosophy of Science*, (1939), p. 447.

[4] See Ota Weinberger, "The Logic of Norms Founded on Descriptive Language", 4 *Ratio Juris*, (1991), p. 286.

[5] See e. g., R. M. Hare, *The Language of Morals*, New York: OUP, 1964; R. M. Hare, *Freedom and Reason*, New York: OUP, 1965.

感或作出建议。例如，"张三撒谎是错误的，因为这让信任他的人伤心了"。很难将这个语句理解为"因为撒谎会让信任你的朋友伤心，所以我建议你不要撒谎"。也许这个语句能够起到这样的作用，但正如大卫·罗斯（David Ross）所指出的那样，一句话可以用来引导人们作出特定的行为，并不意味着这句话不是真正的陈述。[1] 实际上，像"天要下雨了"这样的陈述也能被用来推荐某种行为，例如，带上雨伞，但很难说"天要下雨了"同义于"带上雨伞!"或者"带上雨伞!"这一建议是"下雨"的意义的一部分。

将某些词汇看成是描述性的，将某些词汇看成是规范性的，并进一步认为那些含有规范性词汇的主张仅仅在表面上进行描述，实质上是在表达情感或作出建议，这样一种考察规范性词汇的意义的做法从一开始就是错误的。一方面，正如普特南所指出的那样，许多词汇兼有描述性与评价性，例如"粗鲁的""慈祥的""英勇的""庄严的""丑陋的""智慧的"以及无数无法一一罗列的词汇，正是在这个意义上说，"事实与价值是缠绕在一起的"。[2] 另一方面，规范性词汇是众多的，甚至是不可尽数的，相较而言，可以识别的情感反应是不足的。"张三是英勇的"与"张三是智慧的"或"张三是慈祥的"，是在表达相同的"赞同"这一情感吗？如果不是，分别表达了什么样的情感呢？此外，更为重要的是，即便一些看起来纯粹的描述性词汇也可以用来表达情感或作出建议，上面已经举了"天要下雨"的例子，我们说它可以用来表达"带上雨伞"的建议，实际上，在特定的语境下，它可以用来作出"收拾衣服!"这样的命令，

---

〔1〕 See David Ross, *Foundations of Ethics*, Oxford：Clarendon, 1939, p. 34.

〔2〕 ［美］希拉里·普特南：《事实与价值二分法的崩溃》，应奇译，东方出版社 2006 年版，第 42~53 页。

以及表达"打不成球了"这样的遗憾的情感。反过来，一些看起来带有浓厚的规范性色彩的词汇同样可以用来描述。例如，当我们说一个教师是"尽职的"，我们往往是在说她备课认真、讲解清晰、尽力解答学生的疑问等。总的来说，我们很难根据一个语句包含了规范性词汇就说这个语句是在表达情感或作出建议。一个语句的深层语法并不取决于词汇的性质，而是取决于语句的用法。对于一个法律语句来说，情况同样如此。我们无法通过其中包含的词汇来判断它是在作出建议还是在表达命题。正是从这点出发，有人主张，像"故意毁坏财物的，处以三年以下有期徒刑"这样的语句表面上看起来是在表达一个命题，但实际上并非如此。[1]下面我们就来考察这种说法。

(二) 语句用法与法律语句

塞尔（John R. Searle）总结了言语行为的五种类型，分别为断言、指令、承诺、表达与宣布，并考察了它们之间的十二个方面的不同。[2]但最主要的不同是前两个，言语行为的目的与适应方向。人们出于不同的目的使用语句。例如，命令的目的是让某人去做某事，而描述的目的是表述事物的状态。出于不同目的所表达的语句，具有不同的适应方向（direction of fit）。塞尔借鉴了安斯康姆（G. E. M. Anscombe）所举过的一个例子来说明这个问题。[3]这个例子是这样的：

〔1〕 See e. g. , Hans Kelsen, *Logic and Law*, in Ota Weinberger, (ed.), *Essays in Legal and Moral Philosophy*, Peter Heath, (trans.), Dordrecht & Boston: D. Reidel, 1973, pp. 228~253.

〔2〕 See John R. Searle, *Expression and Meaning*, Cambridge: CUP, 1979, pp. 2~18.

〔3〕 See G. E. M. Anscombe, *Intention*, (2nd edition), Cambridge, Mass. : HUP, 2000, p. 56.

　　一个采购员按照主管所给的购物清单（清单1）将货架上的商品放入购物车，一个侦探则跟踪这个采购员，记录下被放入购物车中的商品，形成另一个清单（清单2）。在采购员和侦探均没有出错的情况下，两个清单的内容应当是相同的，而且都和购物车中的商品一致，但它们具有不同的功能与性质。清单1用以指引采购员的行为，但它的有效性在任何意义上都不取决于购物车中的商品；而清单2的有效性则取决于购物车中的商品，因为它旨在如实记录所购的商品是什么。这在清单与购物车中的商品不一致的情况下尤为明显。采购员会修改购物车中的商品使之符合清单1，侦探则会修改清单2使之符合购物车中的商品。

　　很明显，清单1的匹配方向是"从世界到词语"（world-to-words），而清单2的匹配方向则是"从词语到世界"（words-to-world）。[1]

　　从目的上说，陈述法律规则的语句旨在指导人们的行为，而陈述判决的语句，例如"张三的行为构成盗窃罪"看起来是一种评价；此外，从适应方向上看，它们是"从世界到词语"的。正因为此，这些法律语句看起来并不表达命题，从而也是没有真值的。也有学者正是从此出发，认为从一般规则到判决的司法行为从根本上说，是一种意志行为，不是一种推论活动，从而不受逻辑的制约。[2]这些看法都是站不住脚的。

_____

〔1〕　John R. Searle, "A Taxonomy of Illocutionary Acts", in Keith Gonderson, (ed.), *Minnesota Studies in the Philosophy of Science*, (Vol. 7), Minneapolis: University of Minnesota Press, 1972, p. 347.

〔2〕　See e. g., Hans Kelsen, "Logic and Law", in Ota Weinberger, (ed.), *Essays in Legal and Moral Philosophy*, *Peter Heath*, (trans.), Dordrecht & Boston: D. Reidel, 1973, pp. 228~253.

　　首先，像"故意毁坏财物的，处以三年以下有期徒刑"这样的语句既可以理解为指称了一个规则，也可以理解为陈述了相应规则的内容。指导人们行为的是规则，而不是陈述规则内容的语句——只有规则能够作为行为的理由，语句是不能的。实际上，我们用"故意毁坏财物的，处以三年以下有期徒刑"来指称一个规则，和给规则起一个名字并用这个名词来指称它是同样的。但是，当我们用同样的一句话来陈述规则的内容时，就是在对规则是什么进行描述。法律教义学正是建立在这种描述基础上的，虽然法律教义学不仅仅是描述。至于"张三的行为构成盗窃罪"看起来是对张三的行为进行评价这一主张可以这样理解。当我们说某个语句实际上是一种评价时，所说的是，这一语句表达了说话者对相关事物所做的评价。但在正常的法律或法学实践活动中，当一个律师、法官或学者说"张三的行为构成盗窃罪"时，其并不是说"我认为：张三的行为构成盗窃罪"，而是说"根据现行有效的法律规则：张三的行为构成盗窃罪"。这不是在表达自己的评价，而是陈述了法律的评价。换句话说，像"张三的行为构成盗窃罪"这样的法律语句实际上是法律如何评价（某种具体行为）的认识，而非评价本身。评价是一回事，对评价的认识是另一回事。对此，我们可以回顾一下哈特所说的："即便描述的对象是评价，描述仍然可以是描述。"[1]

　　其次，法律推理并不是像凯尔森所设想的那样发生在法律规则之间，而是发生在人们关于这些法律规则究竟要求了什么样的信念之间，或者说发生在作为上述信念之内容的命题之间。

---

　　[1] H. L. A. Hart, *The Concept of Law*, (2nd edition), Oxford：Clarendon Press, 1994, p. 244.

在这一例子中，安斯康姆与塞尔对清单 1 与清单 2 的性质的说明是正确的，前者旨在指引行为，后者旨在记录世界；因此，前者没有真假之分，后者则有真假之分。然而他们过于简单地理解了清单发挥作用的过程。对于清单 1 来说，采购员在决定是否修改购物车中的商品时，他需要知道购物车中的商品是否符合清单 1。这是一个认识的过程，或者说是一个使词语符合世界的过程。有时需要对清单 1 进行解释。例如，当清单 1 说购买一瓶酱油时，他需要弄清楚究竟是"生抽"还是"老抽"，或者还是两者皆可；或者当清单 1 说购买一斤大米时，他需要弄清楚究竟是一公斤还是一市斤。这一解释的过程同样是一个使词语符合世界的过程。法律规范对主体行为的指引同样如此。它并不是自动发生的：只有在主体认识到规则究竟要求了什么样的前提下，规则才能发挥指引行为的作用。将一般的实践推理或法律推理视为发生在相关的规则之间而不是关于这些规则的信念或命题之间的想法，正是根源于没有正确地认识到规则发挥作用的复杂过程。法律规则是立法者创造的事物（thing），自然没有真假之分——除非是在完全不同的意义上使用"真""假"这样的术语——但关于这些法律规则要求了什么的信念，以及作为这些信念之内容的命题，是有真假之分的。

五、从法律理论内部提出的怀疑论

上面所讨论的怀疑论是基于某种哲学理论提出的，最后让我们来看从法律理论内部提出的各种怀疑论。从法律现实主义到批判法学，许多学者都主张，在一个特定的案件中，法律是什么，取决于相关权力主体说它是什么。这在根本上是因为，

"法律学说无法为任何特定的法律争议提供确定的答案"。[1]至于为什么法律学说无法提供答案,怀疑论者先后提出了几个不同的理由。下面让我们分别考察这些理由。

(一) 法律的不完备性

法律作为一种制造物,不可能是完备的。一方面,在一些重要的应当受到法律调整的问题上,法律可能沉默不语。人们通常将这种情况称为"违反立法计划的不圆满状态",[2]或简称"法律漏洞"。另一方面,法律规定可能是不清晰的,其中的某些一般法律词项可能是歧义的、含混的、模糊的或抽象的,或者用哈特的话说,存在"开放结构"。一般来说,这两方面的不完善性最多会使某些法律问题缺乏正确答案,而不会使所有问题缺乏正确答案。道理很简单,一方面,虽然有些事项上不存在法律规定,但显然不是所有的事项上都不存在法律规定。实际上,我们所从事的绝大多数社会行为,都有相关的法律规定。另一方面,尽管法律规定可能是不清晰的,但在相当多的时候是清晰的。正因为如此,虽然哈特谈论"开放结构",但他同样认为一般法律词项存在意义的"核心区"——而实际上,哈特之所以讨论"开放结构"问题,一个主要的动因正是反对规则怀疑论。[3]

怀疑论并不是在上述意义上理解法律的不完备性的。上述

---

〔1〕 Clare Dalton, "An Essay in the Deconstruction of Contract Doctrine", 94 *Yale L. J.* (1985), p. 1007. 类似的观点可参见 Jay M. Feinman, "Promissory Estoppel and Judicial Method", 97 *Harv. L. Rev.* (1984), pp. 678~718; Joseph W. Singer, "The Player and the Cards: Nihilism and Legal Theory", 94 *Yale L. J.* (1984), pp. 1~70; Gary Peller, "The Metaphysics of American Law", *California L. Rev.* (1985), pp. 1151~1290.

〔2〕 黄茂荣:《法学方法与现代民法》,法律出版社 2007 年版,第 377 页。

〔3〕 See H. L. A. Hart, *The Concept of Law*, (2nd edition), Oxford: Clarendon Press, 1994, chapter 7.

意义上的不完备性只能将我们带向下一章将要讨论的法律真理的空缺论，而非怀疑论。怀疑论者将不完备性理解为法律的根本性缺陷。在怀疑论者看来，与其说"规则有时是不清晰的"，不如说"规则从来都没有清晰过"。因为规则"从来没有清晰过"，所以即便在有些事项上存在法律规定，有关这些事项的法律问题也不存在正确答案。那么，为什么"规则从来没有清晰过"呢？怀疑论者提出了如下论证。

首先，有怀疑论者选择维特根斯坦关于遵循规则的一些讨论为这一看起来显然不太合理的观点背书。[1]关于遵循规则，维特根斯坦举了这样一个例子：假设一个学生掌握了自然数数列，现在学习"+2"（0，2，4……）序列。在 1000 之前的练习都没有问题。但在 1000 之后，该学生写的是：1004，1008，1012。面对教师的责备，他可以辩解说，你的命令可以理解为"加 2 至 1000，加 4 至 2000，加 6 至 3000，如此等等"。在这一理解下，该学生的行为就是符合规则的。维特根斯坦随后总结说：

> 这就是我们的悖论：没有什么行为方式能够由一条规则来决定，因为每一种行为方式都可以被搞得符合规则。答案是：如果一切事物都能被搞得符合规则，那么一切事物也就都能搞得与规则相冲突。因而在这里既没有什么符合也没有冲突。[2]

在克里普克（Saul Kripke）看来，这段话表明了维特根斯坦

---

〔1〕　See e. g. , Mark Tushnet, "Legal Scholarship：Its Causes and Cure", 90 *Yale L. J.* （1981）, p. 1217.

〔2〕　［奥］维特根斯坦：《哲学研究》，李步楼译，商务印书馆 1996 年版，第 121 页（第 201 节）。

关于规则的怀疑主义态度，规则无法给行为提供任何指引。[1]但如果规则无法给行为任何指引，那如何解释人们遵循规则的聚合性实践呢？例如，大多数人遇到红灯都会停下来。实际上，就是在维特根斯坦自己所举的例子中，大多数人也都会选择一直加2，而不是在1000之后加4。就此而论，对维特根斯坦这段话更为妥当的理解是，每一种规则都存在无数个逻辑上可能的理解。这是对的。不过一个理解是逻辑上可能的，并不意味着它是实践上合理的。那种认为世界万物都是我的想象的怀疑论观点在逻辑上是可能的，但很少有人认为它是合理的。虽然我们无法给出一个关于什么样的理解才合理的全面理论，但一般来说，我们仍然能够辨别合理的理解与不合理的理解，我们仍然能够说一种理解比另外一种理解更合理。以维特根斯坦所举的路标为例，[2]按照箭头指示的方向走显然比逆着走更合理。

实际上，维特根斯坦并不是说对规则的任何理解都是同样合理的，而是说，我们无法为任何一种理解提供彻底的辩护，特别是，我们无法为我们自己所选择的理解方式提供彻底的辩护。正是在这个意义上，他说：

"我是怎样才能遵守一条规则呢？"——如果这不是一个有关原因的问题，那么就是一个有关对我这样地按照这个规则而行事所做的辩护的问题。

如果我穷尽了这种根据，我就挖到了坚硬的基岩，而我的

---

〔1〕 Saul Kripke, *Wittgenstein on Rules and Private Language*, Oxford：Blackwell, 1982, p. 21.

〔2〕 ［奥］维特根斯坦：《哲学研究》，李步楼译，商务印书馆1996年版，第59页（第85节）。

铲子就弯了回来。这时我就会说："我就是这样行事的。"[1]

在维特根斯坦看来，我们之所以无法提供彻底的辩护，是因为辩护最终需要援引由我们的生活形式所决定的合理性标准。在一篇未出版的手稿中，维特根斯坦说："我们在适用规则时是怎么达成一致的？通过培训、操练和生活形式。"[2]而生活形式并无对错之分，"我就是这样行事的"。维特根斯坦的生活形式可以在两个不同的意义上理解：一是人类社会的普遍行为方式；二是不同社会与文化下的共同行为方式。[3]但不管如何理解生活形式，也不管维特根斯坦关于生活形式的讨论是否正确，维特根斯坦关于规则依赖于生活形式的讨论都不能用来支持规则无法指引行为这种怀疑论的看法。

其次，还有一些怀疑论者从某种令人生疑的语义学主张出发来论证"规则从来没有清晰过"。例如，在一些学者看来，法律条文必须借助立法者的意图才能够理解。"所有文本都来源于作者传递信息的尝试"[4]，如果没有意图，那么"不仅没有意义，而且没有理由去探究意义"，[5]"如果不提及某个意图通过一些符号或声音来传递信息的真实的或假想的作者，人们是无

〔1〕 〔奥〕维特根斯坦：《哲学研究》，李步楼译，商务印书馆1996年版，第127页（第217节）。

〔2〕 G. P. Baker & P. M. S. Hacker, *Wittgenstein: Rules, Grammar and Necessity* (2nd ed.), Oxford: Wiley-Blackwell, 2009, p. 222.

〔3〕 See Rudolf Haller, *Questions on Wittgenstein*, Bristol: Routledge, 1988, pp. 130~136.

〔4〕 Larry Alexander, "All or Nothing at All? The Intentions of Authorities and the Authority of Intentions", in Andrei Marmor, (ed.), *Law and Interpretation*, Oxford: OUP, 1995, p. 361.

〔5〕 Stanley Fish, "There is no Textualist Position", 42 *San Diego L. Rev.* (2005), p. 632.

法将意义赋予这些符号或声音的";[1]因此，文本的意义就是作者意指的任何东西，"除了作者所意指的东西之外，文本没有意义"。[2]这种语义学主张并不一定会导致怀疑论，除非它和某种关于立法意图的怀疑论结合在一起。一般地说，如果法律文本只能借助立法意图才能得到理解，而立法意图又不存在或无法被认识，那么自然也就不存在对于法律文本的正确理解了。

这里不讨论立法意图的问题，只谈论下面这种语义学主张：文本除了作者赋予的意义之外，不存在任何其他含义。特别是，文本不存在规约性的所谓字面含义。如果这是真的，除非我们首先去探究立法意图，否则就无法理解法律。菲什（Stanley Fish）曾举例论证文本不存在字面含义这一主张。假设某个雇员在给老板的信中写道："我想辞职，因为尽管我多次要求一个更大的办公场所，以存储必要的材料和接待重要的客人，但这一合理的要求始终没有得到正面的回应。"通过这一文本，雇员想要传递的意义很可能是"请给我安排一个更大的办公场所"而不是"我想辞职"。这是对的，但并不妨碍它有一个"我想辞职"的字面意义。菲什认为，如果文本具有这种字面意义的话，那就意味着这一意义通过某种方式被固定在文本中了，从而会排除其他的理解。[3]这一想法无疑是错误的。文本具有字面意义，并不意味着字面意义被固定在文本上；人们可以偏离字面意义，也不意味着没有字面意义。实际上，正是因为存在这种

---

〔1〕 Larry Alexander & Saikrishna Prakash, "Is That English You're Speaking? Why Intention Free Interpretation is an Impossibility", 41 *San Diego L. Rev.* （2004）, p. 974.

〔2〕 Stanley Fish, "There is no Textualist Position", 42 *San Diego L. Rev.* （2005）, p. 649.

〔3〕 See Stanley Fish, "There is no Textualist Position", 42 *San Diego L. Rev.* （2005）, p. 634.

字面意义，人们才能意识到对它的偏离。

第二个支持文本没有字面含义的论证是说，人们可以用任何的表达式来指称任何他们想要指称的对象或传递任何他们想要传递的信息，"没有什么能够妨碍任何字符串能够成为任何意图的载体"。[1]因此，谈论字面意义没有任何意义。这一论证的前提是错误的。维特根斯坦曾提出过这样的问题："我是不是能够说着'步步步'而意指'如果天不下雨我就去散步'呢?"[2]菲什对这一问题的回答是："当然可以，唯一的不便也许你不能成功地将这个意义传递给读者，但能否成功传递意义和能否用某个字符串来意指某种意义是两回事。"肯纳普（Stephen Knapp）与迈尔克斯（Walter B. Michaels）也持有同样的看法："没有任何人能够理解我这一事实在任何意义上都不影响我的言说的意义。"[3]但事实是，人们在使用表达式来传递意图时有一定的任意性，但没有彻底的任意性；离开了语言的规约性，人们不仅无法成功传递意图，甚至根本无法形成稍微复杂一点的意图。

上面说过，人类语言与动物信号之间的区别在于："信号是囫囵的，不由更小的意义单位组成，语句则具有内部结构，由更小的意义单位组成。"[4]实际上，正是这种切分使人类能够用已有的、有限的符号去谈论新遇的、无限的境况与事物；如果没有这种切分，人类语言将只能用来表达有限的信息，并且无法随时随地地扩展。从个体角度看，这一切分给语言提供了包

〔1〕 Stanley Fish, "There is no Textualist Position", 42 *San Diego L. Rev.* (2005), p. 634.

〔2〕 ［奥］维特根斯坦：《哲学研究》，李步楼译，商务印书馆1996年版，第28页。

〔3〕 Stephen Knapp & Walter B. Michaels, "Not a Matter of Interpretation", 42 *San Diego L. Rev.* (2005), p. 659

〔4〕 陈嘉映：《语言哲学》，北京大学出版社2003年版，第347页。

括一般词项在内的更小的意义单位，人们才有可能对周遭世界形成秩序化的复杂经验。因此，至少对于稍微复杂一点的意图来说，不是先有意图，然后用语言来表述它；而是语言本身参与了意图的形成。换句话说，不依赖于一些具有规约性意义的语言单位以及相应的组合规则，人们便无法组织自己的想法，而不仅仅是无法将它成功地传递给他人。

第三个论证是，在许多情况下，只有借助作者意图，才能明确意义。例如，肯纳普与迈尔克斯举例说，对于词语"canard"来说，说英语的人会认为它指的是"fib"（"谎言"），而说法语的人会认为它指的是"duck"（"鸭子"）。这一表达式本身并不能告诉人们它究竟指什么，只有当我们知道它的使用者说的是哪种语言，才能明确它的意义。这当然是对的。但这不过意味着，相同的字符串在不同的语言里可能具有不同的意义，并不意味着它完全没有意义。肯纳普与迈尔克斯所举的另外一个例子是，假设一群人在散步时看到了地上的表达式"cat"，他们开始争论它究竟是指"domestic tabby cat"（"家养的虎斑猫"）或"any feline"（"任何猫科动物"）还是指"jazz musician"（爵士音乐家）。肯纳普与迈尔克斯说，如果这一表达式的作者告诉他们，他是随意画的，根本没想指任何东西，那么这场争论就该停止了，因为没有意图，便没有意义；而如果作者告诉他们，他是出于对自己宠物猫的怀念才写的，那么这个争论也该停止了，因为正确答案就是"家养的虎斑猫"。由此可以看出，作者的意图决定了表达式具有什么样的意义。[1]如果肯纳普与迈尔克斯是说，作者的意图决定了一个表达式具有什么样

---

〔1〕 See Larry Alexander & Saikrishna Prakash, "Is That English You're Speaking? Why Intention Free Interpretation is an Impossibility", 41 *San Diego L. Rev.* (2004), p. 977.

的说话者意义，因此在第一种情况下"cat"没有说话者意义，而在第二种情况下说话者所指的就是"家养的虎斑猫"，这无疑是正确的。但这并不意味着"cat"没有自己的规约性意义，和上例类似，正因为"cat"具有"家养的虎斑猫"这一规约性意义，我们才能在知道关于作者的相关信息时知道说话者指的是什么。在没有关于作者的信息时，"cat"的意义不明确，但这根源于它有多个意义，而非没有意义。

总之，法律作为一种沟通文本不仅具有说话者意义，而且具有规约性意义。至于是否总是应当按照这种规约性意义来理解法律文本，则是另外一个问题。但无论如何，那种基于法律文本不存在规约性意义因此从来没有清晰过的观点是站不住脚的。

最后，怀疑论者还可能为自己的主张找到这样的理由，清晰的规则与不清晰的规则之间并不存在泾渭分明的界限，也很难提出一个全面、准确的理论来判断什么样的规则是清晰的或不清晰的。既然如此，我们也就无法说一个规则是清晰的。这个论证的问题在于，我们能否在一个具体的情形下判断某个规则是否是清晰的，也与我们是否能够提出一个得到大家所公认的用以判断规则是否清晰的全面理论并不相关。清晰规则与不清晰规则之间的界限并不是泾渭分明的，我们也很难提出一个公认的全面理论来区分它们，这并不影响我们在一些具体的情形下判断某个规则是否清晰。男人与女人之间的界限也不是泾渭分明的（如：双性人、基因与性表征不同一的个体、不同性表征相互矛盾的个体），我们也很难提出一个全面、准确的理论来区分男人与女人——以基因为标准的话，基因为 XXY 具有女性表征的个体怎么算？以性表征为标准的话，不同性表征矛盾的人又怎么算？——尽管如此，在多数时候，我们还是能够判断某一个体的性别的。在科学哲学史中，科学划界问题一直是个难题，人们在如何区分科学与非科学这一问题上始终无法达成共识，甚至有学者认为不可能提出一个真正的标准。[1]但我们仍然能够放心地说，量子力学是一种科学，占星术则不是。一般地说，任何分类都不是泾渭分明的，提出任何分类界限之标准的全面理论都是极为困难的，如果这就意味着我们无法对事物进行分类，或者在多数情况下无法判断个体所属的类别，那么我们也就无法理解人们时时刻刻都在进行的各种实践活动究竟是如何可能的。

（二）法律的不一致性

怀疑论者的另一个理由是，法律是不一致的。怀疑论者所说的不一致有时是指法律规则之间的不一致。例如，肯尼迪（Duncan Kennedy）曾说，一个可以适用于某种事实情况的规则会被适用范围几乎完全相同的相反规则（counter-rule）所反对。[2]如果肯尼迪的意思是说，在法律文本中，人们经常会碰到一些相互矛盾的规则，那么它显然不是事实，很难想象这个主张如何可能是正确的。但如果肯尼迪所说的是，人们总是能够从相关的法律素材中构造出相互冲突的规则，那么虽然仍然是错的，但至少看起来这一观点并不是那么反直觉。为理解这一点，我们可以先来看卢埃林（Karl N. Llewellyn）提出的类似主张。在卢埃林看来，在判例法推理中，人们通过严格或宽松地处理先例，在任何问题上都能形成两个规则，其中一个将某

---

〔1〕 对科学划界问题的一般性了解，参见 Theo A. F. Kuipers, "Elsevier Handbook of the Philosophy of Science: General Philosophy of Science", *Amsterdam: Elsevier*, 2007, chapter 9.

〔2〕 Duncan Kennedy, "Form and Substance in Private Law", 88 *Harvard L. Rev.* (1976), p. 1700.

个事实构成作为规则的条件之一，另一个则将该事实构成排除在规则之外。[1] 道理很简单，假设某个先例 P 对事实 F_0 赋予法律后果 z，在决定如何处理与先例中的事实 F_0 既有共同特征 p_1、$p_2 \cdots p_n$（$n \geqslant 1$）又有差异特征——即 F_0 具有这些特征，而 F_1 不具有这些特征—— q_1、$q_2 \cdots q_m$（$m \geqslant 1$）的手头案件事实 F_1 时，如果采取宽松的处理方式，可以基于共同特征认为先例对 F_1 具有约束力，即认为先例的规则是 $p_1 \wedge p_2 \cdots \wedge p_n \rightarrow z$；而如果采取严格的处理方式，则可以基于差异特征 q 排除先例的约束力，即认为先例中的规则是（$p_1 \wedge p_2 \cdots \wedge p_n$）$\wedge$（$q_1 \wedge q_2 \cdots \wedge q_m$）$\rightarrow z$。由于任何两个事实之间总会存在一些不同的特征，对于每一个宽松的规则，人们总能够将之重构为更加严格的规则。正是在这个意义上，卢埃林认为先例不可能具有真正的约束力。

对于制定法来说，情况是类似的。虽然在制定法的背景下，一些规则明文规定在法律文本中，但任何规则都不可能考虑到它试图处理的事实的所有特征。换句话说，对于每一个规则来说，在处理手头案件时，人们都能够设想出手头案件事实存在某些该规则没有考虑到的特征，并在需要时主张如果这些特征被考虑到，规则可能会被重构，从而此时需要更细致地重新表述规则。正因为此，有怀疑论者主张，法律文本可以用来支持"一个客户想要维护的任何立场"[2]。

实际上，卢埃林的说法多少有些夸大其词。在比较手头案例与先例事实时，人们不太可能将所有的差异特征都视为是值得严肃对待的。同样，在制定法的背景下，人们也不太可能随意地将某个特征作为考虑重构某个规则的因素。例如，对于

〔1〕　Karl N. Llewellyn, *The Bramble Bush*, New York: Oceana, 1951, pp. 66~69.

〔2〕　Charles M. Yablon, "The Indeterminacy of the Law: Critical Legal Studies and the Problem of Legal Explanation", 6 *Cardozo L. Rev.* (1985), pp. 917~918.

"禁止车辆进入公园"来说，在制定这一规则时，立法者可能完全没有考虑过车辆的颜色问题，但如果以手头案件事实中的车辆具有某种古怪的颜色作为理由，主张应当对规则进行更加细致的重新表述，显然是荒谬的。当然，并不是所有的时候，人们以手头案件事实中的相关对象具有某种独特性从而主张对规则进行重新表述都是荒谬的。例如，对于"禁止车辆进入公园"来说，如果某人以手头案件事实中的车辆设计最高时速很低或不会排放汽车尾气等为理由主张重新表述以将其排除在适用范围之外，虽然最终未必获得支持，但这并不是荒谬的。一般地说，如果某个特征与规则的目的相关，或具有某种道德重要性，那么可以基于手头案例中的相关对象具有这一特征而主张重新表述规则。这实际上是一个为先在的规则创设"个案例外"的活动。是否允许创设个案例外，以及在什么条件下允许创设个案例外，取决于相应的制度设计。但一般地说，在任何法律制度下，如果先在的规则还想保持一点约束力的话，那么个案例外的创设就不可能是随心所欲的。就此而论，每一个规则在任何案件中都可以创设个案例外仅仅是怀疑论者的一种极端想象。

怀疑论者所说的不一致，除了法律规则本身的不一致外，有时也指法律赖以产生的社会因素是相互冲突的。例如，在昂格尔（Robert M. Unger）等人看来，法律规则是在相互竞争的社会意识形态下产生的，法律产生的过程涉及无数相互冲突的主体的利益与意志，因此法律的内容不可能是融贯的、合理的。[1]如果怀疑论者所说的仅仅是立法是多个主体基于各自不

---

[1] See e. g., Robert M. Unger, "The Critical Legal Studies Movement", 96 *Harvard L. Rev.* (1983), pp. 561~675; Andrew Altman, "Legal Realism, Critical Legal Studies", and Dworkin, 15 *Philosophy and Public Affairs* (1986), p. 221.

同的利益相互磋商与妥协的过程，而不是单个的立法者根据一些普适性的道德原则推演出来的，那么这便是对的。正如希斯勒（Kenneth A. Shepsle）所说："议会是一个'他们'，而不是一个'他'。"[1]但这并不意味着这一过程无法产生具有内在一致性的法律。法律是如何产生的是一回事，法律中的规则是否相互冲突是另一回事。实际上，在现代社会，正是因为人们有着不同的价值观念与相互冲突的利益需求，才需要规则来协调行为与社会交往活动。如果规则总是相互冲突，那么这一目标是不可能实现的，从而立法也就成为一种没有意义的活动了。

怀疑论者所说不一致的另外一层意思是，法律追求相互冲突的价值。例如，在菲因曼（Jay M. Feinman）看来，合同法追求的基本价值是相互冲突的，"个体是相互独立的，但他们同时也是共同体的成员。人们需要不受他人干涉的自由，但自由又只能在与别人的联系中才能实现。在法律中，国家保证个人不会受到其他人的干涉，但国家本身对于个人自治来说是一个威胁"[2]。合同法中的一些内在不一致正是根源于个人自治与团结原则从根本上来说是相互冲突的。德沃金曾以价值的"竞争性"而非"冲突性"来回应怀疑论者的主张。[3]这一回应并不令人满意。因为怀疑论者关心的真正问题是，法律追求的价值不可通约且无法同时实现，从而使得依赖于这些价值成立的处于反对或矛盾关系的主张具有同等程度的合理性。不管法律追求的价值是相互竞争的，还是相互冲突的，只要它们是不可通

〔1〕　See Kenneth A. Shepsle, "Congress is a 'They,' not an 'It' ", 12 *International Rev. of L. & Eco.* （1992），p. 239.

〔2〕　Jan M. Feinman, "Critical Approaches to Contract Law", 30 *UCLA L. Rev.* （1982–1983），p. 847.

〔3〕　Ronald Dworkin, *Law's Empire*, Cambridge, MA：Belknap, 1986, pp. 272 ~ 276.

约的，并可能在具体情形中对主体提出无法同时实现的不同要求，那么怀疑论者的担心就不是全然没有道理。

不过，要从法律追求相互冲突的价值推出怀疑论的主张，还需要两个主张的成立：（1）每一个法律问题都需要借助法律追求的价值来回答；（2）价值要么是可通约的，要么是不可权衡的；换句话说，当不可通约的价值对主体提出无法同时实现的要求时，应当选择实现何种要求这个问题不存在正确答案。这两个主张都是令人生疑的。一方面，一般地说，两个价值之间是不可通约的，或者说，不存在绝对的优先性顺序，但这并不意味着，在任何具体的场景下，应当选择实现何种价值这一问题均不存在正确答案。就好像水和食物之间并不存在绝对的优先性顺序，但对于一个在沙漠里苦苦挣扎且并不缺食物的人来说，显然应当优先选择水一样。下一章笔者还会对这一问题进行较为详细的讨论。另一方面，在司法实践中，存在大量的简单案件——许多学者都曾令人信服地论证了简单案件的普遍性，[1]这里不再赘述——这些案件中的法律问题并不需要借助法律追求的价值来回答。例如，对于"犯罪时不满18周岁的人不适用死刑"这一规则来说，不管它追求的价值是什么，只要查明犯罪嫌疑人在犯罪时未满18周岁，根据这一规则就不能判处其死刑。实际上，法律规则之所以具有道德吸引力，正是因为它能够提供比道德原则更加明确的指引，[2]如果每一个法律问题都需要借助法律背后的价值来回答，那么法律规则的重要性就大大降低了，甚至可以说没有多少存在的必要了。此外，

〔1〕 See e. g., Ken Kress, "Legal Indeterminacy", 77 *California L. Rev.* (1989), p. 297; Schauer, "Easy Cases", 58 *Southern California L. Rev.* (1985), p. 399.

〔2〕 Lawrence Alexander & Michael Bayles, "Hercules or Proteus? The Many Theses of Ronald Dworkin", 5 *Social Theory & Practice* (1980), pp. 271~278.

作为一种规则之治的法治要想实现，同样取决于，在相当多的时候，人们可以不借助规则的目的以及一些实质性的道德理想来回答法律问题。

（三）司法判决的终局性

另外一个经常为怀疑论者所援引的理由是司法判决的终局性。在一些怀疑论者看来，终局性使得某个法律命题是否为真取决于相关的主体是否认为它为真。例如，在格雷看来，法律是什么取决于法官说它是什么。[1]或者像杰克逊法官所说的那样，"我们说了算不是因为我们不会犯错，恰恰相反，我们不会犯错是因为我们说了算"[2]。

"终局性"作为一种制度赋予的权威性，是指在某个事项上，某个主体具有最终的决定权。哪怕该主体的决定是不妥当的，或者支持该决定的主张是不正确的，这个决定同样不能被推翻。例如，《美国宪法第七修正案》规定，"陪审团裁决的事实，合众国的任何法院除非按照普通法规则，不得重新审查"。这一规定赋予了陪审团在事实问题审查上的终局性。由于陪审团同样可能在事实问题上犯错误——赋予一个主体以最终决定权，显然不可能使得这一主体因此就具有在相关事项上完全的洞察力，或成为一个德沃金意义上的"赫克勒斯"（Hercules）——很难理解为什么终局性会使相关主体的决定成为不可错的。

怀疑论者可能会给出这样一个理由：虽然陪审团在客观事实是什么这个问题上可能会犯错误，但陪审团决定了"法律事实"是什么，换句话说，陪审团在"法律事实是什么"这一问题上不可能犯错。"法律事实"与"客观事实"这样的二分法是

---

〔1〕　John C. Grey, *The Nature and Sources of Law*, Gloucester, Mass.: Peter Smith, 1972, pp. 124~125.

〔2〕　Brown v. Allen, 344 U.S. 443, 540（1953）（Jackson, J., concurring）.

极具误导性的，似乎除了客观事实之外还有其他事实存在。在任何一个案件中，关于某人是否做了某事，只有一个事实存在，那就是客观事实。所谓"法律事实"，只是人们对"得到法律上认可的关于客观事实的主张"的一个简称。如果在一个案件中，甲做了某事，但没有足够的合法证据能够证明他做了，那么我们并不说在这个案件中，"客观事实"是他做了，"法律事实"是他没做；而只是说，"甲做了某事"这一主张无法获得法律上的认可，"甲没做某事"这一主张获得了法律上的认可。陪审团只能决定在法律上认可哪一主张，而不能决定甲是否做了某事，更不可能在客观事实之外创造其他的事实。所谓陪审团决定了"法律事实"是什么，不过是说，陪审团决定了"能够获得法律上认可的事实主张"是什么；从而陪审团在"法律事实是什么"这个问题上不可能犯错，不过是对陪审团在"什么样的事实主张能够获得法律上的认可"这一问题上具有最终决定权的一种迷惑性的重述。陪审团决定了什么样的事实主张能够获得法律上的认可，但不能决定什么样的事实主张是符合客观事实的真实面貌的。后者说到底不是一个主体能够通过某种程序加以"决定"的事情。说到底，谁也不能"决定"事实是什么样子的，只能去"发现"事实是什么样子的。

人们可能会问，如果陪审团最终决定了法律上认可的事实主张，那么讨论客观事实还有意义吗？有的。因为陪审团并不是随心所欲地决定在法律上认可什么样的事实主张的，而是要通过一系列有关证据的程序与规则来决定的。这些程序与规则是为了揭示客观事实而设计的。虽然追求真相不是证据规则的唯一目的，但的确是它们的根本宗旨。离开这一宗旨，有关证据的各种程序与规则都是不可理解的。"必须记住，我们的证据规则大都是在多年经验的基础上建立起来的，其宗旨只有一条，就是保证求得案件的客观真实,防止发生冤枉无辜的现象。"[1]陪审团的决定建立在这些程序与规则的基础上,因为可以被理解为一种关于客观事实的最合理的确信。如果不存在客观事实,那么陪审团完全可以通过另外一种方式来决定法律上认可的事实主张是什么。例如,掷骰子。这种决定方式甚至可能更有效率。

上面的讨论旨在说明,制度性的终局性除了赋予相关主体的决定以权威性之外,并不能使得它成为真理的代言人。这一点不仅对于事实问题成立,对于法律问题同样成立。为了法律秩序的一致性与明确性,人们往往需要一个最终的裁判者,就法律上的分歧给出一锤定音的结论。[2]例如,对于知假买假者是不是消费者权益保护法中的消费者这一问题,人们之间存在意见分歧,最高裁判者可以通过司法解释、指导案例等方式对这一问题给出终局性的裁决,作为对"消费者"这一法律概念的权威理解。但值得注意的是,权威理解并不一定是正确的。它之所以是一种权威理解,不是因为它一定是正确的,而是因为它即便是错误的,也是有约束力的。正如拉兹所说,即使裁判机关对人们负有何种义务的认定实际上是错的,也仍然是有约束力的。[3]正如陪审团可能在事实问题上犯错一样,最高裁判者也可能在法律问题上犯错。换句话说,最高裁判者只能决定法律上认可的理解是什么,而不能决定正确的理解是什么。

有人可能会说,如果无论如何,最高裁判者的理解都是有

---

〔1〕 [英] J. W. 塞西尔·特纳:《肯尼刑法原理》,王国庆等译,华夏出版社1989年版,第343页。

〔2〕 关于司法终局性的理由,参见贺日开:"论司法的终局性",载《岳麓法学评论》2003年第1期,第253~260页。

〔3〕 Joseph Raz, *The Morality of Freedom*, Oxford: Clarendon, 1986, p. 44.

约束力的，那么我们谈论正确与错误的理解还有意义吗？这个问题的答案和上面讨论事实问题时的那个类似问题的答案并没有根本性的不同。有意义。正因为存在正确理解，人们关于正确理解与错误理解的讨论才是有意义的；正因为有了这些讨论，最高裁判者的权威理解才是受约束的。否则，最高裁判者完全可以通过任意的方式作出任意的权威理解。这既不是真实的情况，也不是理想的情况。我们不仅能够并且经常对最高裁判者所作出的权威理解进行批判性的反思，而且这种反思有助于维持法律制度的道德吸引力。

另外一个值得思考的问题是，既然最高裁判者的理解是有约束力的，那么即便它的理解是错误的，在以后的裁判过程中，不也是被当作正确的理解来适用吗？是的。但我们一定要注意时间上的先后关系。如果最高裁判者的理解是错误的，但同时因为其终局性又免于批判的话，那么我们认为，最高裁判者在一定程度上改变了原有的规则。最高裁判者是否有权以及在多大程度上有权改变规则，是一个制度设计的问题。改变规则是一回事，未改变之前的规则的正确理解是什么，是另一回事。获得授权的最高裁判者也许能够改变规则，但它无法改变后一问题的答案。

上面的讨论不宜被当作一个直接用来证明存在对规则的正确理解的论证，而是应当被视为对以终局性为理由的怀疑论的批评。换句话说，上面的讨论证明了，终局性与可错性是兼容的。这意味着，某个领域内的相关问题存在正确答案这一事实，并不影响人们赋予某个主体在相关事项上的最终决定权；反过来说，某个主体具有最终决定权这一事实，并不意味着相关问题缺乏正确答案。

（四）一些似是而非的其他理由

怀疑论者还提出了另外一些似是而非的理由。这里我们讨论其中三个。第一个似是而非的理由是法律的非中立性。在一些学者看来，现代社会中的法律虽然表面看来是中立的，但实际上是为少数群体的利益服务的。例如，彼得·加贝尔（Peter Gabel）说，当下的合同法企图掩盖世界上的真实情形；[1]理查德·阿贝尔（Richard Abel）说，侵权法试图用表面的平等掩盖实质的不平等；[2]戴维·凯瑞斯（David Kairys）说，言论自由的意识形态旨在使现存的社会和权力关系合法化，以掩盖真正的政治参与和民主的匮乏。[3]这些主张也许是真的，但和我们所讨论的主题并不相关。这两个问题（非中立性与法律命题的真值）之所以会联系起来，仅仅是因为人们在不同的意义上使用"客观的"（objective）这个词语。"客观性"具有不同的意义。有时我们说一个法官是客观的，因为他在审理案件时排除了主观上情绪的影响或偏见的干扰，这种干扰会使得他无法在控辩双方之间保持中立。在这里，所谓"客观的"，实际上就是"中立的""无偏私的"。这种意义上的"客观的"修饰的是主体，或者更加精确地说，修饰的是主体的态度或行为倾向。当我们说某个法律规则或制度不是客观的，而是为少数群体利益服务的，同样是在这个意义上使用"客观的"这个词语的。然而，当我们说法律问题具有"客观的"答案时，或者当我们说法律命题具有"客观的"真值时，我们并不是在这个意义上使

---

[1] Peter Gabel & Jay M. Feinman, "Contract Law as Ideology", in David Kairys, ed., *The Politics of Law*, New York: Pantheon Books, 1990, pp. 172~183.

[2] Richard L. Abel, "Torts", in David Kairys, ed., *The Politics of Law*, pp. 185~189.

[3] David Kairys, "Freedom and Speech", in David Kairys, ed., *The Politics of Law*, p. 164.

用这个词语的，而是说法律问题的正确答案是什么，或者说一个法律命题是真的还是假的，并不取决于人们认为法律问题的正确答案是什么，或人们认为这个法律命题是真的还是假的。[1]法律可能具有这种意义的客观性，也可能不具有，但这个问题的答案并不取决于法律的内容是中立的还是偏私的。

第二个似是而非的理由是司法虚饰理论。在一些学者看来，法官并不是根据先在的法律素材进行裁判的，而仅仅是将这些法律素材作为粉饰他们的政治性决定的外衣。例如，在格雷（John C. Gray）看来，绝大多数司法判决来源于法官的个人伦理观念，但法官们往往假装他们在进行三段论推理。[2]美国田纳西州法官约瑟夫·赫奇森（Joseph Hutcheson）提到，法官主要是依靠一种"直觉"（hunch）得出结论的，而这种直觉并不是来源于成文法或先例，而是来源于法官的社会地位、政治背景、伦理观念等因素。[3]卢埃林则认为决定司法判决的是生活中的规则，制定法与先例中的规则仅仅是一种"纸面的规则"，甚至可以说是一种"漂亮的玩偶"。[4]司法虚饰理论是一种关于司法活动的经验性主张，这一主张是否正确取决于它是否能够得到相关的经验证据的支持。不过，即便这一主张是正确的，也不能用以支持法律问题缺乏正确答案，它所支持的仅仅是法官并不致力于探究法律问题的正确答案。法律问题是否具有正确

〔1〕 当然，"客观的"还可以在其他的意义上使用，关于不同的"客观性"，参见 Andrei Marmor, "Three Concepts of Objectivity", in Andrei Marmor, ed., *Law and Interpretation*, Oxford: OUP, 1995, pp. 177~201.

〔2〕 See John C. Gray, "Some Definitions and Questions in Jurisprudence", 6 *Harvard L. Rev.* (1892), p. 33.

〔3〕 See Joseph C. Hutcheson, Jr., "The Judgment Intuitive: The Function of the 'Hunch' in Judicial Decision", 14 *Cornell L. J.* (1929), p. 274.

〔4〕 See Karl N. Llewellyn, *The Bramble Bush*, New York: Oceana, 1951.

答案，和法官是否致力于探究法律问题的正确答案并不是一回事，甚至和法官是否应当致力于探究法律问题的正确答案也不是一回事。

第三个似是而非的理由来源于这样一种假定：如果法律问题具有正确答案，那么法官将会受制于这一正确答案，从而损害法官的道德自主性以及法官解决法律难题的想象力。严格来说，这并不是一个关于法律问题是否具有正确答案的论证，而是一个关于法律问题是否应当具有正确答案的论证，或者一个关于我们是否应当相信法律问题具有正确答案的论证。这同样和我们的主题没有关系。

第三章
法律真理的空缺论及其批判

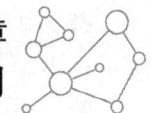

比起法律真理的怀疑论，法律真理的空缺论更温和，但也因此更具有"蛊惑力"。空缺论的典型代表是哈特的"开放结构"学说。因此，本章主要围绕哈特的这一学说展开，最后将捎带讨论拉兹的空缺论观点。

一、哈特的论证思路与反驳计划

（一）哈特的论证思路

概括说来，哈特以语言存在开放结构来为疑难案件缺乏正确答案的观点背书。根据《法律的概念》中的相关论述，[1]我们可以将哈特的论证思路整理如下：

（1）语言存在开放结构，这表现在：一般分类词语（general classification words）既有意义核心区，也有意义阴影区（penumbra）；而在其阴影区，它是否可以用以指称某个特定的个别事物是不确定的。

（2）规则要用一般分类词语来加以表述。

（3）因此，至少初看起来（prima facie），规则是存在开放

---

[1] See H. L. A. Hart, *The Concept of Law*, Oxford：Clarendon Press, 1994, pp. 124~136.

结构的。

（4）在语言的开放结构与规则的开放结构之间，有两个可能的阻断事由。一是，立法者将规则制定得非常完备；二是，立法者在制定规则的时候，对一般分类词语进行充分-必要条件式的定义。

（5）第一个阻断事由虽然在逻辑上是可能的，但在现实中是不可能做到的（由于立法者对事实的无知与对目标的不确定）。

（6）第二个阻断事由虽然在现实中是可以做到的，但却是不可欲的（会使规则僵化）。

（7）因此，规则存在开放结构。

（8）当规则存在开放结构时，法官面临两种选择：机械司法；或利用法律之外的标准（extra-legal standards）。

（9）机械司法是不可取的。

（10）当规则存在开放结构时，法官只能利用法律之外的标准。

（11）对法律之外标准的利用意味着，相关的法律问题缺乏正确答案。

（12）法律存在开放结构。

从这一整理可以看出，哈特所说的开放结构可以在语言、规则与法律这三个不同的层次上展开。[1]它们分别是指：

---

[1]　布莱恩·比克斯（Bvian Bix）认为，哈特在表述"开放结构"这一概念时没有足够仔细；陈景辉教授也持这一观点。但这也可能只是哈特展开论证的一种方式。尽管他并没有直接对每一层次的开放结构进行清晰的界定，但我们仍然能够从他的相关表述中总结出来。比克斯与陈景辉的观点，参见 Brian Bix, "H. L. A Hart and the 'Open Texture' of Language", 10 *Law and Philosophy*, (1991), p. 66; 陈景辉："'开放结构'的诸层次：反省哈特的法律推理理论"，载《中外法学》2011 年第 4 期。

● 语言的开放结构：语言的不确定性。在一般分类词语的意义阴影区，它是否可以用以指称某个特定的个别事物是不确定的。

● 规则的开放结构：规则的非决定性。规则本身没有包含相关法律问题的答案。

● 法律的开放结构：法律的不客观性。法律问题没有正确答案。

（二）论证思路分析与反驳计划

在上面的论证思路中，从（1）到（7）是从语言的开放结构推出规则的开放结构；从（7）到（12）则是从规则的开放结构推出法律的开放结构。

首先，对于（1），哈特并没有进行充分的论证。尽管事实并不像布莱恩·比克斯所说的那样：哈特只是断言了开放结构的存在，并以之作为前提；[1]但哈特的确没有明确区分：（1a）人们不知道"某个一般分类词语是否能够指称某一个别事物"这一问题的答案（认识论意义上的不确定性）；与（1b）"某个一般分类词语是否能够指称该个别事物"这一问题不存在正确答案（本体论意义上的不确定性）。在一定程度上说，哈特只是指出了（1a）这样一个我们所熟知的经验事实，但并没有论证它何以能够推出（1b）——而如果哈特的最终目标是要说明在疑难案件中的法律问题（在本体论的意义上）没有正确答案的话，那么仅指出（1a）是不够的，他必须要证明（1b）。

对于任何一个问题，通常来说，如果它没有正确答案，那

---

〔1〕 See Brian Bix, "H. L. A Hart and the 'Open Texture' of Language", 10 *Law and Philosophy*, (1991), p. 65.

么人们也就不太可能知道它的正确答案，但反过来未必成立。正因为此，有学者指出，尽管（1a）是事实，但（1b）并不成立；从而建立在（1b）前提下的关于法律具有不客观性的看法也就是错误的。比如，布林科（David O. Brink）认为，哈特之所以得出疑难案件不存在正确答案的结论，根源于他采纳了一种错误的语义学理论（间接指称理论），从而将聚合性语言实践作为判断某个一般分类词语是否能够指称某一个别事物的标准；这导致在聚合性的语言实践不存在时，这一判断无据可依（因此，没有正确答案）。实际上，如果我们采纳正确的语义学理论，根据词语引入的途径（即所谓的历史因果链条）而非它的意义来确定它的指称，那么我们就能将词语的外延与人们关于该外延的信念区别开来；从而是否存在聚合性的语言实践，对于判断词与物之间的指称关系来说，就无关紧要了。"某个一般分类词语是否能够指称某一个别事物"这一问题的答案取决于所要考察的个别事物与该词语引入时实指的（作为历史链条之源头的）个别事物是否具有相同的本质属性。[1]下一节第一小节将反驳布林科的这种说法，以证明（1b）是成立的——尽管哈特并未对它作出充分的论证。

　　接下来，前提（2）显然是成立的。立法者不可能对无穷多样的个别事物作出规定，规则只能通过一般分类词语来表述。因此，至少"初看起来"，语言的开放结构会传导至规则中；（3）是成立的。在哈特看来，如果所有阻断这一传导的事由均不成立，那么我们就可以放心地把（3）中的"初看起来"拿掉了。从（4）到（6）的论述即旨在如此。在（4）中，哈特

---

[1]　See David O. Brink, "Legal Interpretation, Objectivity, and Morality", in Brian Leiter, (ed.), *Objectivity in Law and Morals*, Cambridge: Cambridge University Press, 2001, p. 21.

提出了两个可能的阻断事由：（4a）立法者将规则制定得非常详细，（4b）立法者对一般分类词语进行充分必要条件式的定义；随后，（5）宣称（4a）不具有现实可能性，（6）宣称尽管（4b）具有现实可能性，但却是不可取的——"通过这种方式，我们确实能够预先地将问题解决掉，但这一种解决方式注定是盲目的"[1]。用以否定第一个阻断事由的（5）显然是成立的；但用以否定第二个阻断事由的（6）则是有问题的。下一节第二小节将表明，（4b）同样不具有现实可能性，而不仅仅是不可取的。

如果（4a）与（4b）均不成立，那是否意味着语言的开放结构一定会传导至规则呢？规则是否同样存在开放结构呢？值得注意的是，这是两个不同的问题。第三节将论证，规则同样不可避免地存在开放结构，即（7）是成立的；但规则的开放结构并不是由语言的开放结构所引起的。总的来说，下面第二、三两节试图论证的是：虽然（1）是成立的，（7）也是成立的；但从（1）到（7）的推导过程却是不成立的。

接下来的任务就较为清晰了。第四节试图论证：虽然（10）是成立的，但（11）是不成立的——因此（12）也是不成立的。换句话说，即便规则出现了开放结构，法律问题仍然可能存在正确答案。

二、语言的开放结构

按照计划，这一部分有两个任务：一是反驳布林科提出的语义学方案，以论证（1b）——语言存在本体论意义上的开放结构——是成立的；二是反驳（6）——哈特所持有的认为充要

---

[1] H. L. A. Hart, *The Concept of Law*, Oxford: Clarendon Press, 1994, p. 130.

条件定义存在现实可能性的观点——以论证这种开放结构是不可避免的。

(一) 语言存在本体论意义上的开放结构

在日常生活中，我们常用一般分类词语来指称事物，而不是专名。原因在于，我们所面临的个别事物是无限的，而我们的语言与认识能力则是有限的。这一紧张关系决定了我们只能对具有相当程度的重要性的个别事物进行命名；对绝大多数其他个别事物则要先进行范畴化的处理，然后再用一般分类词语对范畴进行命名（即通名）。

现代范畴理论认为，绝大多数的范畴是根据反复出现的典型个例而不是个别事物所共享的具体特征构建起来的。如，弗里德里希·温格瑞尔说："对于绝大多数事物来说，特别是那些我们熟悉的，……我们只是从整体上来把握它，……后来才可能考虑特定的属性。"[1]用以归类的典型个例通常被称为原型。我们知道，世界中的事物是无限的、连续的；而人们所能构建的范畴则是有限的、离散的。从而，不可避免的是，对于某一范畴中的那些事物来说，总有一些更加靠近原型，也总有一些更加偏离它。然而，对于某一个别事物究竟偏离原型多远，才不再属于该范畴，人们往往是缺乏共识的。这是由于，人们只有在新的个别事物出现时，才可能去考察它是否属于某个范畴；为了这一考察，人们才需要去描述范畴的具体特征，并给出满足需要的界限。这也就是我们常说的概念界定。

一般说来，对某一范畴的概念界定有两种不同的思路。一种是描述那些人们通常认为属于该范畴的所有个别事物所共享

---

〔1〕 ［德］弗里德里希·温格瑞尔、汉斯－尤格·施密特：《认知语言学导论》，彭利贞、许国萍、赵微译，复旦大学出版社 2013 年版，第 37 页。

的特征，并以是否具有这些特征作为判断新的个别事物是否属于该范畴的标准。这一思路存在诸多问题。首先，对于某一范畴究竟包括哪些个别事物这一问题来说，人们之间往往是有争议的。其次，对于绝大多数范畴来说，很难总结出这样一组共同特征，能使我们自信地说"具有这些特征就属于该范畴，不具有这些特征就不属于该范畴"。正是在这个意义上，维特根斯坦这样谈论范畴的家族相似性："一组构成 AB、BC、CD、DE 关系的成员，每个成员至少有一个元素与其他一个或几个成员相同，但没有一个元素为所有成员所共同具有。"〔1〕

看起来，对某一范畴进行概念界定的人必须作出某种筛选以确定某一范畴究竟包括哪些个别事物；只有这样，才能使对共享的具体特征的考察能够顺利完成。然而，这样一来，概念界定就不再是纯粹描述性的，而是带有规范性的意味。界定者作出什么样的筛选决定了被界定的范畴具有哪些共享的具体特征；而作出什么样的筛选，又往往不仅取决于界定者所拥有的经验性知识，还取决于他个人的价值观念。由于并没有一个客观的标准告诉人们如何筛选才是妥当的，这使概念界定不可避免地具有约定性；换句话说，使概念界定没有正误之分。正是在这个意义上，我们说语言存在本体论意义上的开放结构。然而，在布林科看来，直接指称理论提供了另外一种概念界定的思路。为了得出最终结论，我们需要考察这一思路能否成立。

概括说来，由克里普克等人所阐发的直接指称理论认为，专名与自然种类词语的外延并不是由它的意义所确定（或者说，并不是由说话者头脑中的描述性信念所确定）的；而是由它的

---

〔1〕 Rosch & Mervis, "Family Resemblances: Studies in the Internal Structure of Categories", 7 *Cognitive Psychology*, (1975), p. 575.

历史因果链条来确定的。"对象可以通过实指的方式来命名，……而当该名称'一环一环地传递'时，名称的接收者往往会带着与传播该名称的人相同的指称来使用这个名称。"[1]这即是所谓的历史因果链条理论。然而，对于一般分类词语来说，仍然存在这样的问题：当碰到新的个别事物时，如何判断它是否与最初所实指的事物具有同一性呢？因此，为了确保词语的外延摆脱它的意义，只有历史因果链条理论是不够的，还需要一种本质属性理论。

在克里普克看来，自然种类的本质属性为其成员所具有的内在结构。比如，水的本质属性为 H_2O，金子的本质属性为原子序号 79，老虎的本质属性是其生物学的内在结构。[2]如果事物具有本质属性的话，那么我们就能够根据某一定义是否揭示了事物的本质属性来判断它是否正确。这就使定义具有客观性。如果定义具有客观性，那么即便我们对词语的含义认识不清，它是否能够用以指称某一个别事物也就确定了答案。

然而，克里普克的理论本身是不成立的。以"水的内部结构为 H_2O"为例，在克里普克看来，这一命题是后天必然真理。它的后天性表现在，水的分子式为 H_2O，这是自然科学的一个发现；而它的必然性则体现在，它具有超越可能世界的恒定性。只有如此，它才能作为一种本质属性。然而，如果我们仔细考察他的说法，就会发现，当他提到这一命题的必然性时，仅是在一种语言用法的意义上说的；而当他提到这一命题的后天性时，则是在关于世界的某种情形的意义上说的。如果这一命题

[1]　S. A. Kripke, *Naming and Necessity*, Cambridge, Mass. : Cambridge University Press, 1980, p. 96.

[2]　S. A. Kripke, *Naming and Necessity*, Cambridge, Mass. : Cambridge University Press, 1980, pp. 118~120.

的正确性根源于经验科学为我们所提供的知识，那么它就具有可错性——即"虽然我们认为水的内部结构是 H_2O，但事实未必如此"存在逻辑上的可能性；而如果这一命题的正确性根源于人们的规定，那么它的确具有必然性，但又会因此失去经验性（换句话说，不过是一种约定）。从这个意义上说，"水的内部结构为 H_2O"，当其作为一个规定时，与其作为一个经验科学的发现时，是两个意义完全不同的命题。克里普克的论证建立在将其混淆为同一个命题的基础之上。从这个意义上说，直接指称理论并不能提供一种新的概念界定思路。

（二）语言的开放结构不可避免

上一小节通过概念界定的约定性，论证了语言存在本体论意义上的开放结构；这一小节试图通过概念界定的不完备性，论证语言的这一开放结构不可避免。

上文已述，在（6）中，哈特认为，（4b）是成立的——立法者能够对一般分类词语进行充分必要条件式的定义，只是它要"以盲目性为代价来获得确定性或可预测性"[1]。实际上，哈特的这一说法是错误的。（4b）不仅是不可取的，它同样是不可能的。这在根本上是由于，事物的特征是无穷的，我们不可能对任何事物做一个穷尽的描述（exhaustive description）。正是在这个意义上，魏斯曼（Waismann）说："不管我给出一个事物多少特征，也不管我表明了该事物与其他事物之间存在多少联系，或对它的生命历程作出多少描述，永远都不可能达到严格详尽的地步。……没有最大化的描述。"[2]

我们对于自己所筛选的某个范畴内的事物具有什么样的特

〔1〕 H. L. A. Hart, *The Concept of Law*, Oxford: Clarendon Press, 1994, p. 129.

〔2〕 Waismann, "Language Strata", in A. Flew, (ed.), *Logic and Language*, (*Second Series* 11), Oxford: Basil Blackwell, 1961, p. 27.

征的归纳只能基于已有的经验性知识。随着经验性知识的增多，我们会认识到越来越多的特征（比如，水的分子式为 H_2O 这一特征只有在具有相应的经验性知识后，我们才能认识到）；而将会具有什么样的经验性知识是无法被提前预知的。正是在这个意义上，普特南（Hillary Putnam）说："无可争议的是，科学家们在使用那些词项的时候，并不觉得相关的标准就是这些词项的充分必要条件，而是把这些标准看作是对一些独立于理论的实体的某些属性的近似正确的描述；而且他们认为，一般而言，成熟的科学中一些更晚的理论，对较早的理论所描述的同样的实体作出了更好的描述。"[1]

在法学领域内，有一些学者认识到人们不可能对事物做穷尽的描述；但是他们认为可以换一种思路，直接将某类事物的"功能"或"意义"视为成为该类事物的充要条件。比如，摩尔（Michael S. Moore）认为，除草机的本质属性是能够去除杂草这样一种功能，而不是某些结构性的特征[2]；而更早一些的考夫曼（Arthur Kaufmann）则认为，武器的本质属性是能够带来严重伤害这样一种它对于主体的意义[3]。

然而，我们必须考虑到，功能或者意义与外在特征具有两个明显的不同。首先，特征具有一般性，而功能或意义则具有语境性。如果某一事物具有某一特征，那么通常来说，它在不同的情况下都能够保留该特征；而某一事物是否具有某一功能或意义，则要取决于它与人类生活发生联系的独特方式。其次，

---

〔1〕 陈波、韩林合主编：《逻辑与语言——分析哲学经典文选》，东方出版社 2005 年版，第 477 页。

〔2〕 See Michael S. Moore："Law as a Functional Kind"，Robert P. George，(ed.)，*Natural Law Theories*，Oxford：Oxford University Press，1992，p. 207.

〔3〕 参见 ［德］亚图·考夫曼：《类推与"事物本质"——兼论类型理论》，吴从周译，学林文化事业有限公司 1999 年版，第 89 页。

外在特征具有独立于主体的客观性；而功能或意义则无法脱离主体而存在。正由于功能或意义存在语境性与主体性，如果仅通过它们确定某一范畴，则会使人们对于该范畴的认识出于极大的不确定性之中，从而无法成为公共交流的对象。以摩尔所说的除草机为例，如果按其功能将其界定为"所有被用来除草的事物"，那么对于那些用双手拔草的人来说，他们的双手就是除草机；反过来，如果有人用某个品牌的除草机的唯一目的是锻炼身体，那么它就不再是除草机。可见，如果只采纳功能或意义来描述范畴的话，将会使人们对于某一范畴内究竟包括哪些成员存在更多而非更少的分歧。这意味着，除了事物的功能或意义之外，人们还必须去寻找一些可识别的外部特征作为范畴的非结论性标志，以使所考察的范畴至少在一定程度上稳定下来。而一旦这样做了，就必须接受这样的后果：尽管这些标志本身不能作为范畴的充分必要条件，但当其成为一种语言惯例时，则会成为人们在判断某一事物是否属于某一范畴时必须参考的因素，从而既可能排除在特定情况下具有特定功能或意义的某一事物被归属到某一范畴，也可能将在特定情况下并不具有特定功能或意义的某一事物拉入某一范畴中来。比如，对于一把匕首来说，尽管在特定情况下，它没有被用来对人造成更严重的伤害，但我们仍然可以说它是武器；而对于人的拳头来说，尽管在特定情况下，它的确被用来对人造成更严重的伤害，但我们仍然不说它是武器。

上述讨论意味着，概念界定不可能是完备的，而且我们也无法通过取向于功能或意义的方式来规避概念界定的不完备性。因此，语言的开放结构是不可避免的。

三、规则的开放结构

如果语言不可避免地存在开放结构，那么规则是否同样如此呢？这一节试图论证：（1）规则同样不可避免地存在开放结构，但是，（2）它并不是由语言的开放结构所引起的，而是另有原因。先让我们来看为什么语言的开放结构不会传导至规则。

（一）词语的两种含义：通用含义与说话者含义

为了理解为什么语言的开放结构不会传导至规则，我们需要知道：当我们谈论一般分类词语的含义时，我们可能意指两种不同的对象，分别为它的通用含义与说话者含义。

对于通用含义与说话者含义这一区分，哲学文献中的已有讨论大多围绕指称错误进行。比如，唐奈兰（K. Donnellan）曾举过这样一个例子：在一个宴会上，甲指着一位正在同某位女士说话的男人对乙说："她的丈夫对她可真亲热。"事实上，那个男人并非该女士的丈夫（该女士未婚）。然而，这并不会影响乙对这句话的理解。[1] 在这种情况下，"她的丈夫"这一表述的通用含义与说话者所赋予的含义是不一致的。为了理解甲的话，乙需要知道的并不是这一表述的通用含义，而是它的说话者含义。

值得注意的是，通用含义与说话者含义之间的区别并不仅仅发生在指称错误的情况——这种情形只是凸显了它们之间的区别。实际上，由于词语的通用含义是在无数次的常规使用过程中合成的，任何一次具体的言语行为中所出现的说话者含义，都会在一定程度上偏离词语的通用含义。比如，某甲说，"我想

---

〔1〕［美］唐奈兰："指称与限定摹状词"，载［美］A. P. 马蒂尼奇编：《语言哲学》，牟博等译，商务印书馆1998年版，第466页。

去买条鱼吃"，这里的"鱼"就不太可能包括观赏性的金鱼；虽然"鱼"本身的含义显然包括金鱼。这意味着，出现在具体的语句中的某个词语究竟是指哪些对象，并不取决于词语的通用含义，而是取决于说话者意图用它来指称哪些对象（当然，如果说话者严重偏离语言习惯，将导致相关的话语无法被理解）。

当我们谈论语言的开放结构时，我们所说的是，一般分类词语并不存在界限清晰的通用含义，而当我们要探究规则中的一般分类词语的含义时，我们所要揭示的是说话者的含义。对"立法者究竟用该词语来指称什么样的对象"这一问题的探究，从根本上说，是一个努力发现相关事实的过程，因此是存在正确答案的——虽然很多时候，我们很难确定正确答案是什么。

（二）规则适用的两种困境：语义困境与语用困境

上一小节通过区分词语的两种含义解释了为什么语言的开放结构不会传导至规则，这一小节试图通过区分规则适用的两种困境，揭示为什么规则同样不可避免地存在开放结构。

让我们以哈特所说的"禁止车辆进入公园"为例来看这一区分。假设我们碰到的是一辆普通的卡车，我们知道这一规则是明确适用的；但假设我们碰到一辆电动自行车或救护车，则可能会不知道是否要适用这一规则。这里值得注意的是，尽管对于电动自行车与救护车来说，规则适用都陷入了困境。但原因是不一样的。这一规则在电动自行车的适用上陷入困境，是由于我们不知道电动自行车是不是车辆；而它在救护车的适用上陷入困境，并不是由于我们不知道救护车是不是车辆（它显然是车辆），而是由于在特定情况下，我们有排除救护车适用该规则的实质性理由。

所谓语义困境，就是要不要将该规则适用到电动自行车上的困境；而所谓语用困境，就是要不要把规则适用到救护车上的困境。以我国司法实践中所出现的疑难案件为例，朱建勇故意毁坏财物案[1]可以说是语义困境；但许霆案[2]显然并非如此，事实上，许霆案一审判决之所以引起巨大的争论，其原因并不是人们不知道对其行为应该如何定性，而是这一定性所带来的量刑结果人们难以接受。[3]

在司法实践中，存在两种语用困境：一种是，人们确切地知道某一个别事物属于规则描述的范畴，但将规则适用到该事物上会产生不公正的结果；于是导致肖尔（Frederick Schaue）所说的，"如果适用清晰规则会产生不公正的结果，法官通常会按照规范相反的意思办"[4]。德沃金经常谈论的里格斯诉帕尔默案[5]即属此例。

另外一种是，人们确切地知道某一个别事物不属于相关范畴，但存在将规则适用到该个别事物上的理由。如，《宪法》[6]第90条第2款规定："各部、委员会根据法律和国务院的行政法规、决定、命令，在本部门的权限内，发布命令、指示和规章。"这一规定赋予了国务院的部与委员会制定规章的权力，但诸如国家市场监督管理总局等直属机构是否被授予了这一权力呢？它们显然不属于部、委系列，但由于它们承担着部、委的

---

[1] 参见"上海市静安区人民检察院诉朱建勇故意毁坏财物案"，载《中华人民共和国最高人民法院公报》2004年第4期。

[2] 参见广东省广州市中级人民法院刑事判决书，[2007]穗中法刑二初字第196号；广东省广州市中级人民法院刑事判决书，[2008]穗中法刑二重字第2号。

[3] 参见陈兴良："许霆案的法理分析"，载《人民法院报》2008年4月1日。

[4] See Frederick Schauer: "Formalism", 97 *Yale Law Journal*, (1988), p. 515.

[5] Riggs v. Palmer, 115 N. Y. 506 (1889).

[6] 为表述方便，本书所涉及的中国法律均使用简称，省去"中华人民共和国"字样，全书统一，后不赘述。

相似职能，为履行其职能也需要制定规范性文件；因此，存在将该规定同样适用于国务院直属机构的理由。正因为此，《立法法》第 80 条第 1 款明确规定："国务院各部、委员会、中国人民银行、审计署和具有行政管理职能的直属机构，可以根据法律和国务院的行政法规、决定、命令，在本部门的权限范围内，制定规章。"

当规则适用陷入语用困境时，我们必须去衡量适用规则与不适用规则的理由。比如，上述《宪法》第 90 条第 2 款的例子。适用该规则的理由是：直属机构在职能与制定规范性文件的职能需求上与部、委并无二致；不适用该规则的理由可能是：人们通常都是根据法律规则的字面含义来理解、遵循法律的，因此从保护受众预期出发，"应当严守并非不明确的字面含义"[1]。从这一例子中可以看出，无论是支持规则适用的理由，还是反对规则适用的理由，实际上都不是由规则本身来提供的。规则本身并不能提供其是否适用的理由；因此，当其陷入语用困境时，规则本身也就无法决定相关法律问题的答案。正是在这个意义上，我们说，规则具有开放结构。

现在我们来看规则的开放结构为什么无法避免。这与规则陷入语用困境的原因相关。规则之所以会陷入语用困境，有两种可能的原因：一是，与规则陷入语义困境的原因相同，即社会生活的变迁所导致的新事物的出现。当新的事物出现时，如果人们对它是否属于某个已有范畴没有统一意见（比如朱建勇故意毁坏财物案中的毁坏行为），那么我们别无选择，只能从立法意图出发，来确定它的归属。然而，如果人们对它是否属于

---

[1] Verbis standum ubi nulla ambiguitas, Where there is no ambiguity, one must abide by the words.

某个已有的范畴具有统一意见（比如，人们明确地知道"同时娶二女"并不是"有配偶而结婚"[1]），那么就至少有一个初显的理由要适用（或不适用）规则；但是从规则的目的出发，可能会得出相反的结论。此时就需要衡量支持与反对规则适用的理由。二是，在特定情况下，规则所欲达成的社会目标，与其他社会目标冲突。比如，泸州"二奶"继承案即为适例。[2]该案争论的焦点是黄某斌所立的形式上有效地将其财产赠与其"二奶"张某英的遗嘱是否有效。在此问题上，继承法的相关规则所欲达成的保护"公民的私有财产的继承权"这一社会目标，与一夫一妻制、"反对婚外情"的这样一种社会公共道德与婚姻伦理观念相冲突。从而在审理此案的法官看来："如果我们按照《继承法》的规定，支持了原告的诉讼主张，那么也就滋长了'第三者''包二奶'等不良社会风气，而违背了法律要体现公平、公正的精神。"[3]

无论是新事物的出现，还是社会目标的冲突，在经济发展与社会进步的过程中，都是无法避免的；这导致规则的语用困境是不可避免的。如果在语用困境中，规则无法决定相关法律问题的答案；那么这也就意味着，规则的开放结构同样是不可避免的。

---

〔1〕 孔祥俊法官曾举过"同时娶二女"这一案例。该案中，某男青年同时与两个女青年举行婚礼，其行为明显不符合《刑法》第 258 所明文规定处罚的"有配偶而重婚"这一情形。但在孔祥俊看来，考虑到同时娶二女与先后娶二女在性质和社会危害性上并无不同，所以应当依据这一规则定罪处罚。参见孔祥俊：《法律方法论——法律解释的理念与方法》（第 2 卷），人民法院出版社 2006 年版，第 1017 页。

〔2〕 参见泸州市纳溪区法院民事判决书，[2001] 纳溪民初字第 561 号；泸州市中级人民法院民事判决书，[2001] 泸民一终字第 621 号。

〔3〕 参见"'社会公德'首成判案依据，'第三者'为何不能继承遗产"，载 http://www.people.com.cn/GB/shehui/46/20011102/596406.html，最后访问时间：2014 年 11 月 30 日。

四、法律的客观性

上文已述，在哈特看来，规则的开放结构是由语言的开放结构所引起的，而它又必然会导致法律的开放结构。上一节反驳了这一说法的前半部分（论证了尽管规则同样不可避免地存在开放结构，但它并不是由语言的开放结构所引起的）；这一节试图反驳这一说法的后半部分（以论证即便在处于规则的开放结构中的疑难案件，也可能存在正确答案）。

回顾一下哈特关于法律存在开放结构的论证思路：

…………

（7）因此，规则存在开放结构。

（8）当规则存在开放结构时，法官面临两种选择：机械司法；利用法律之外的标准。

（9）机械司法是不可取的。

（10）当规则存在开放结构时，法官只能利用法律之外的标准。

（11）对法律之外标准的利用意味着，相关的法律问题缺乏正确答案。

（12）法律存在开放结构。

在这一论证中，（7）是已知成立的，（9）看上去也没有问题；从而要否定结论（12）的话，要么否定（10）——这意味着同时否定（8）；要么否定（11）。在笔者看来，否定（11）是正确的思路。但在具体展开这一思路之前，我们可以先来看一看否定（10）的两种已有方案是否能站得住脚。

（一）对"法律之外的标准"的两种反驳意见及其误区

对于（10），有两种代表性的反驳意见。一种是，规则并不是孤立存在的，它总是存在于一个规则所构成的体系中；因此，规则的开放结构可以通过其他规则来加以弥补。[1]

这一反驳并不成立。规则体系中其他规则的存在通常有助于我们解决规则适用所陷入的语义困境，但不太可能帮助我们解决由语用困境所导致的开放结构。为认识这一点，我们可以通过一个例子来考察规则体系中其他规则的存在是如何帮助我们解决语义困境的。《消费者权益保护法》第 7 条第 1 款为："消费者在购买、使用商品和接受服务时享有人身、财产安全不受损害的权利。"对于这一条款所规定的消费者不受损害的权利，有两种可能的理解，分别为：（7.1a）购买、使用的商品和接受的服务本身不给消费者造成损害；（7.1b）除上述情况外，还包括购买、使用商品和接受服务时不受其他损害。在实践中，当遇到消费者在购买、使用商品和接受服务时受到该商品或服务以外的其他伤害时，这一规则是否适用就不清楚了。然而，如果我们对这一条款所在体系中的其他规则进行考察，包括第 7 条第 2 款（消费者有权要求经营者提供的商品和服务，符合保障人身、财产安全的要求），第 11 条（消费者因购买、使用商品或者接受服务受到人身、财产损害的，享有依法获得赔偿的权利），以及第 18 条（经营者应当保证其提供的商品或者服务符合保障人身、财产安全的要求。对可能危及人身、财产安全的商品和服务，应当向消费者作出真实的说明和明确的警示，并说明和标明正确使用商品或者接受服务的方法以及防止危害发生的方法），就能够蛮有把握地说，（7.1a）这一种理解才是正确的。这是由于，我们能够通过这些相关规则来判断立法者

---

〔1〕 See e. g., Lon Fuller："Positivism and Fidelity to Law"，71 *Harvard Law Review*，(1958)，pp. 630~672；陈景辉："'开放结构'的诸层次：反省哈特的法律推理理论"，载《中外法学》2011 年第 4 期。

在这一条款中的目的是：防止消费者受到来自所购买之商品或享受之服务造成的损害。

通过这一例子，我们发现，规则体系中其他规则的存在之所以能够帮助我们解决规则的语义困境，是由于它能够帮助我们确定规则的目的（并因此使我们能够揭示相关词语的说话者含义）。然而，规则之所以会陷入语用困境，并不是由于规则的目的是不清楚的，而是由于目的与清晰的文义相冲突，或者目的本身在特定语境下不妥当；无论哪一种情况，我们都无法仅通过确定规则的目的来解决。正因为此，多数学者认为，当规则适用需要权衡不同的理由（即陷入语用困境）时，判决必须适用规则体系之外的标准。[1]

但在一些学者看来，在规则体系之外，并不意味着在法律之外。于是，第二种反驳意见认为，法律并非仅由规则而构成。这类观点的代表人物是德沃金。从而这里试图通过考察他的相关主张是如何陷入误区的，来回应这样一种反驳意见。

在德沃金看来，法律不仅包括规则，还包括不依赖于任何制度性来源的原则；当规则体系无法为法律问题提供答案时，法官可以通过构建原则得出正确的结论。[2]在后来的著作中，他又谈道："裁判整全性原则指示法官们，只要有可能，就在下述预设下确认权利与义务，即它们皆由单一作者——人格化社群——所创设，而这位作者则表达了正义与公平的一个融贯概

---

〔1〕 See e. g. , Rolf Sartourius, "Social Policy and Judicial Legislation", 8 *American Philosophical Quarterly*, (1971), p. 151; Bruce Chapman, *Law, Probability and Risk*, Oxford: Oxford University Press, 2013, p. 259.

〔2〕 See Ronald Dworkin, "The Model of Rules", 35 *University of Chicago Law Review*, (1967), pp. 14~46; Ronald Dworkin, "Judicial Decision", 60 *Journal of Philosophy*, (1963), pp. 624~634.

念观。"[1]这实际上是说，对于任何案件——不管简单案件还是疑难案件——来说，法官都应当通过构建原则的方式来进行裁判。当然，法官对原则的构建并非任意的，正确原则所要满足的第一个要求便是能够解释过往的制定法与判例。这并不要求它能够解释全部的制定法与判例，由于制定法与判例都可能相互抵牾；但的确要求它能够解释绝大多数的制定法与判例。用德沃金的话说，原则必须通过一个粗略的"适合"实证法的门槛。[2]但通过"适合"门槛的原则有可能不止一个，这时候，"法官必须透过下述问题，在诸多适格诠释之间作出选择，即哪个诠释从政治道德的观点，较佳地把社群制度与决定的结构展现出来"。[3]

根据德沃金的上述论证，我们可以将他的原则学说总结如下：（1）每一个法律问题都有一个正确答案；（2）这一正确答案可以通过构建原则的方式来得出；（3）原则是一种法律之内的标准。对于前两个主张，学界已有较为充分的讨论。比如，拉兹从不可通约性出发质疑了正确答案的存在[4]；比克斯则从法官的裁量权出发论证了多个正确答案存在的可能性[5]。但对第三个主张，学界却缺乏足够的关注。这里试图论证，这一主张是不正确的——从而，即便法官在每一个案件中都能通过构

---

〔1〕　［美］德沃金：《法律帝国》，李冠宜译，时英出版社2002年版，第234页。

〔2〕　参见［美］德沃金：《法律帝国》，李冠宜译，时英出版社2002年版，第261页。

〔3〕　［美］德沃金：《法律帝国》，李冠宜译，时英出版社2002年版，第262页。

〔4〕　See John Finnis："On Reason and Authority in Law's Empire"，6 *Law and Philosophy*，（1987），pp. 372~374；Joseph Raz，*The Morality of Freedom*，Oxford：Clarendon Press，1986，pp. 321~366.

〔5〕　See Brain Bix，*Law*，*Language*，*and Legal Determinacy*，Oxford：Oxford University Press，1993，pp. 88~96.

建原则的方法得出正确的结论，也不能说这一结论是由法律之内的标准所提供的。

首先，将法律原则视为一种法律之内的标准不利于对法律实践的妥当描述。上文已述，德沃金所说的法律原则是法官或其他从事法律推理的主体为了得出正确的结论而构建的[1]，它们缺乏制度性的来源，因此至少并非实证的法律标准；而只是人们用以解释实证的法律标准的理论工具，是一种"理论实体"[2]。德沃金自己的类比已经揭示了这一点。我们注意到，德沃金以续写小说这一比喻来描绘法官的裁判行为："在这个事业中，一群小说家依序撰写一部小说；连环中的每位小说家，为了撰写新的一章，他必须诠释被给予自己的那些章节，而新的一章就添加到下位小说家所接收到的篇章中，并以此延续下去。每位小说家都负有这样的任务，即在尽可能使小说最佳地被建构出来的前提下，撰写自己的章节，而这项任务的复杂性，就是在整全法下裁判艰难案件之复杂性的模型。"[3]为了使小说成为一个整体，每位小说家都必须设想给予自己的那些章节体现出某种具有一致性的文学价值、目标；然而，小说家们所设想的这种文学目标显然并非小说本身，而只是他们用以续写小说的理论工具。这意味着，将法律原则视为一种法律标准，从

――――――――――

〔1〕 这里值得注意的是德沃金所说的原则与我们通常所理解的原则的不同。德沃金所说的原则既没有制度性的来源，也没有正规、确定的表达形式；而我们通常所理解的原则（如民法中的诚实信用原则）则是实证化了的规则（或者更确切地说，是实证化了的标准）。当然，这并不意味着原则的内容不可以被立法者制定为规则。只是一旦如此，它也就不再是原则了。没有权威性的来源与确定的表达形式是原则的根本特征。

〔2〕 Andrei Marmor （ed.）, *Law and Interpretation: Essays in Legal Philosophy*, Oxford: Clarendon Press, 1997, p. 286.

〔3〕 ［美］德沃金：《法律帝国》，李冠宜译，时英出版社 2002 年版，第 237 页。

而混同具有制度性来源的标准与缺乏制度性来源的标准，至少会使我们对法律概念的界定失去必要的清晰性。[1]

当然，概念的清晰性并不是我们唯一需要考虑的因素。如果法律原则与具有制度性来源的规则在某一重要方面具有一致性，那么将它们统一视为法律也就无疑具有合理性。德沃金提供了这样一种一致性，即法官在审理案件的过程中不仅适用规则，而且适用原则，它们都对法律观具有约束力；这意味着它们均具有法律效力，从而应被视为同样的法律标准。然而，正如哥顿（John Gardner）与拉兹所指出的那样，并非所有法官所适用的或对法官具有约束力的标准都具有法律效力；比如，在国家法领域，法官经常要援引其他国家或国际组织的相关标准，但它们并不具有法律效力。[2]

事实上，对于德沃金所提出的这种一致性，我们可以反驳如下：无论是在德沃金本人的理解中，还是在最直白的描绘中，法官对原则与规则的适用均非通过同一种方式。在德沃金的理解中，法官并不适用规则，规则不过是法官用以构建法律原则的法律渊源。因此，如果将原则理解为法律标准，那么规则本身就不是法律标准，而只是法官用以得出法律标准的材料。这样一种看法显然与我们的常识性观念相悖，但在对法律实践的直白描绘中，法官并不是在适用原则，而只是利用原则来确定

---

〔1〕　概念界定的清晰性是指所界定的概念能够在多大程度上将一类事物与其他事物区别开来，它是评价概念界定是否妥当的一个重要指标。另外一个指标是概念界定的可操作性，即所界定的概念在多大程度上能够方便人们探究事物的内部结构、发展规律或其他值得严肃对待的问题。关于概念界定的妥当性问题，参见陈坤："重申法律解释的明晰性原则"，载《法商研究》2013 年第 1 期。

〔2〕　See Joseph Raz, "Legal Principle and the Limit of Law", 81 *Yale Law Journal*, (1972), p. 844; John Gardner, "Concerning Permissive Sources and Gaps", 8 *Oxford Journal of Legal Studies*, (1988), p. 458.

何种对规则的理解才是应当采纳的；换句话说，法官所适用的，仍然是（经过解释或改造之后的）规则。比如，在里格斯诉帕尔默案中，厄尔法官并不是直接依据"任何人均不得从自己的过错行为中获利"这一原则来剥夺帕尔默的继承权；而是依据这一原则将《遗嘱法》解读为拒绝将遗产给予为获得为进行谋杀之人。[1]

其次，将法律原则视为一种法律标准，也不具有规范上的吸引力。在德沃金看来，法律的价值在于约束国家强制力的运用[2]，而只有那些源自先于判决而存在的法律之要求的强制力的运用才是可证立的——换句话说，个人权利不应受到溯及既往的侵害；而只有当法官援引作为法律标准的原则来审理案件时，才能避免疑难案件中的溯及既往。然而，法律的价值在于约束国家强制力的运用，这一点远非共识。比如，在哈特看来，法律的价值在于指引个人的社会行为；[3]更多的学者则持比克斯的看法，即法律的价值是多样的而非单一的。[4]

对于德沃金的这一说法，我们还可以做如下反驳：我们知道，法不溯及既往的价值在于保障个人的预期。首先，在那些导致疑难案件的处境中，人们是否仍然具有较为稳固的预期则是值得质疑的；其次，个人预期并不具有独立的价值，它是否值得保护在很大程度上依赖于特定的预期是否具有道德价值；

---

[1] Riggs v. Palmer, 115 N. Y. 506 (1889).

[2] 参见 [美] 德沃金：《法律帝国》，李冠宜译，时英出版社 2002 年版，第 101~102 页。

[3] See Stephen Perry, "Interpretation and Methodology in Legal Theory", Andrei Marmor, (ed.), *Law and Interpretation: Essays in Legal Philosophy*, Oxford: Clarendon Press, 1997, p. 114.

[4] See Brain Bix, *Law, Language, and Legal Determinacy*, Oxford: Oxford University Press, 1993, p. 131.

最后，即使相关的个人预期是值得被保护的，它也可能被其他价值所压倒，正是在这一意义上，"打破个人预期的决策的不合理性可以通过正确的道德原则而得到克服"。[1]此外，将原则视为一种法律标准，也未必能够保护个人预期。我们知道，为了得出"正确的"原则，法官必须将一些制定法或判例视为错误而加以排除；而人们则恰好可能基于这些制定法或判例建立自己的预期。

通过上面的论述，笔者认为，将法律原则作为一种法律标准，无论是在描述意义上，还是在规范意义上，都并不比将其视为法律之外的标准更具有优越性。

（二）确定性、客观性与疑难案件的正确答案

上述对德沃金的原则学说的反驳，所反驳的并不是他的"疑难案件中存在正确答案"这一观点，而是"法律原则是一种法律标准"这一观点。这一观点以及从规则体系出发的第一种的对（10）的反驳意见，与其所反驳的观点，都有一个共同的预设：对法律之外的标准的利用意味着相关的法律问题缺乏正确答案。实际上，这一预设不仅存在于一些法律学者的论述中，而且广泛存在于一般民众的常识性观念中。比如，我们经常能够听到类似于这样的说法：司法判决的客观性不仅要求它摆脱法官个人的偏好，而且要求它摆脱政治意识形态的影响。[2]这里试图论证，这一预设混淆了法律的确定性与法律的客观性。

法律的确定性是指先在的法律标准与嗣后的法律决定之间是否具有某种逻辑上的决定与被决定的关系，而法律的客观性

[1]　Andrei Marmor（ed.），*Law and Interpretation：Essays in Legal Philosophy*，Clarendon Press，1997，p.296.

[2]　See e. g.，Gerald J. Posema，"Objectivity Fit for Law"，in Brian Leiter，（ed.），*Objectivity in Law and Morals*，Cambridge：Cambridge University Press，2001，p.109.

则是指是否存在一个标准，它可以被用来判断法律主张（决定）是正确的还是错误的。因此，至少在逻辑上，法律的确定性与法律的客观性是两个相互独立的概念。这意味着，一个人可以持有如下四种主张中的一种：（1）法律具有确定性，也具有客观性；（2）法律具有确定性，不具有客观性；（3）法律不具有确定性，但具有客观性；以及（4）法律既没有确定性，也没有客观性。反过来，如果法律的确定性就是法律的客观性，或者说判断一个法律主张是否正确的标准"只能"是"它是否从先在的法律体系中推导出来"，那么对于这四种主张，人们只能要么持有第一种，要么持有第四种。实际上，第二种主张完全是可能的——尽管很少有人真正持有它。一个人可以同时认为：（1）法律中的每一个问题都可以通过形式逻辑从先在的法律体系中推导出来，与（2）这些先在的法律体系是如此地邪恶以至于不能作为一个主张或决定是否正确的标准；这并不存在逻辑上的错误。第三种主张为一些自然法学者所持有。比如，在摩尔看来，由于语言只是描述实在的不完美工具，用语言来加以表达的法律存在诸多缺陷，它不可能确定法律问题的答案；但我们可以而且应当以正确的道德标准作为克服这些缺陷的依据。[1] 换句话说，在摩尔看来，尽管法律不具有确定性，但具有客观性。

如果法律的确定性与法律的客观性是两个不同的问题，那么将它们混同起来的人们就有提出理由以说明其合理性的必要。一些学者提供了这样一个理由，即司法判决的合法性。在他们看来，先在的法律体系是判决的合法性基础；人们之所以应当服从判决，是因为他们应当服从法律。这只有在判决的确是从

---

[1] See Michael Moore, "A Natural Law Theory of Interpretation", 58 *Southern California Law Review*, (1985), pp. 279~398; Michael Moore, "Moral Reality Revisited", 90 *Michigan Law Review*, (1992), pp. 2424~2533.

法律中推导出来的情况下才成立。[1]然而，这一理由要想成立的话，必须能够回答两个方面的问题：一是，为什么司法判决的合法性一定要通过法律的合法性——而非自身所具有的结构性特征，比如，符合实质性道德、能促进社会利益的最大化，或经由正当程序产生——来辩护呢？二是，法律自身的合法性何在？我们为法律合法性所提供的依据一定要求判决从法律中推导出来才能使该合法性传导至判决中吗？

对于第一个问题，至今没有学者能够说明这种对于判决合法性的论证方式何以优于那些竞争性的理论；而对于第二个方面的问题，克瑞斯（Ken Kress）则通过分析每一种常见的法律合法性理论得出了否定的结论。[2]这意味着，并无充分的理由将法律的确定性与客观性混同。但反过来，我们却至少有两个理由，反对将正确答案的标准局限在法律体系之内。一是，脱离某种外在标准，根本无法适用法律：即便是在最简单的案件中，法官也至少需要以共享的语言习惯这一外在标准来确定法律规则的含义。正是在这个意义上，帕特森（Dennis Patterson）说："法律实证主义学者过度关注了在它们看来决定法律主张是否正确的制度性事实，而忽略了这些事实只有在特定的解释性框架中才具有意义。"[3]这意味着，如果我们坚持认为法律之外的标准将意味着相关的法律问题没有正确答案的话，那么严格说来，任何法律问题（不管是在简单案件还是疑难案件中）都不存在一个正确答案。这显然不是我们希望得到的结论。

---

〔1〕 See e. g. , Owen Fiss, "Objectivity and Interpretation", 34 *Stanford Law Review*, (1982), pp. 739~749.

〔2〕 See Ken Kress, "Legal Indeterminacy", 77 *California Law Review*, (1989), pp. 283~338.

〔3〕 See Dennis Patterson, *Law and Truth*, Oxford: Oxford University Press, 1996, p. 98.

第二个理由是，一方面，我们无法将法官的个人偏好与道德观念从他所具有的经验性知识以及他对法律真正要求什么的看法中完全分离出来；而离开了这些，法官根本无法从事任何法律推理工作。另一方面，司法审判也并不发生在一个真空的环境中，它从根本上来说无法摆脱政治意识形态以及后果性考虑的影响。从而任何一种关于判决客观性的妥当看法，都应当建立在承认而非漠视这些现实局限性的基础之上。

基于这两个理由，我们认为，法律的客观性并不要求排除外在标准（这在实际上也是不可能做到的），而是要求对外在标准的援用是非任意性的，或者更确切地说，是能够证立的。比如，法律的客观性并不要求法官排除其个人的道德观念，而只要求他能够说明何以他所援用的个人道德观念是正确的，或能够体现正确的道德原则。法律的客观性与法律的确定性是两个完全不同的问题：一个法律主张或决定是否正确，并不取决于它是否从先在的法律规则体系中推导出来；而取决于它是否能在一个妥当的论证结构中被证立。我们可以通过两个例子来看疑难案件中的正确答案是如何在妥当的论证结构中显示出来的。

上文已述，规则的开放结构有两种可能的形式。一是新事物、新现象的出现，导致规则的清晰文义与规则的目的相冲突；二是规则的目的与其他社会目标相冲突。上文提到过的"同时娶二女"为第一种形式的开放结构的适例。在此案中，反对规则适用的理由是清晰文义的优先性；而支持规则适用的理由是同时娶二女的行为与先后娶二女在行为的结果与社会危害性等方面没有区别。我们需要进一步衡量的是支持与反对的理由本身基于什么样的理由，以及这些支撑性的理由能否成立。一般说来，法律实践之所以要赋予清晰的文义以优先性，是基于如下两个理由：（1）人们是依据清晰的文义来理解法律的，即保护预期的需要；（2）清晰的文义是人们用以确定立法意图的最直接依据。当规则的目的与清晰的文义发生冲突时，第二个理由显然不成立；而在此案中，由于并没有值得保护的预期，第一个理由也不成立。

此处值得注意的是，坚持认为"同时娶二女"不构成重婚的人们可能会提出一种道德讨论中常见的滑坡论证。这一论证是这样的：如果此处不遵循清晰的文义，那么会给以后的司法实践带来坏的示范效果，从而造成法官裁量权的扩大，并最终导致法治异化为法官之治；而对于刑事司法来说，则意味着对罪刑法定原则的突破。因此，即便此处有良好的理由支持不遵循清晰的文义，我们还是应该抵制住这样一种"诱惑"。这一论证看似是言之成理的，但它必须能够证明（而非简单断言）：这种情况下对清晰文义的背离，会带来如此严重的后果。但事实上，已有的司法实践中的经验证据并不支持这一主张，却更支持相反的主张（偏离文义作出裁判在司法实践中并不少见，但所谓的严重后果并没有出现）。由于对清晰文义的偏离必须有充分的理由这一限制，使这种偏离不会导致所谓的"滑坡"。通过衡量这些理由，笔者认为，确定"同时娶二女"行为构成重婚为正确答案。

第二种形式的开放结构同样如此。虽然依据实在法规则的优先性，以清晰文义与规则目的作为理由的法律主张具有初显的正确性。但如果有理由表明，在特定情况下，遵从规则的目的是不合理的，这样的主张同样可以被推翻。我们首先可以想到的一类理由是，其他社会目标具有比规则的目的更高的价值。比如，假设"禁止汽车进入公园"这一规则的目的是为了维护公园内的空气清新，那么当某一游客出现急症时，允许救护车进入公园就是正确的决定；而事实上，即便这一规则的目的是为了维护公园内的游人安全，在此种情况下，仍然应当允许救护车进入公园。理由在于，不允许救护车进入公园会使患病游客的生命安全处于现实的危险中，而允许救护车进入公园只会给其他游客的安全带来可能的危险。从这一例子中可以看出，即便其他目标并不具有更高价值，但如果它更具有被保护的迫切性，也可以成为反驳基于清晰文义或规则目的的相关法律主张的充分理由。值得强调的是，任何这类理由必须基于特定案例中的实际情况而提出，而不能仅仅基于它是可能的而提出。换句话说，只要不存在基于实际情况提出的这种理由，基于清晰文义或规则目的的相关法律主张便具有结论的正确性。正是这种不对称的论证负担（argumentative responsibility）的分配，使支持或反对规则适用的法律主张总是可以被判断为正确或错误。从这个意义上说，即便是对于那些处于规则的开放结构中的疑难案件来说，仍然可能具有正确答案。

五、拉兹的空缺论及其反驳

上面的讨论主要围绕哈特的"开放结构"理论展开。在法律实证主义阵营中，拉兹提出了另一种不同的空缺论。下面讨论这一空缺论。

拉兹的空缺论可以总结为基于规则的空缺论。基于规则的空缺论认为规则的缺陷会导致一些案件缺乏正确答案。人们最常提到的一种缺陷是规则的不完全性，即规则太过贫瘠，导致法律在一些事项上的沉默不语。或者用阿列克西的话说，"有些案件需要法律上的调整，但却没有任何事先有效的规范适合用来调整"[1]。当然，并非所有的学者都认为，规则的贫瘠会导

---

〔1〕 ［德］罗伯特·阿列克西：《法律论证理论——作为法律证立理论的理性论辩理论》，舒国滢译，中国法制出版社 2002 年版，第 2 页。

致相关的法律命题缺乏真值。例如，在拉兹看来，只有在法律发出模糊不清的声音时，或者法律（对于同样的事项）发出不同声音时，才存在法律上的空缺，而当法律沉默不语时，并不存在法律上的空缺。拉兹之所以认为法律沉默不语时不存在空缺，是因为在他看来，所有的法律命题最终都可以还原为下述关于理由的命题，一个主体是否存在终局性的法律理由作出某个行为。而一个主体是否存在终局性的法律理由做出某个行为，取决于作为法律事实的一些社会来源。如果我们将一个主体 x 存在终局性的法律许可做 φ 表述为 L-Per［x］φ，那么这个命题在两种情况下可能为真：一是，存在许可 x 做 φ 的社会来源，并且对于任何可能存在的不许可 x 做 φ 的社会来源，许可 x 做 φ 的社会来源具有优先性；二是，不存在使得 x 具有终局性的理由做 φ 这一命题为真的社会来源。在法律沉默不语时，由于不存在使得 x 具有终局性的理由做 φ 的社会来源，x 具有终局性的法律许可做 φ；因此并不存在法律空缺。[1] 可以看出，拉兹的讨论严重依赖于"法不禁止即自由"这样一个元规则，但这一个元规则并不是在所有的法律制度下都存在的，更不是在所有的法律领域中都存在的。

如果法律在一些重要的事项上沉默不语，的确会使得一些法律问题缺乏正确答案。但在较为成熟的法律体系中，这样的漏洞很难存在。一方面，在私法领域，存在大量的原则性规定，例如我国民法典中规定的公平原则、诚实信用原则等，很难讲有什么样的民事行为不能落在这些抽象的范畴之内。正因为此，有学者认为，"在现代的法律体系中，……真正的漏洞不可能存

---

〔1〕　See Joseph Raz, "Legal Reasons, Sources, and Gaps", in Joseph Raz, *The Authority of Law*, Oxford: OUP, 1979, pp. 53~77.

在；几乎任何我们能够想得到的纠纷，都有一些可以作为依据
的法律规则来解决"。另一方面，在公法领域，往往有一些拉兹
所设想的闭合元规则，例如，刑法中的罪刑法定原则、行政法
中法无授权不可为的原则。这些闭合元规则使得人们不仅可以
根据存在哪些法律规则进行推理，而且可以根据不存在哪些规
则进行推理。或者换句话说，这些闭合元规则使得某行为具有
一种"缺省"（default）的法律属性，直到该行为被证明具有其
他法律属性。例如，在刑法中，罪刑法定原则使得行为具有
"不构成犯罪"这一缺省的法律属性，直到人们能够证明该行为
被刑法明文规定为犯罪。

　　人们经常提到的另一种规则的缺陷是规则的不一致。规则
的不一致是指两个规则具有相容的法定条件与不相容的法律后
果。例如，对于规则（ri）p⇒q 与（rj）r⇒t 来说，如果 p 与 r
可以同时为真，而 q 与 t 不可以同时为真，那么这两个规则是不
一致的。值得注意的是，规则的不一致未必会给法律实践带来
麻烦。实际上，只要不出现 p 与 r 同时为真的情形，ri 与 rj 虽然
是不一致的，但完全可以相安无事。只有在某种情况中，p 与 r
同时为真了，我们才说 ri 与 rj 发生了实际的冲突。此时看起来，
如果没有进一步的信息，会导致相应的法律命题缺乏真值。因
为根据 ri，q 为真，根据 rj，t 为真，而 q 与 t 又不能同时为真。
虽然人们常说的新法优于旧法、特别法优于一般法、上位法优
于下位法等效力等级元规则在相当多的时候提供了解决冲突所
需的进一步信息，但我们不能假定所有的规则冲突都可以借助
效力等级元规则来加以解决。

　　为了探究规则冲突是否会使相关的法律命题缺乏真值，我
们可以进一步考察效力等级元规则解决规则冲突的方式。效力
等级元规则之所以能够解决规则冲突，是因为它对规则进行了

排序。例如，根据某个效力等级元规则，r_i 优于 r_j。对此我们有两种不同的理解方式。第一种理解方式是，如果 r_i 优于 r_j，那么 r_j 在手头案件中不能适用，虽然它的法定条件在手头案件中被满足。如果采用这一理解，那么随之而来的结论是，一个规则的法定条件满足并不意味着规则一定会得到适用。从而进一步值得思考的问题就是，除了法定条件满足，还有哪些事实会影响一个规则是否应当得到适用？一般说来，一个规则应当在某个案件得到适用，除了这个规则有效和相应的事实成立之外，至少还要满足如下条件：（1）规则的适用具有合目的性，即规则没有出现过度包含的问题，（2）不存在更强的可以适用的不一致规则。第二个条件要求我们，当存在可以适用的不一致规则时，必须考察规则的强度。在比较规则的强度时，上述三个制度性的效力等级元规则给我们提供了某些指引，但它们并不是可以利用的全部资源。一些非制度性的标准包括，规则目的的重要性，规则目的在手头案件事实中的紧迫性，规则目的通过手头案件得以实现的可能性与损害可能性，等等。

第二种理解方式是，如果 r_i 优于 r_j，那么基于 r_i 的论证强于基于 r_j 的论证。如果采用这种理解，那么我们就不能把直接基于一个规则的论证所得出的结论视为最终结论，而要把它视为一个临时结论，然后考察是否存在支持不相容的其他临时结论的论证。当存在这样的论证时，最终结论要通过比较不同的论证而得出。关于法律论证的评估与比较的问题会在第五章相关处讨论，这里只需注意，在这种情况下，某一法律命题 α 缺乏真值这一结论，只有在支持 α 与反对 α 的论证具有完全相同的强度时才可能成立。正如德沃金所说的，证明支持 α 与反对

α 的论证具有相同的强度并不比证明其中之一更强容易。[1]此外，即便两个论证具有相同的强度，也不必然意味着相关的法律命题缺乏真值。因为支持与反对 α，可能需要承担不同的论证责任。这种论证责任既可以通过具体的规则来分配，也可以通过某种程序性规则或某种闭合元规则来配置。举例来说，如果支持某个行为构成犯罪的论证与反对该行为构成犯罪的论证具有相同的强度，那么根据罪刑法定原则，该行为应被视为不构成犯罪。

总的来说，基于规则的怀疑论，多多少少建立在某种还原论的看法之上，将法律命题等同于某种关于法律规则的命题。例如，认为一个法律命题是真的，是因为存在使得它为真的法律规则，而一个法律命题是假的，是因为存在使得它为假的法律规则；因此当不存在法律规则时，相应的法律命题就既不是真的，也不是假的，当法律规则相互冲突时，相应的法律命题既是真的又是假的。对这一想法的总体回应是，一个法律命题是真的还是假的，虽然不可能与存在什么样的法律规则没有关系，但无论如何并不是法律规则所直接决定的。法律规则仅仅是证立法律命题的素材之一。这也是为什么法律规则的缺陷未必会导致法律命题缺乏真值的根本原因。

---

〔1〕 See Ronald Dworkin, "Objectivity and Truth: You'd Better Believe it", 25 *Philosophy and Public Affairs* (1996), pp. 87~139.

第四章
法律真理观的学说史重述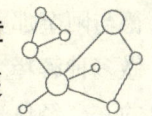

在哲学史上，有三种主要的真理理论，分别为真理符合论、真理融贯论与实用主义真理理论。[1]在社会科学领域，哈贝马斯所倡导的真理共识论也产生了较大的影响；尤其是在法学领域内，有一些关于法律真理的看法直接来源于这种理论。因此这里笔者将它与上述三种主要的真理理论并列。这一部分将在介绍、评析这些真理理论的基础上，探究它们能否作为法律领域内"真"的定义和（或）标准。

一、真理符合论

（一）真理符合论及其困境

符合论是最古老的真理理论，亚里士多德曾在《形而上学》中说："凡以不是为是、是为不是者，这是假的；凡以是为是、以不是为不是者，这就是真的。"[2]中世纪的托马斯·阿奎那有

---

〔1〕 其他的真理理论还有冗余论、使真者论（truthmaker theory）、真理多元主义等。这些理论将在下文讨论法律领域内"真"的定义时讨论。概括说来，在本书看来，使真者论是一种更加精致的符合论，冗余论是不成立的，多元主义只有在针对真理标准（而非定义）时才成立。

〔2〕 ［古希腊］亚里士多德：《形而上学》，吴寿彭译，商务印书馆 1959 年版，第 79 页。（Aristotle, Metaphysics, 1011b25: "To say of what is that it is not, or of what is not that it is, if false, while to say of what is that it is, and of what is not that it is not, is true."）

一个著名的格言，"真理是理智与对象的一致"〔1〕。亚里士多德与阿奎那关于真理的一些表述是直觉性的，在学术史上可以做多种解释。20世纪初，摩尔与罗素阐发了现代意义上符合论的一个经典命题：一个命题是真的，当且仅当它符合某个事实。〔2〕这个经典命题符合下述直觉：使得一个命题为真的或假的，是外部世界中的某种真实状况，而不是某个人的或某个群体的想法，也不是某种特定的认识程序。但它并没有说清楚：什么是"事实"，怎样才算"符合"，又如何判断命题是不是和"事实"相"符合"。对符合论的批评也主要围绕这些问题展开。

　　首先，关于"事实"。人们在传统上认为，事实是由个体（对象）与范畴（属性）组成的一种结构性存在。例如，"张三比李四高"这个事实是由"张三""李四"两个个体和"高于"这一关系范畴构成的。无论个体，还是范畴，都独立于主体及其拥有的表征系统。换句话说，即便不存在任何语言，世界中仍然存在"张三"和"李四"，仍然存在"高于"这种关系，并且张三与李四也仍然满足这一关系。如果这种传统看法是对的，那么我们说，世界上存在一些纯粹的"客观事实"。人们可以通过一些语言表达式来刻画这种"客观事实"。人们的刻画可能是正确的，也可能是错误的，但无论对错，都不会影响"客观事实"的本来状态。然而，在20世纪中期之后，这种传统的事实观受到了严重冲击。现代语言哲学与科学哲学清晰地表明，世界中的个体与范畴并不是完全独立于主体而存在的。〔3〕

---

　　〔1〕　Veritas est adaequatio rei et intellectus.

　　〔2〕　罗素谈论的是信念，但上面说了，命题是信念的内容，一个信念是真的，当且仅当它的内容是真的。Russell, 1912, p. 129.（"Thus a belief is true when there is a corresponding fact, and is false when there is no corresponding fact."）

　　〔3〕　参见第二章第一节。

其次，所谓"符合"，在传统的符合论者看来，就是命题与事实之间的一一对应，或者说命题是对事实的"临摹"。维特根斯坦（前期）的同构论是对这种"临摹"的最清晰说明。在维特根斯坦（前期）看来，语言是命题的总体，世界是事态的总体。命题可以分为简单命题与复合命题，分别对应世界中的简单事态与复合事态。简单命题之间仅存在逻辑关系，简单事态之间同样是彼此独立的。复合命题由简单命题通过"否定""合取""所有"等逻辑常元（logical constants）构成。这些逻辑常元本身无所指代，仅仅是一种用以构造复合命题的语言装置。通过这种语言装置，复合事态的逻辑结构得以展现。这样，在语言这一端，复合命题由简单命题复合而成；在世界这一端，复合事态同样由简单事态复合而成。两种复合的方式也是彼此一致的，从而语言与世界在宏观上呈现出同构性。此外，简单命题由个体词与谓词构成；其中，个体词是对象的名称，谓词是一个不完全的表达式，用以描述与对象相关的事态，或者说对象可能具有的属性或关系。这样，在世界这一端，事态可以分解为对象与对象具有的属性或关系；而在语言这一端，命题可以分解为指称对象的个体词与描述属性或关系的谓词。从而语言与世界在微观结构上也呈现出完美的同构性。[1]

这种"临摹"式的符合存在一些难以解决的问题。首先，也许在一些简单的情形中，它是符合直觉的。例如，"'猫在席子上'这个命题符合事实"在直觉上可以理解为：世界中存在着"猫"对应的猫，存在着"席子"对应的席子，并且在猫和席子之间存在着"……在……之上"对应的那种空间关系。但

---

〔1〕　维特根斯坦的同构论较为集中地出现在《逻辑哲学论》一书中。参见〔奥〕维特根斯坦：《逻辑哲学论》，韩林合译，商务印书馆 2012 年版，尤其是第 1.1、2.01、2.02、2.021、2.027、3.203、4.024、4.031 等节。

对于复杂一点的命题来说，情况则不同了。例如，否定命题与全称命题。如果说"猫在席子上"临摹了猫在席子上这一事态，那么"猫不在席子上"临摹了什么样的事态？"所有的猫都是肉食动物"又临摹了什么样的事态？其次，这种意义上的符合不可能适用于一些包含抽象概念的命题。例如，"这个命题符合事实"临摹了什么样的事实？符合论通常坚持真理的二值性原则，那么"所有的命题要么真、要么假"临摹了什么样的事态？不仅如此，所有的哲学命题、逻辑命题、伦理学命题都不太可能在这种意义上"符合"事实。维特根斯坦当然可以将这些命题视为"不可说"或"纯粹的胡言乱语"，但这样做的代价是使人们的语言严重贫瘠，以至于只能谈论一些朴素的事实（brute facts），而不能进行任何理论抽象，更不用提任何人文反思了。再次，简单事态之间并不是彼此独立的。实际上，我们无法设想任何完全独立于其他事态的简单事态。例如，"这朵花是红色的"这个命题所显示的事态，虽然看起来与"这是只红笔"所显示的事态是独立的，除非它们之间具有某种联系，并且通过这种联系，我们无法理解什么是"红色的"，也无法完全理解这两个命题。再如，几乎任何事态都能引起其他事态，例如，"风吹"引起"旗动"，而这种关系恰恰无法用任何真值涵项连接词来表达。很明显，虽然我们说"风吹"是"旗动"的原因，但"风吹"既不是"旗动"的必要条件，也不是"旗动"的充分条件。最后，对于实际存在的事态来说，与其说它是由简单事态所构成的，倒不如反过来说，那些简单事态来源于人们对它的拆分。比如，当一匹瘦弱的、黄色的狼向我们走来时，与其说那匹狼过来了、那匹狼是黄色的与那匹狼很瘦弱这些简单事态通过合取的方式共同构成了复合事态；倒不如说，这本就是一个作为整体的事态，只是我们将它区分为上述三个所谓的简单事态而已。如果我们对那匹狼的认识更丰富，那么还能拆分出更多所谓的简单事态——从原则上说，能够拆分出的简单事态是无穷多的。如果有一匹狼过来了，那么它一定有一种颜色，它一定或者是瘦弱的或者不是瘦弱的；换句话说，并不存在纯粹的那匹狼过来了这个事态。简单事态是我们从一个整体情境中拆分出来的。如何拆分既受制于我们的认识水平，也受制于我们的语言框架。就此而论，并不是语言使世界有着相同的结构，而是语言就是世界的结构。

最后，在批评者看来，即便外部世界中存在结构化的事实，对"符合"的图示论理解也是正确的，符合论仍然是不可接受的。因为要判断是否符合，就要将命题与事实相比较，但这种比较既是不必要的，也是不可能的。不必要性体现在，为了将命题与事实相比较，必须首先知道事实是什么，而知道事实是什么，用塞尔的话说，就"确认了一个真命题"〔1〕，或者用布伦塔诺的话说，就"已经掌握了真理"〔2〕。不可能性体现在，即便存在独立于任何语言框架的事实，对于这些事实来说，也只有在某个语言框架内表述为命题，才是可认识的。换句话说，离开命题，我们无法确认事实是什么样子的。正因为此，纽拉特说，"主张只能与主张比较，而不能与'经验'、世界或其他什么东西相比较"〔3〕。说到底，我们不能站在自己的思想之外，去比较思想和实在是否相符，因为实在只能通过我们的思想而被认识。

（二）法律领域的真理符合论

法律领域内的多种观念都带有真理符合论的色彩。较为典

---

〔1〕　[美] 约翰·R. 塞尔：《社会实在的建构》，李步楼译，上海世纪出版集团 2008 年版，第 175 页。

〔2〕　W. Künne, *Conceptions of Truth*, Oxford：Clarendon Press, 2003, p. 127.

〔3〕　J. A. Coffa, *The Semantic Tradition from Kant to Carnap*, Cambridge：CUP, 1991, p. 365.

型的有法律现实主义、朴素法律实证主义与本质主义自然法理论。它们都认为：一个法律命题是真的，当且仅当它与事实相符。不同的地方在于：与什么样的事实相符。一种版本的法律现实主义（美国法律现实主义）将法律命题还原为关于法官将会如何行为的事实命题。霍姆斯与卢埃林曾在不同的地方宣扬过这一想法。[1]科恩对这一想法的阐述较为细致："所有的法律问题，都可以分解成一系列指向法院的真实活动的子问题。……法律现实主义者所说的法律，就是对这一系列子问题的回答的集合。"[2]简单地说，在这一版本的法律现实主义看来，"x 有义务做 φ"就是"法官将宣判 x 有义务做 φ"。从而一般地说，一个法律命题是真的，当且仅当它符合未来的某个事实。但未来的事实是什么样子的，谁也无法提前预知。但人们可以根据法官的行为倾向去预测。于是对法律问题的理论探究就转化为对影响法官行为的诸多事实因素的实证探究。另一种版本的法律现实主义（北欧法律现实主义）试图将法律命题还原为一种心理学命题。例如，罗斯将法律效力理解为被约束的感觉，并一般地将法律现象理解为一种心理物理现象（phycho-physical phenomena）。[3]简单地说，"x 有义务做 φ"就是"x 感到自己必须做 φ"。一般地，一个法律命题是真的，当且仅当某个心理学命题是真的。而某个心理学命题是否为真，同样需要通过相关主体的外在行为及其所处的社会环境来判断。

哈特对这两种版本的法律现实主义都进行过有力的批评，

---

〔1〕 Oliver W. Holmes, "The Path of Law", 10 *Harvard L. Rev.* (1897), p. 461; Karl. N. Llewellyn, *The Bramble Bush*, New York: Oceana, 1951, p. 3.

〔2〕 Felix Cohen, "The Problems of a Functional Jurisprudence", *I Modern L. Rev.* (1937), p. 16.

〔3〕 See Alf Ross, *On Law and Justice*, Berkeley: Uni. Calif. Press, 1959, pp. 12~13, 77~78.

因此这里不再赘述。[1] 在此，笔者想简要地讨论一下法律现实主义的理论动因。法律现实主义者之所以要将法律命题还原为关于法官会如何行为的事实命题或某种心理学命题，是因为他们一方面持有真理符合论的传统观念，另一方面又认为不存在真正意义上的"法律事实"。这在第二种版本的法律现实主义者那里表现得尤为明显。例如，哈尔拉德·奥夫斯坦德（Harald Ofstad）说，在"你有服兵役的义务"这一命题中，"你"和"服兵役"都有真实的所指，但"义务"没有，"义务"一词的作用仅仅在于表达情感并激发他人的相同情感。[2] 阿英塞尔·哈格斯特罗姆（Axel Hagerstrom）通过细致的分析表明，"权利""义务"都是没有实指的。[3] 罗斯在其著名的"图图"一文中持有同样的观点。[4] 如果并不存在所谓的权利、义务、合同或婚姻关系，而又不想将那些谈论这些事物的语句视为纯粹的胡言乱语，那么就要将它们还原成关于另外一些真实存在着的事物的语句；例如法官的行为方式，或者相关主体的感觉与态度。

上面的讨论说明，虽然哈特对法律现实主义提出了批评，但要真正摆脱法律现实主义的还原论想法，只有两种选择：一是，放弃真理符合论，从而使得一些法律语句，即便涉及并不真实存在的事物，也同样是有意义的；二是，承认权利、义务、合同等"法律实体"具有和法官的行为方式、主体的感觉与态度以及其他一些被人们认为真实存在的事物（桌子、星球、碱

---

〔1〕 哈特的批评，参见 H. L. A. Hart, *The Concept of Law*, (2nd ed.), Oxford: OUP, 1994, pp. 82~87, 136~142.

〔2〕 Harald Ofstad, "Objectivity of Norm and Value-Judgements According to Recent Scandinavian Philosophy", 12 *Philosophy and Phenomenological Research*, (1951), p. 49.

〔3〕 Axel Hagerstrom, *Inquiries into the Nature of Law and Morals*, (C. D. Broad tran.), Uppsala: Almqvist & Wiksells, 1953, pp. 2~7, 19~35.

〔4〕 See Alf Ross, "Tû-Tû", 70 *Harvard Law Review*, (1957), pp. 812~825.

式碳酸铜）一样的本体论地位。哈特究竟采取了那种选择，并不清晰。从他关于描述性法理学以及内在陈述的相关讨论看，[1]似乎他是采取了第二种选择。但他并没有深入地讨论"法律实体"的本体论地位问题。以至于德沃金将他理解为另外一种还原论者，即将法律命题还原为社会事实命题，"共享的规则使法律命题的真值，取决于某些特殊历史事件"。[2]不管德沃金是不是误解了哈特，这种朴素实证主义的观念总是可能存在的，即，一个法律命题是真的，当且仅当存在相应的实在法规定。例如，"驾驶员应系安全带"这一法律命题，在存在相应的法律规定时为真，否则就是假的；而是否存在相应的法律规定，又取决于立法史上是否有相应的事件。朴素实证主义存在的最大问题是它将蕴含这样一个结论，即：如果不存在一个关于 p 的规定，那么一定存在一个关于 ¬ p 的规定；反过来，如果存在一个关于 p 的规定，那么一定不存在一个关于 ¬ p 的规定。[3]这个结论并不符合我们对法律的认识。我们知道，在一个法律制度下，可能既不存在关于 p 的规定，也不存在关于 ¬ p 的规定；并且可能同时存在关于 p 与 ¬ p 的规定。拉兹尝试通过引入"法不禁止即自由"这一元规则来解决这一问题，[4]但这一元规则并不是在所有的法律制度下都存在，更不是在所有的法律

---

[1]　相关的讨论可以参见哈特所著的《法律的概念》第 2 版后记。

[2]　[美] 德沃金：《法律帝国》，李冠宜译，时英出版社 2002 年版，第 33 页。

[3]　论证如下：由（1）"p 为真，当且仅当存在关于 p 的规定"可知（2）"¬ p 为真，当且仅当存在关于 ¬ p 的规定"与（3）"p 为假，当且仅当不存在关于 p 的规定"，又知（4）"p 为假，当且仅当 ¬ p 为真"。结合（3）（4）可得（5）"¬ p 为真，当且仅当不存在关于 p 的规定"，结合（5）（2）可得最终结论（6）"不存在关于 p 的规定，当且仅当存在关于 ¬ p 的规定"。这一论证是对拉兹所描述的德沃金论证的细化。

[4]　See Joseph Raz, "Legal Reasons, Sources, and Gaps", in Joseph Raz, *The Authority of Law*, Oxford: OUP, 1979, pp. 53~77.

领域中都存在，因此无法成为一个一般性的解决方案。要真正解决这一问题，只有彻底清除将法律事实还原为其他事实的这一思路，重新思考法律实体的本体论地位以及这些实体与相关的历史事件之间的关系问题。

摩尔的本质主义自然法理论是真理符合论在法律领域的另一个表现。在摩尔看来，任何一般词项，包括法律与道德词项，它的意义都是由相应事物的本质所决定的，而不是由人们的语言实践所决定的。例如，"残酷"的意义并不取决于人们如何理解"残酷"，而取决于"残酷"所指称的那个道德种类的本质属性。[1]这样一来，一种行为是否残酷就和人们对残酷的认识以及如何谈论残酷没有关系，而只取决于这个行为是否具有残酷的本质属性；同样地，盐酸是不是武器，取决于盐酸是否具有武器的本质属性。一般地说，一个将法律谓词 F 归属到个体词 a 上的法律命题 F（a）是真的，当且仅当 a 所指称的个体具有 F 所指称的类别的本质属性，而 F 所指称的类别具有什么样的本质属性，从根本上说是与人类的实践无关的，但人们可以通过科学（包括道德科学）探究去发现它。

可以看出，摩尔的真理符合论有一个重要的假定，即：事物的本质而非人们的实践决定了事物的类别。这一假定即便对于自然种类是正确的，也不适用于法律与道德词项所指称的类别。这一问题笔者已在其他地方讨论过，此处不再赘述。[2]此外，即便那些法律与道德词项指称的事物具有本质属性，我们又应该如何去认识它们呢？对于自然种类来说，我们能够考察

---

〔1〕　See Michael S. Moore, "The Interpretive Turn in Modern Theory: A Turn of the Worse?", 42 *Stanford L. Rev.* (1989), p. 882.

〔2〕　对此问题的进一步讨论，可参见陈坤："所指确定与法律解释——一种适用于一般法律词项的指称理论"，载《法学研究》2016 年第 5 期。

它的某个单一的可以用来解释其他性质的性质，例如水的分子式、老虎的 DNA；并以某个个体是否具有该性质来判断它是否属于该种类。但对于法律与道德词项所指称的类别来说，很难这么做。例如，对于所有残酷的行为来说，它的本质属性是什么呢？毕竟除了它们都被评价为"残酷的"以外，看起来并没有什么共同的特征。也很难在这些行为中找到一个内在的性质解释为什么它们都被评价为"残酷的"。我们当然可以说它的本质属性是"残酷性"，但这样的话，我们又如何去判断一个行为是否具有"残酷性"呢？对于所有的一般词项 γ 来说，我们都能一般地说，它所指称的事物具有"γ 性"，但除非有一个独立的认识途径，这不过是一种托词。

二、真理融贯论

在真理观上，融贯论是不同于符合论的另外一种经典理论。在其看来，命题的真假不在于它是否符合事实，而在于它是否与其所从属的命题系统中的其他命题相融贯。如纽拉特所言："一个陈述是与其他陈述，而非经验、世界或其他事物来对比的。……每一个新的陈述所面对的由和谐一致的现存陈述所构成的总体。如果它可以被包含在这个总体内则是真的，反之则是假的。"[1]

在法学领域，主张依据融贯性来判断法律命题是否为真的学者主要有德沃金、佩岑尼克等人。下面就让我们首先分别考察他们的学说，然后对融贯论真理观所经常遭受的一些批评与可能的应对进行说明。

---

[1] Otto Neurath, "Sociology in the Framework of Physicalism", in R. Cohen and M. Neurath, (ed. & tran.), *Philosophical Papers 1913-1946*, Dordrecht: D. Riedel Publishing, 1983, p. 66.

(一) 德沃金：信念融贯论

我们知道，德沃金的法律理论是在同法律实证主义的不断"斗争"中产生与发展起来的。在他看来，法律实证主义对法律空缺与"强的自由裁量"的保留根源于一种误解，即法律只是由规则所构成；而事实上，除了规则之外，法律还包括原则。[1]这意味着，在疑难案件中，即便没有明确的规则，法官还可以适用原则，从而原告或被告获得胜诉的权利也就是既定的，而不是由法官所赋予的；或者说，"原告或被告应该获得胜诉"这类命题的真假也就是确定的，而不是由法官所决定的。

原则是法官根据法律的整全性要求在建构性解释的过程中所提出的："裁判整全性原则指示法官们，只要有可能，就在下述预设下确认法律权利与义务，即它们皆由单一作者——人格化社群——所创设，而这位作者则表达了正义与公平的一个融贯概念观。"[2]在德沃金看来，法官通过建构性解释所提出的原则必须首先满足"适合"(fit) 门槛，即能够最大限度地解释过往的法律实践。

然而，能够满足"适合"门槛的原则并不一定只有一个，也有可能是多个。这时应该怎么抉择呢？在《原则问题》中，德沃金这样写道："如果对一首诗歌恰好有两种不同的解释方式，而每一种又都能够找到充分的理由支持，……那么实质性的考虑将起到决定作用。"[3]在他看来，对于法律解释来说，情况也同样如此。如果两种以上的原则都能满足"适合"门槛，

---

〔1〕　See Ronald Dworkin,"Judicial Discretion", 60 *Journal of Philosophy*, (1963), pp. 624～634.

〔2〕　[美] 德沃金：《法律帝国》，李冠宜译，时英出版社 2002 年版，第 234 页。

〔3〕　Ronald Dworkin, *A Matter of Principle*, Cambridge, Mass：Harvard University Press, 1985, p. 161.

那么法官所拥有的实质性道德理论就要起到决定作用。

对于法律真理，德沃金写道："如果法律命题出现在，为社群法律实践提供最佳建构性诠释的正义、公平、与程序性正当程序等诸原则之中，或从中推导出来，那么这些法律命题为真。"[1]这段话较为明确地表明了德沃金的法律真理观是融贯论的。何谓最佳诠释在根本上又取决于诠释者个人的信念体系，正因为此，我们将他的融贯论称为"信念融贯论"。

德沃金的学说存在诸多误区。首先，并非所有的理解都需要解释（注意理解与解释的区别[2]），正如帕特森所说，解释"只有在对'如何应用一个规则'存在真正的疑虑时才是必要的"[3]。当然，诚如富勒所说，在任何一个简单案件中，人们总是可以想到排除规则适用的理由[4]；然而，重要的不是规则语用上的难题是否可以设想出来，而是在真实的司法实践中它是否出现了。

其次，尽管德沃金认为对法律实践的阐述，应该既不是纯粹描述的，也不是纯粹规范的，而应是在诸多可能的理解方式中选择在最佳意义上展现了法律实践的那个诠释，但他自己的理论并没有做到这一点。在描述层面上，德沃金的阐述显然与人们的通常认识相背离，正如卡瓦尔所言，在实际案件的审理过程中，答案的得出通常是各种法律观在妥协基础上达成的共识，而不是个体法官的独断意见[5]；在规范层面上，由于它放

---

〔1〕 ［美］德沃金：《法律帝国》，李冠宜译，时英出版社 2002 年版，第 234 页。

〔2〕 参见陈坤："重申'解释止于明白'"，载《法律科学（西北政法大学学报）》2013 年第 1 期。

〔3〕 Dennis Patterson, *Law and Truth*, Oxford: Oxford University Press, 1996, p. 87.

〔4〕 See L. Fuller, "Positivism and Fidelity to Law", 71 *Harvard Law Review*, (1958), p. 666.

〔5〕 See R. Cover, "Violence and the Word", 95 *Yale Law Journal*, (1986), p. 1625.

弃了在不同法官之间达成一致意向的理想，并忽视了立法者的权威，也没有将人类的法律实践以一种最佳方式展现出来[1]。

最后，如果真如德沃金所设想的那样，说一个法律命题为真即意味着它在作为个体的法官所提供的理论框架内可以获得充分的辩护，那么就无法将"一个法律命题为真"与"某人认为一个法律命题为真"区别开来，即无法将法律真理与关于法律真理的信念区别开来。而不同主体的实质性道德往往并不一致，人们也无法中立地判断哪一个更具有道德上的优越性。正如麦考密克所说，"我们决不能认为，关于'公共利益''正义'或者'常识'的司法观念是由某个唯一的标准来衡量的，也不能认为这些为不同裁判者所运用的价值尺度，是同一的和具有客观确定性因而像堡垒一样坚固的东西"，换句话说，它们"至少在部分上是主观性的，无法再追根究底"[2]。拉伦茨也持类似的观点，在他看来，对于法官的价值判断来说，"对之无从依客观标准做事后审查"[3]。这意味着，混同法律命题的真与法官个人认为其为真的信念将使德沃金所追求的"正确答案"沦落为仅仅是针对特定的法官而"正确"的答案，从而走向相对主义。

（二）佩岑尼克：教义融贯论

对于法律真理的看法，佩岑尼克（Aleksander Peczenik）经过了一个从非认知主义到认知主义的转变过程。概括来说，在20世纪60、70年代，他持有一种非认知主义的立场，认为作为

---

〔1〕 参见［美］布赖恩·比克斯：《法律、语言与法律的确定性》，邱昭继译，法律出版社2007年版，第113页。

〔2〕 ［英］尼尔·麦考密克：《法律推理与法律理论》，姜峰译，法律出版社2005年版，第107页。

〔3〕 ［德］卡尔·拉伦茨：《法学方法论》，陈爱娥译，商务印书馆2003年版，第2页。

规范性命题的一种，法律命题并无真假之分。到了 20 世纪 80、90 年代，他则持一种混合立场，将规范性陈述区分为"表见的"（prima facie）与"深思熟虑的"（all-things-considered）。对于前者来说，如果它符合社会文化遗产，则是真的；而对于后者来说，只具有相对于个人偏好体系的或多或少的合理性，不可能具有任何逻辑意义上的真值。这在根本上是由于，权衡价值与道德或者说论证规范性命题的最终步骤是专断的、不能被任何理由所证成的。正是在这个意义，他说："关于价值的适可而止的知识是可能的，但那些深思熟虑的有关价值的信念仅仅表达了一些类似于知识的东西，不可能称为真正的知识。"[1]这样一种混合立场遭受了来自罗比诺维茨等人的批评。在罗比诺维茨看来，非认知主义并不能为佩岑尼克所持有的那些关于"深思熟虑的"规范性陈述的观点提供真实的基础。[2]正是这一批评使佩岑尼克认识到将规范性陈述区别为两种类型在实质上是缺乏合理性的。从而，在进入 20 世纪之后，他开始转而持有一种可以被称为教义融贯论的认知主义立场，承认法律的本体论地位，法学知识的可能性，以及法律命题的真理性。

之所以将佩岑尼克的法律真理观称为教义融贯论，是由于"法律教义"（legal doctrine）这一概念在其理论中的核心地位。佩岑尼克所说的"法律教义"，是指那种致力于对有效的法律进行解释与系统化的学术活动的产物。"在各种专业性的法律著作中，有这样一种占有主导地位的研究方式，它遵循一种特定的存在于对私法、刑法和功法等法律的实质内容进行分析评价的

---

〔1〕　See Aleksander Peczenik, "Law, Morality, Coherence and Truth", 7 *Ratio Juris*, (1994), p. 174.

〔2〕　See Wlodek Rabinowicz, "Peczenik's Passionate Reason", in Aulis Aarnio, (ed.), *On Coherence Theory of Law*, Lund: Juristforlaget, 1998, pp. 17~23.

系统阐释中的法律方法。……这种阐释的核心是对有效法律的解释与系统化。……人们可以把对法律的这种阐释称为'法律教义'。"[1]

在佩岑尼克看来，作为对法律素材的"理性重构"，"法律教义"具有双重性，它既是对有效规则的描述，致力于获得关于法律的知识；又是对有效规则的合理化，从而构成了法律本身的一部分。"法律教义"构成一个融贯的体系，而说一个法律命题是真的，也就是它存在于这个融贯的"教义"体系之内。那么，何谓融贯呢？在佩岑尼克看来，本爵尔（Laurence Bonjour）对融贯的信念体系的解释充分展示了融贯一词的含义。后者认为，一个信念体系是融贯的，当且仅当：（1）它在逻辑上是一致的；（2）它拥有一种高度的无矛盾可能性；（3）在它的组成部分之间，存在较多的、相对较强的推论关系；（4）它具有统一性；（5）它几乎不包含无法解释的异常状况；（6）它提供了稳定的世界观，并能在较长时间满足从（1）到（5）的条件；（7）它能够满足观察的需求。[2]

这意味着，对于佩岑尼克来说，"法律教义"的融贯并不仅仅要求命题的一致性（无矛盾），它还要求内聚性（衍推关系）以及历时的统一性。此外还值得注意的是，对于"法律教义"来说，融贯是一个程度问题。在其早期（1990年）与阿列克西合写的一篇文章中，佩岑尼克提出了判断融贯程度的十个标准。[3]在2005年的著作中，他又对其中五个进行了重申，分别

---

〔1〕 Aleksander Peczenik, *A Treatise of Legal Philosophy and General Jurisprudence* (volume 4: Scientia Juris), Dordrecht: Springer, 2005, p. 2.

〔2〕 See John W. Bender, (ed.), *The Current State of the Coherence Theory*, Dordrecht: Kluwer, 1989, p. 5.

〔3〕 See Robert Alexy and Aleksander Peczenik: "The Concept of Coherence and Its Significance for Discursive Rationality", 3 *Ratio Juris*, (1990), pp. 130~147.

为：（1）支持性陈述的多少；（2）支持性理由的网络的复杂程度；（3）普遍性陈述的多少；（4）一般性概念的多少以及其一般性的程度；（5）其所涵盖的人类活动领域的大小。[1]在佩岑尼克看来，"法律教义"的这些方面与它的融贯性程度正相关。

佩岑尼克的教义融贯论较好地展现了教义学研究作为一种对法律之理性重构的独特性（它既不是纯粹描述性的，也不是纯粹规范性的）以及法律教义在沟通法律规则与司法判决中的重要作用（对于法律规则来说，法律教义是输入性的，而对于司法判决来说，法律教义则是输出性的[2]）。此外，由于它将注意力集中在学术活动的成果而非主体的思想活动上，在很大程度上也克服了德沃金的信念融贯论所陷入的相对主义困境（尽管早期的佩岑尼克对这样一种相对主义持同情态度[3]）。但它也存在下述问题：

首先，佩岑尼克并没有对法律的本体提供一种精致的形而上学说明。他仅仅通过对还原论的批判承认了为法律教义学提供复杂的本体论基础是必要的和可行的，但并没有对任何一种合适的本体论观点进行详细展开。这在很大程度上是因为，在他看来，法律教义学在没有复杂的本体论假设的情形下，仍然能够发挥作用。[4]这是对的，但问题在于，一个完整的关于法律命题为真的说明无法离开对那些为其成真可能性提供前提条

〔1〕 Aleksander Peczenik，*A Treatise of Legal Philosophy and General Jurisprudence* (volume 4：Scientia Juris)，Dordrecht：Springer，2005，p. 146.

〔2〕 See Aleksander Peczenik，*On Law and Reason*，Dordrecht：Kluwer，1989，p. 268.

〔3〕 See e. g.，Aleksander Peczenik，"Law，Morality，Coherence and Truth"，7 *Ratio Juris*，(1994)，p. 164.

〔4〕 See Aleksander Peczenik，*A Treatise of Legal Philosophy and General Jurisprudence* (volume 4：Scientia Juris)，Dordrecht：Springer，2005，p. 179.

件的事物之性质的理解与把握。

其次，正是由于没有为法律教义学提供一种精致的法律本体论，导致佩岑尼克在探究法律命题之证立的过程中赋予了道德过多的重要性，认为其最终依赖于法律共同体在道德问题上的重叠共识。在佩岑尼克看来，这一重叠共识构成了法律教义的共同核心，使我们能够使用客观主义的语言来谈论规范性的陈述。[1] 但事实上，正如下文在讨论法律真理共识论时所会阐述的那样，利用任何意义上的共识来作为法律教义客观性的基础都是极为脆弱的。它无法回答在共识缺乏情况下法律命题之真理性如何可能的问题。

最后，尽管佩岑尼克对融贯进行了说明，认为它不仅要求一致性（命题间的无矛盾），而且要求内聚性（命题间的衍推关系）与历时的统一性。但这些性质是如何与法律教义体系中的个体化命题相关的，却甚不清晰。比如，我们显然无法要求任意法律命题之间都具有衍推关系，但又不能仅仅满足于任意法律命题之间仅具有一致关系；那么，哪些法律命题之间只需要一致关系就够了，哪些法律命题之间则需要衍推关系？再比如，我们知道，法律教义体系要具有历时的统一性，它的任何一部分都可以改变，但必定不能所有部分一同改变；那么当需要对它进行调整或修正时，要以什么样的步骤来进行？又必须遵循何种原则？对于上述这些问题，佩岑尼克都没有给出清晰的回答。

佩岑尼克的理论方向是大致正确的，也具有较为完善的一般性框架，只是由于疏忽或误解而存在上述诸问题。在笔者看

─────────

[1] See Aleksander Peczenik, *A Treatise of Legal Philosophy and General Jurisprudence* (volume 4: Scientia Juris), Dordrecht: Springer, 2005, p. 111.

来，如果他能解决这些问题，那么也就能够为我们提供一个妥当的法律真理观。

（三）法律真理融贯论的挑战与应对

在哲学史上，融贯论的真理观经常碰到的批评可以总结如下：（1）融贯的含义并不清楚，如果将其理解为一致关系则太弱，而理解为衍推关系又太强[1]；（2）融贯论要求一个命题与其他命题相融贯，"其他命题"的范围也是不清楚的，"认为一个命题为真当且仅当它与其他所有命题相融贯这种看法是荒谬的，因为一切有意义的命题所构成的类必然包含不相容性，这是由于至少大多数有意义的命题的否定也同样是有意义的；……另一方面，一个命题为真就必须与其他某些命题相融贯这一说法又太弱了，因为任何一个命题都可与其他某些命题相融贯"[2]；（3）融贯的体系可能有多个，融贯论缺乏在不同的融贯体系之间进行选择的标准，从而也就无法将真理与融贯的神话故事区别开来，正如罗素所说："我们没有理由假定之可能有一个协调的信念系统，也许一个小说家用他丰富的想象力，可以为这个世界创造一个过去，完全与我们所知道的相符合，但与实在的过去却又完全不同"[3]；（4）融贯论割裂了命题体系与客观世界之间的联系。[4]

这些批评同样可以针对法律真理的融贯论而作出，但这并

---

[1]　See D. Davidson, "The Structure and Content of Truth", 87 *Journal of Philosophy*, (1990), p. 305.

[2]　[英] A. C. 格雷林：《哲学逻辑引论》，牟博译，中国社会科学出版社 1990 年版，第 205 页。

[3]　[英] 罗素：《哲学问题》，何兆武译，商务印书馆 1959 年版，第 85 页。

[4]　同样的论证在知识论中被用来反对融贯论的认识论观点。参见 [美] 约翰·波洛克、乔·克拉兹：《当代知识论》，陈真译，复旦大学出版社 2008 年版，第 92 页。

不意味着它们能够驳倒融贯论。由于笔者将在下一章提出一种融贯论的法律真理观，故对于这些批评的详细应对将放在下一章相关部分进行，这里只概述大致的应对策略。对于（1）与（2），上文在讨论佩岑尼克的教义融贯论时已有所涉及，应对它们的关键是阐明法律教义体系内个别化命题之间的关系；对于（3）与（4），应对的关键则是表明初显法律命题在法律命题体系中的核心地位与关键作用。

三、真理实用论

（一）三种不同的实用主义真理观

严格说来，并不存在一种统一的实用主义真理理论。一方面，不同的实用主义者对于真理有不同的看法；另一方面，即便同一个实用主义者，对于真理也经常有不一致的表述。但从总体上说，所有的实用主义者都试图从真理与实践之间的关系这个角度来理解真理，而不是像符合论者或融贯论者那样抽象地谈论真理的本质。这一转变始于皮尔斯（Charles S. Peirce）。作为实用主义的创始人，皮尔斯认为，传统的真理符合论是空洞的、没有用处的，它不能告诉我们真信念为什么重要、真理在探究过程中的作用，以及如何发现或辩护真理。"如果你说的真理与谬误不能通过疑虑与相信来定义，你就是在谈论那些你根本不可能知道，从而应该用奥卡姆剃刀剃掉的实体。"[1]在皮尔斯看来，我们要把真理与人们的探究活动联系起来。具体说来，真理是"所有探究者注定（fated）最终要同意的那一观

---

〔1〕　Charles S. Peirce, "What Pragmatism Is", in Charles Hartshorne & Paul Weiss (ed.), *The Collected Papers of Charles Sanders Peirce*, Cambridge, Mass. : HUP, 1935, 5.416.

念", 所谓 "注定", 是指 "绝对的、不可避免的"。[1]在之后为《哲学和心理学词典》所撰写的词条中, 他又说 "真理是抽象命题与无休止的探究所带来的科学信念的理想极限的一致"[2]。由于现有的任何一个信念都没有经过无休止的科学探究活动, 因此它们不可能是绝对真的, 只能近似地真。现代实用论者普特南在一段时间内持有类似的看法。普特南曾将真理定义为 "合理的可接受性的理想化", "在谈论时我们假定存在着认识论上的理想条件之类东西, 一陈述如果根据此类条件被证明得以成立, 我们就称之为 '真' 的"[3]。由于理想的条件是无法达到甚至无法充分接近的, 那些目前得到辩护的陈述并不一定是真的。在普特南看来, 一方面, 真理并不等同于此时此地的辩护; 但另一方面, 真理也不可能超越于任何辩护之外。如果真理等同于理想的辩护, 那么事物的存在状态或者说实在, 也就取决于理想的辩护。正是在这个意义上, 普特南认为形而上学实在论是不连贯的。[4]普特南对实在的看法和皮尔斯也是一致的。皮尔斯在说完真理是所有探究者注定要同意的观念之后紧接着说: "这一观念所描述的对象就是实在。这就是我对实在的说明。"[5]

〔1〕 Charles S. Peirce, "How to Make Our Ideas Clear", in Charles Hartshorne & Paul Weiss (ed.), *The Collected Papers of Charles Sanders Peirce*, Cambridge, Mass.: HUP, 1935, 5.407.

〔2〕 Charles S. Peirce, "Truth and Falsity and Error", in Charles Hartshorne & Paul Weiss (ed.), *The Collected Papers of Charles Sanders Peirce*, Cambridge, Mass.: HUP, 1935, 5.566.

〔3〕 [美] 希拉里·普特南:《理性、真理与历史》, 童世骏、李光程译, 上海译文出版社 2005 年版, 第 62 页。

〔4〕 Hilary Putnam, *Realism and Reason*, Cambridge: CUP, 1983, p.85.

〔5〕 Charles S. Peirce, "How to Make Our Ideas Clear", in Charles Hartshorne & Paul Weiss (ed.), *The Collected Papers of Charles Sanders Peirce*, Cambridge, Mass.: HUP, 1935, 5.407.

在另外一个地方，皮尔斯更清晰地表明了这个观点，"可认识性与存在不仅在形而上学的意义上是相同的，而且根本就是同义词"[1]。

我们可以从古典实用论者皮尔斯与现代实用论者普特南的论述中总结出第一种实用主义真理观，即：一个信念是真的，当且仅当它在理想条件下能够获得辩护。如果将理想条件理解为所有的信息都收集完毕，那也就是皮尔斯所说的认识终点。作为实用主义者，皮尔斯与普特南对真理的理解看起来并不"实用"。因为理想的条件永远无法达到，而且谁也不知道什么样的观念最终能够取得所有人的同意。正因为此，在罗蒂（Richard Rorty）看来，皮尔斯的思想中仍有大量的形而上学残余；并在谈到他对实用主义的贡献时不无讽刺地说，皮尔斯只"提供了一个名字"和"启发了詹姆士"。[2]罗蒂所说的詹姆士（William James）是古典实用主义的另一位代表。人们通常认为，是他首次提出"真理即有用"这一口号。詹姆士说，真信念就是那些有用的、靠得住的（dependable）信念，"'它是有用的，因为它是真的'；或者说'它是真的，因为它是有用的'，这两句话的意思是一样的"。[3]詹姆士所说的"有用性"（usefulness）可以在两种不同的意义上理解，并由此产生了另两种不同的实用主义真理观。第一种理解是信念在认识活动中的客观价值，即真的信念能够产生符合预期的观察结果，而假信念做

---

〔1〕　Charles S. Peirce, "Questions Concerning Certain Faculties Claimed For Man", in Charles Hartshorne & Paul Weiss (ed.), *The Collected Papers of Charles Sanders Peirce*, Cambridge, Mass. : HUP, 1935, 5. 257.

〔2〕　［美］理查德·罗蒂：《后哲学文化》，黄勇译，上海译文出版社 2009 年版，第 244 页。

〔3〕　［美］威廉·詹姆士：《实用主义：一些旧思想方法的新名称》，陈羽纶、孙瑞禾译，商务印书馆 1979 年版，第 104 页。

不到这一点。在这个意义上，詹姆士说："真观念是我们所能类化，能使之生效，能确定，能核实的；而假的观念就不能。"[1]根据这一对"有用"的理解，我们可以将第二种实用主义真理观总结为：一个信念是真的，当且仅当它能够得到经验的检验。杜威（John Dewey）同样持有这种真理观。在杜威看来，真理是那些在探究过程中能够取得好的结果的观念与理论，而所谓好的结果，就是指那些和基于某种"工作假设或实验方法"而产生的与预期相一致的结果。[2]值得注意的是，杜威所说的真理并不只包括自然科学领域中的真理，而且包括伦理学、美学或文学领域的真理。在杜威看来，这些领域的真理同样需要借助经验来加以检验。例如，对于道德问题来说，可以采用三种经验分析的方式，分别为对伦理学范畴的经验分析、对伦理学判断的心理学分析和对伦理学判断的社会学分析；通过这样的分析，道德科学就成了自然科学的延续。[3]

对詹姆士所说的"有用"的第二种理解是满足主观需要。在这个意义上，詹姆士说："如果某种生活真是我们应当过的较好的生活，而且如果某种观念，我们信仰了它，就会指引我们去过这种生活，那么除非信仰了它有时和其他更重大的利益相冲突，我们最好是去相信那个观念。"[4]举例来说，"如果神学的各种观念证明对于具体的生活确有价值，那么在实用主义看

---

〔1〕［美］威廉·詹姆士：《实用主义：一些旧思想方法的新名称》，陈羽纶、孙瑞禾译，商务印书馆 1979 年版，第 103 页。

〔2〕参见［美］杜威："实用主义者所谓的'实践'是什么意思?"，陈启伟主编：《现代西方哲学论著选读》，北京大学出版社 1992 年版，第 177~178 页。

〔3〕参见［美］约翰·杜威：《人的问题》，傅统先、邱椿译，上海人民出版社 2006 年版，第 190 页下。

〔4〕［美］威廉·詹姆士：《实用主义：一些旧思想方法的新名称》，陈羽纶、孙瑞禾译，商务印书馆 1979 年版，第 42 页。

来，在确有这么多价值这一意义上说，它就是真的"〔1〕。这种理解使得詹姆士对真理的看法向人道主义哲学家席勒（Ferdinand C. S. Schiller）靠拢。在后者看来，真假判断是价值判断的一种形式；一个信念是真的，就是说它能够产生符合目标的结果。〔2〕根据这种理解，可以总结第三种实用主义真理观：一个信念是真的，当且仅当它是有价值的，或者说相信这一信念能够带来某种好处。

上面总结了三种不同的实用主义真理观。值得注意的是，它们是从不同的实用主义者关于真理的不同讨论中抽象出来的，而不是对任何一个实用主义者的思想的重述。实际上，多数实用主义者的思想是杂糅的，而且也并不是只有实用主义者可能持有上述观念中的一种或多种。我们关心的是这些真理观在法律领域内能否成立，而不是哪个学者持有哪种看法。

（二）法律领域的实用主义真理观

第一种实用主义真理观旨在提供真理的定义，而不仅仅是检验真理的标准。在皮尔斯与普特南看来，理想条件或认识终点的信念决定了真理，而不仅仅是表达了真理；或者说，这些信念决定了实在或者说世界的面貌，而不仅仅是反映了它。在法律领域中，科尔曼（Jules L. Coleman）与莱特（Brain Leiter）持有第一种实用主义真理观。在他们看来，并不是在所有的领域中，理想条件下的辩护都决定实在，但法律领域的确如此。他们区分了客观性的不同程度。简单来说，强式客观性就是事实不取决于任何人的信念，而最弱客观性就是事实取决于多数

---

〔1〕　〔美〕威廉·詹姆士：《实用主义：一些旧思想方法的新名称》，陈羽纶、孙瑞禾译，商务印书馆1979年版，第40页。

〔2〕　See Ferdinand C. S. Schiller, *Studies in Humanism*, MacMillan & Co. , 1907, pp. 153～157.

人的信念。法律事实既不是强式客观的，也不是最弱客观的，而是"中度客观的"。也就是说，主体在理想条件下关于法律要求的信念决定了法律的要求是什么。[1]

科尔曼与莱特为什么认为法律领域仅具有中度客观性，这一问题涉及他们对法律事实的看法，将放在下一部分讨论。这里试图说明，无论在法律领域内，还是一般地说，第一种实用主义真理观都很难成为一个合格的真理定义理论。首先，如果不存在独立于信念的事实与真理，很难理解为什么是这个信念而非其他信念能够在理想条件下获得辩护，也很难理解为什么探究活动要求特定的理想条件。例如，在法律领域中，科尔曼与莱特所说的理想条件包括："充分了解案件事实和法律渊源、具有完全的理性、无偏见、最大限度的同情心和想象力、熟知各种非正式的文化与社会知识。"[2]如果不存在法律事实，很难理解为什么法官要"充分了解案件事实和法律渊源"并"熟知各种非正式的文化和社会知识"。之所以有这些要求，看起来是因为，案件事实、法律渊源以及其他知识在一定程度上决定了法律事实，而法官只有在充分理性、无偏见、具有同情心和想象力的情况下才能揭示它。一般地说，每一个领域中，第一种实用主义真理观所说的理想条件都包括对探究活动的某种程序性控制或方法论要求，例如要求信息充分丰富、推理正确等；而如果不存在独立于信念的真理，很难解释为什么要有这些控制和要求。其次，"真理是理想条件下的信念"本身显然不是理想条件下的信念，因为当下的条件并不理想，而第一种实用主

---

〔1〕 Jules L. Coleman & Brain Leiter, "Determinacy, Objectivity, and Authority", 142 *Uni. Pennsylvania L. Rev.* (1993), pp. 153~157.

〔2〕 Jules L. Coleman & Brain Leiter, *Determinacy, Objectivity, and Authority*, p. 630.

义真理观显然把它视为真理。这意味着，人们并不是只有在某种理想条件下，才能知道某个信念是否为真；而将真理等同于理想条件下的信念完全排除了这种可能性。再次，假定一个信念在理想条件下获得辩护，但它是错误的。第一种实用主义真理观会反对这一假定的可能性。然而，由于我们必须承认，在人类社会的任何特定发展阶段，获得辩护的信念都可能是错误的。要反对这一假定，就是说如果一个获得辩护的信念是错误的，那么辩护的条件就是不理想的。就此而论，理想条件就是那些使得在该条件下获得辩护的信念为真的条件。这显然是一种循环定义。这种情况也不会因为明确列明具体条件而得到改善。因为所列的条件中往往会包含"充分""完全"等限定词。例如，在法律领域中，科尔曼与莱特罗列了的条件就包括"充分了解案件事实与法律渊源""完全理性"等，只要一个信念是错误的，就可以说法官对案件事实或法律渊源的了解"不够充分"，或者法官不是"完全"理性的。

　　第二种与第三种实用主义真理观旨在提供真理的标准而非定义。对此，相应的实用主义者表达得很明白。例如，詹姆士说："任何词典都会告诉你们，真理是我们某些观念的一种性质；它意味着观念和实在的'符合'，而虚假则意味着与'实在'不符合。实用主义者和理智主义者都把这个定义看作是理所当然的事。"[1]在对罗素的回应中，杜威也明确地说，他并不一般地反对真理就是符合事实，而是认为抽象地谈论"符合"没有意义，问题的关键是如何判断是否符合。在他看来，要判断一个信念是否符合事实，只能求助于实验操作，考察根据这

---

〔1〕〔美〕威廉·詹姆士：《实用主义：一些旧思想方法的新名称》，陈羽纶、孙瑞禾译，商务印书馆 1979 年版，第 101 页。

一信念进行的活动能否产生预期的结果。杜威将他的这一理论视为"唯一有资格被称为符合论的真理理论"[1]。因此，对于这两种实用主义真理观，我们主要考察它们在法律领域内，能否提供妥当地检验法律真理的标准。答案是它们都不能。

第二种实用主义真理观在法律领域内行不通，是因为法律命题无法被经验验证。法律命题涉及事物的法律属性，人们通过将某个事物与某些法律规则联系起来探究它是否具有这些属性，而不是通过经验观察来验证它是否具有这些属性。换句话说，关于法律属性的谈论无法被还原为关于经验属性的谈论。上文提到的哈特对于法律现实主义的一些讨论已经较为有力地说明了这一点。实际上，我们从卡尔纳普的前车之鉴也可学到："一般地说，每一门独立学科中的话语都无法还原为另一门独立学科中的话语。"[2]

在法律领域，波斯纳法官是第三种实用主义真理观的典型代表。波斯纳主张用成本—收益的方法来作出法律判断。例如，实用主义者考察言论自由问题的思路是，"色情品和仇视性言论……造成了什么伤害，防止这些伤害的后果——收益和成本——又是什么?"[3]换句话说，如果禁止色情品或仇视性言论的收益大于成本，那么就应当禁止它们，反之则应当允许它们，

---

〔1〕 John Dewey, "Propositions, Warranted Assertibility, and Truth", 38 *Journal of Philosophy* (1941), p. 179.

〔2〕 卡尔纳普曾试图将心理学陈述还原为物理学陈述。例如，将"A 先生发怒了"还原为"A 先生的呼吸和脉搏加速，某些肌肉紧张和某些暴烈行为的趋势等"。这种还原最终都是失败的。在上面的例子中，"A 先生呼吸和脉搏加速"等情况可以视为"A 先生发怒了"的外在表现，但两者并不具有相同的含义。参见 [德] 鲁·卡尔纳普：《哲学和逻辑句法》，傅季重译，上海人民出版社 1962 年版，第 51 页。

〔3〕 [美] 理查德·波斯纳：《超越法律》，苏力译，北京大学出版社 2016 年版，第 347 页。

而不应拘泥于现有"法律概念模子"。一般地说，"在进入一个有关制定法解释出现的争议时，实用主义者会问，哪种可能的解决办法后果最佳"。[1]可以看出，在波斯纳看来，一个法律主张是否正确，完全取决于根据它采取行动能否取得最佳的结果。将能否取得最佳结果作为判断法律主张是否正确的标准，至少存在如下两个严重问题：一是，根据哪一个法律主张采取行动能够取得最佳结果，这个问题很难回答，尤其是考虑到行动的长期影响时。例如，在泸州"二奶"继承案[2]中，判决将财产遗赠给"二奶"的遗嘱有效或者无效，将分别给社会带来什么样的影响？也许我们可以合理地猜测，如果判决遗嘱有效，将在一定程度上冲击社会的伦理观念，但这会导致什么样的具体后果呢？会导致出现更多类似情况吗？如果判决遗嘱无效，又会产生什么样的具体后果呢？是否会造成一些人采取更加隐匿的方式处理自己的财产？即便我们遵循波斯纳的建议，将最佳结果等同于"财富最大化"，人们仍然不清楚究竟哪一种处理方式会给人类共同体带来更多的财富。一般地说，由于无法设计一种社会实验来检验不同决策的后果，所有这些问题的所有回答最终都不过是一种几乎毫无根据的猜测；而无法合理地预测结果，正是人们探究哪一种决策符合既定规则的原因之一。

波斯纳的实用主义的第二个严重问题是，它混淆了法律问题上的"是"与"应当"。在波斯纳看来，法律问题的答案取决于正确的规则，而正确的规则是那些"有道理的、适合社会

---

〔1〕 ［美］理查德·波斯纳：《超越法律》，苏力译，北京大学出版社 2016 年版，第 350 页。

〔2〕 具体案情与判决结果，请参见四川省泸州市纳溪区人民法院民事判决书，［2001］纳溪民初字第 561 号；四川省泸州市中级人民法院民事判决书，［2001］泸民一终字第 621 号。

的、合乎情理的、有效率的"规则。[1]但实际上，法律问题的答案取决于真实的规则，而非正确的规则。如果一个国家的法律规定：30 岁以下的人为未成年人；未成年人无民事行为能力；那么在该国家，25 岁的甲签订的合同是无效的——即便使得这一合同无效的规则是"没有道理的、不适合社会的、不合乎情理的、无效率的"。换句话说，如果一个规则在波斯纳所说的那些意义上是正确的，那么它最多只是应当成为真实的规则，而不是自动地就成为真实的规则。法律命题陈述了法律的真实内容，而不是陈述了法律应当具有什么样的内容；法律的真实内容取决于规则实际上是什么样子的，而不是它应当是什么样子的。进一步说，在一个具体的案例中，当人们讨论某个对象的法律属性时，是在讨论这个对象实际上具有什么样的法律属性，而不是应当具有什么样的法律属性。当然，法律的内容是什么，一方面取决于特定的立法性历史事件，另一方面取决于人们应当如何解读特定的文本，这使得它与道德问题联系在一起。下文还会回到这个问题上来，这里需要注意的是，这并不意味着"法律的内容是什么"与"法律的内容应当是什么"是一回事，也不意味着后者决定了前者；否则立法程序就没有任何必要了。

　　总的来说，作为真理标准的实用主义真理观，在自然科学与道德领域或许能行得通，但在法律领域内行不通。在自然科学领域内之所以也许能行得通，是因为在自然科学领域，所谓产生好的后果，就是指产生符合预期的观察结果。说得再直白一些，就是能够被证实。这与人们对于自然科学真理的传统理

---

　　[1]　[美] 理查德·波斯纳：《超越法律》，苏力译，北京大学出版社 2016 年版，第 350 页。

解相一致。在道德领域也许能行得通，是因为在道德领域，所谓产生好的后果，是指能给人们带来好处。由于伦理学本身是为了化解道德困境，繁荣人类生活的，所以如果一个道德信念能够做到这一点，那么它就是真的。换句话说，在道德领域，"是"与"应当"是混同在一起的。正确的道德规则就是真实的道德规则，反之亦然。换句话说，一个规则是道德规则，当且仅当它应当是道德规则。然而，在法律领域，一方面不能采取自然科学领域对好的后果的理解，因为法律问题无法被检验；另一方面也不能采取道德领域对好的后果的理解，因为"是"与"应当"并没有混同在一起——虽然有紧密联系。

四、真理共识论

（一）哈贝马斯的真理共识论

实用主义者皮尔斯在关于真理是所有探究者都注定要同意的观念的谈论中，已经埋下了真理共识论者的种子。不过皮尔斯所说的"注定要同意"一般被解读为或至少根源于观念本身的性质，例如经受住经验的检验。换句话说，与后来的真理共识论者不同，皮尔斯更强调的是观念的某个特点使得人们不得不同意它，而后者则更强调同意本身。真理共识论的代表人物是哈贝马斯。在哈贝马斯看来，真理是主体在理想的言谈情境下（ideal speech situation）达成的共识，而所谓理想的言谈情境，是指："（1）所有潜在的参与者都有相同的运用交往言语行为的机会，例如，通过建立论题、反驳论题、提问以及回答的方式启动与继续一个讨论；（2）所有参与者都有提出解释、断言、建议、阐述、证立以及质疑、支持或反对某个主张的同等机会；（3）只有那些拥有同等机会运用交往言语行为的人才被允许参与讨论；（4）只有那些拥有同等机会运用调整性言语行为的人才被允许参与讨论。"[1]概言之，理想的言谈情境一方面必须是开放的，换句话说，建立在一个狭隘的语言共同体之上的共识不能成为真理；另一方面必须是自由的，即参与者的表达不会受到诱导或强迫。现实的言谈情境当然不可能是理想的，但在哈贝马斯看来，理想的言谈情境并不是一个乌托邦式的理想，它至少是可以接近的，并且在任何论辩情境中都应当是被预设的标准。只有在理想言谈情境下的共识才是合理共识，即真理。

哈贝马斯所说的共识显然不能作为真理的标准，因为我们不知道哪一个观念会在理想言谈情境中成为共识，我们甚至不知道理想言谈情境下是否能够达成任何共识——毕竟现实世界中的共识多多少少都受到了一点诱惑或强迫。那么，哈贝马斯的共识论可能作为真理的定义理论吗？首先，它肯定不能成为一种全域性的真理定义理论。因为那些关于现实的言谈情境是否满足或接近理想言谈情境的命题，以及那些关于人们是否就某个问题达成了共识的命题的真假，不能通过理想言谈情境下的共识加以说明。甚至"真就是理想言谈情境下的共识"这一命题本身的真也不依赖于它能否在理想言谈情境下取得共识。这意味着，即便哈贝马斯的共识论可以作为真理的定义理论，也只能局限在某个领域内。

那么在法律领域内，哈贝马斯所说的共识可以作为真理的定义吗？尽管阿列克西坚持认为法律论辩是一般实践论辩的一种特殊情形，[2]但法律论辩实际上无法满足、也没有必要满足

[1] See J. Habermas, "Wahrheitstheorien", in H. Fahrenbach（ed.）, *Wirklichkeit und Reflexion: Walter Schulz zum 60. Geburtstag*, Neske: Pfüllingen, 1973, pp. 255~256.

[2] 参见［德］罗伯特·阿列克西：《法律论证理论——作为法律证立理论的理性论辩理论》，舒国滢译，中国法制出版社2002年版，第262~272页。

哈贝马斯所说的理想言谈情境。阿列克西将哈贝马斯的理想言谈情境总结为六条普遍实践论辩的规则。[1]其中一些是无法满足的，还有一些是没有必要的。前者例如，规则 2.2c "任何人均允许表达态度、愿望和需求"，在法律商谈中，只有利益相关者才允许表达态度、愿望和需求。后者例如，规则 1.2 "任何一个言谈者只允许主张本人相信的东西"，在法律商谈中，言谈者可以主张自己不相信的东西，只要它能够获得证立。哈贝马斯的理想言谈情境之所以不适用于法律商谈，根本的原因正是哈贝马斯早期所意识到的：法律商谈是一种策略行为，并不以追求共识为导向。[2]一方面，哈贝马斯的理想情境要求参与者疏离自我利益等外部因素的影响，但法律商谈恰恰是围绕利益进行的。法律商谈的参与者是为了实现自我利益提出主张，而不是基于确信提出主张；不是为了共识，而是为了获胜。另一方面，法律商谈的全部过程都受到各种本质上无法避免的缺陷的程序性约束。正是在这个意义上，考夫曼认为阿列克西将法律商谈理解为一般实践论辩的特殊情形"走向了不公正"[3]。如果法律商谈在原则上不能也没有必要满足理想言谈情境，那么以理想言谈情境下的共识来定义法律主张的真显然是没有意义的。

　　既然哈贝马斯的共识论不能适用到法律领域是因为法律商谈的特殊性，那么是否可以直接将法律真理理解为满足特定

〔1〕　参见［德］罗伯特·阿列克西：《法律论证理论——作为法律证立理论的理性论辩理论》，舒国滢译，中国法制出版社 2002 年版，第 366~369 页。

〔2〕　See J. Habermas, "Theorie der Gesellschaft onder Sozialtechnologie?" in J. Habermas & N. Luhmann, *Theorie-Diskussion*, Frankfurt a. M.: Suhrkamp, pp. 200~201.

〔3〕　［德］阿图尔·考夫曼、温弗里德·哈斯默尔主编：《当代法哲学和法律理论导论》，郑永流译，法律出版社 2002 年版，第 187 页。

要求的法律商谈的结果呢？由于法律商谈固有的时限性，任何要求都无法排除偶然性因素对商谈结果的干扰。这一方案使得我们丧失了对任何作为结果呈现的主张的反思可能性，哪怕它看上去极不合理。换句话说，这样理解法律真理，将使得法律真理失去吸引力，成为一种不值得追求的事物。此外，真理的定义与标准的一个作用是为认识提供方向，而将真理理解为一种商谈的结果，对于参与商谈的人来说，并不能提供任何帮助。

（二）费什的真理共识论

在法律领域内，另一个著名的真理共识论版本是费什（Stanley Fish）提出的。费什从一种传统上称为读者反应论（reader-response theory）的文学批评理论出发，认为文本自身是一个没有意义的惰性对象，它的意义是由读者提供的。[1]但如果每个读者都能提供不同的意义，那么文本的理解与解释也就没有任何客观性可言了。费什通过引入"解释共同体"避免这种处境。费什所说的解释共同体是指拥有共享的组织经验、理论背景与"阅读策略"的群体，[2]类似于库恩（Thomas S. Kuhn）所说的"科学共同体"。[3]在费什看来，解释共同体通过一种准入制度来延续自身，并通过职业化训练、对偏差行为的负面激励等措

---

[1] See Stanley Fish, Doing What Comes Naturally, *Change*, *Rhetoric*, *and the Practice of Theory in Literary and Legal Studies*, Durbam and London: Duke University Press, 1989, p. 75.

[2] See Stanley Fish, *Is There a Text in This Class?*: *The Authority of Interpretive Communities*, Cambridge, Mass.: Harvard University Press, 1980, pp. 354~355.

[3] 库恩这样描述科学共同体："一个科学共同体由同一个科学专业领域中的工作者组成。在一种绝大多数其他领域无法比拟的程度上，他们都受过近似的教育和专业训练；在这个过程中，他们都钻研过同样的技术文献，并从中获取许多同样的教益。"参见［美］托马斯·库恩：《科学革命的结构》（第4版），金吾伦、胡新和译，北京大学出版社2012年版，第148页。

施来巩固保持共同体存在与思维的框架。[1]法学家群体（包括法官、从事法律推理的学者等）便是这样一个解释共同体，法律命题是否为真就取决于这个共同体的一致判断。但问题在于，和科学共同体不同，法学家群体经常就某个法律问题发生争议，他们之间甚至并不共享相同的解决问题的范式——例如法律解释领域的意图主义与文本主义之争、主观解释与客观解释之争。这样一个虽然有着相同的职业训练过程但在许多具体问题以及分析、解决问题的进路上都存在严重分歧的群体算的上一个解释共同体吗？如果不算，那么解释共同体就会沦落为"持有一致看法的人组成的集合"，从而使引入解释共同体来解决意义客观性问题的愿望完全落空。如果算，由于解释共同体的一致看法使得一个法律命题成为真的，那么在相当多的问题上，相互矛盾的两个命题都不是真的。

费什的共识论过度地仿照了库恩、罗蒂等后现代主义者在科学理论问题上的看法。在一定程度上可以说，迪昂-蒯因的科学整体论打开了后现代主义的大门。[2]库恩在这一理论的基础

---

〔1〕 See Stanley Fish, Doing What Comes Naturally, *Change*, *Rhetoric*, *and the Practice of Theory in Literary and Legal Studies*, Durbam and London: Duke University Press, 1989, pp. 110~119.

〔2〕 迪昂-蒯因整体论是关于科学理论的一种整体论想法。它有两个核心观点：①虽然任何科学理论最终都来源于经验，但经验并不足以决定一个科学理论。用蒯因的话说，丰富的理论输出不可能完全建立在贫瘠的经验输入的基础上，理论是对经验的理性重构。②科学理论作为一个整体接受经验的检验，而不是每个命题独立地接受经验的检验，换句话说，当面临相反经验时，科学理论可以通过不同的方式被调整。这一想法最早是迪昂在《物理学理论的目的与结构》中指出的："物理学家从来也不能使一个孤立的假设经受实验检验，而只能使整个假设群经受实验检验；当实验与他的预言不一致时，他获悉的是，至少构成这个群的假设之一是不可接受的，应该加以修正；但是，实验并没有指明应该改变哪一个假设。"而蒯因在《经验主义的两个教条》中进行了更清晰的阐述："我们关于外在世界的陈述不是个别的，而仅仅是作为一个整体来面对感觉经验的法庭的。"因此被称为迪昂-蒯因整

上进一步认为，不同的科学理论之间是不可通约的：新旧理论的变迁也不是一种发展或进步，而是一种"世界观的改变"。[1]如果对于不同的理论，没有客观的评价标准，那么就不存在正确的理论，而只存在不同的理论。从而科学理论也就不是在揭示一个客观的实在，而是在建构不同的实在；或者说，在科学理论之外，并不存在所谓客观的实在。正是在这个意义上，罗蒂说："世界没有独立于描述的存在方式。换句话说，如果不被描述，世界无法以任何方式存在。"[2]在几乎完全相同的意义上，费什认为：文本没有独立于解释的意义，换句话说，如果不被解释，文本没有任何意义。严格说来，库恩、罗蒂等人将正确的迪昂-蒯因论题引向了错误的道路。即便库恩、罗蒂等人关于外部世界的看法是正确的，它也不能被挪用到文本的解释上来。道理很简单。世界并不存在自主的结构，各种事物也没有贴上标签，人们必须通过额外的某个概念框架来理解世界；但文本本身是在一个概念框架内表达出来的，人们并不需要通过另外一个概念框架来理解它。在一个概念框架下表达出来的文本是结构化的，并具有规约性的字面意义。道理很简单，如果文本A 不具有字面意义，那么某个读者 a 对文本 A 的解释 B 同样不具有字面意义，因为解释不过是用一个相对清晰的文本来取代一个相对含混的文本。这意味着解释 B 的意义同样是由其他读者决定的，但读者 b 对解释 B 的解释 C 同样不具有字面意义，要

（接上页）体论。参见［法］皮埃尔·迪昂：《物理学理论的目的和结构》，李醒民译，华夏出版社 1999 年版，第 209 页；［美］威德拉·蒯因：《从逻辑的观点看》，江天骥等译，上海译文出版社 1987 年版，第 38~39 页。

　　〔1〕　参见［美］托马斯·库恩：《科学革命的结构》（第 4 版），金吾伦、胡新和译，北京大学出版社 2012 年版，第 94 页。

　　〔2〕　Richard Rorty, *Truth and Progress*, New York：CUP, 1998, p. 87.

依赖于另一个读者 c 的解释，从而导致无穷后退。此外，更为严重的问题是，这样一来也就彻底丧失了达成共识的可能性，因为每个读者的解释都依赖于其他读者的再解释，根本没有可供达成共识的对象。

总的来说，真理共识论错误地理解真理与共识之间的关系。一般地说，真的命题比假的命题更容易达成共识。一方面，如果一个命题是真的，那么在理想的认识环境下，人们就会认识到它是真的，从而达成共识。另一方面，如果人们的确对一个命题达成了共识，那么对此最好的解释就是，它是真的。但共识既不可能作为真的定义，也不可能作为真的标准，而知识真理的结果。

第五章
基础融贯论的法律真理观

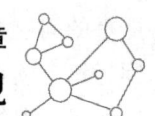

上一章讨论了四种不同的法律真理观，本章试图在这些讨论的基础上提出一种更为妥当的法律真理观：它是融贯论的一种，但同时又承认法律命题体系内一个特殊子集的基础地位，这就使它在很大程度上克服了传统融贯论所面临的一些困境。这种法律真理观可称为基础融贯论的法律真理观。[1]本章将首先讨论它的理论基础，然后对它的内容进行阐述，最后考察在这样一种法律真理观的视角下，法律命题体系所具有的特征与结构。

一、基础融贯论的理论基础

对法律真理的看法，往往是与对法律领域内何物存在以及获得法律知识的可能性与条件等问题的看法联系在一起的，而后者又在很大程度上取决于特定主体所持有的一般意义上的本体论与认识论观点。正因为此，本节试图通过对几种在当下分

---

〔1〕 基础融贯论（foundherentism）最初是一个被苏珊·哈克生造出来用以指称其认识论观点的术语。本书借用这个词语以指称自己的法律真理观。关于苏珊·哈克认识论观点的合理性与问题，下文将会进行进一步的讨论。这里想强调的是，本书借用这个术语，只是由于它可以方便地表述本书所提出的法律真理观，而不代表本书承诺了基础融贯论的认识论是完全正确的，更不代表本书所提出的法律真理观在逻辑上依赖于这一认识论。它们仅仅是共享了同一个术语。

析哲学中较有影响力的哲学理论的批判性考察来总结出较为妥当的本体论与认识论观点，并进而说明这对于我们探讨法律命题的真值，究竟意味着什么。这看上去有些迂回，但可以加深我们对于法律真理的理解。

（一）对几种代表性哲学理论的批判性考察

上面说过，长期以来，以维特根斯坦（前期）所提出的语言图像论为代表的外部实在论与真理符合论一直在哲学中占据主导地位，但从 20 世纪中期以来，这种观点不再流行。例如，在普特南看来，它既误解了外部世界（实在），也误解了语言。语言不只描绘世界，它还划分世界。这意味着，何物存在从根本上说是一个相对于特定语言框架的事情。普特南建议我们通过一个思想实验来思考这一点。想象一个微型世界，由 A、B、C 构成。那么，这个世界包含几个对象呢？按照卡尔纳普的算法，有三个对象，分别是 A、B、C，但按照一些波兰逻辑学家的算法，就有七个对象，分别是 A、B、C、A+B、A+C、B+C和 A+B+C。从而，这个问题并不存在一个绝对正确的答案，而要看概念框架的选择。[1]

在普特南看来，这意味着外部实在论与真理符合论都是不能成立的。一方面，世界并不独立于人类的表征系统而存在。与其说有一个独立于心灵的世界，倒不如说"心灵和世界一起构成了心灵和世界"[2]。既然如此，另一方面，也就不存在真理符合论所需要的那种能够用来判断命题是否与之相符合的外

---

〔1〕 See Hillary Putnam, *Realism with a Human Face*, Cambridge, Mass.：Harvard University Press, 1990, p. 96；Hillary Putnam, *The Many Faces of Realism*, Chicago：Open Court, 1987, pp. 18~19.

〔2〕 ［美］希拉里·普特南：《理性、真理与历史》，童世骏、李光程译，上海译文出版社 2005 年版，第 3 页。

部事实。真理也就取决于特定的概念框架。正如上面的思想实验所展示的那样，命题"世界中有三个对象"在一个算法下为真，而在另外一个算法下为假。

对于普特南所说的外部世界只有在特定的概念框架下才有意义，塞尔持赞同意见，并将之概括为概念相对性论题（conceptual relativity thesis）。他说："像词汇表与一般的概念体系这样的表征系统，是一种人类的创造；从而是任意的。人们完全有可能运用不同的表征系统来表征同样的实在。这一论题可以被称为'概念相对性'。"[1]概念相对性论题在当下的英美哲学中具有广泛的支持者，比如蒯因、古德曼[2]与塞尔本人。

塞尔认为，尽管概念相对性论题是正确的，它也会导致任何为真的命题都是相对于某种从根本上说是任意的概念系统而形成的，但它既不与外部实在论，也不与真理符合论相矛盾，而是与它们彼此相容。我们可以分别来看。

首先，在塞尔看来，外部实在论只是一种本体论的观点，它并不预设任何真理观、认识论甚至语言学的观点。它只是说有一个不依赖于我们的表征系统而独立存在的实在，并不含有任何有关何物存在或世界面貌的特定观点。"实在论是这样一种观点，有一种事物在逻辑上独立于所有人类表征系统而存在的方式。实在论并不是说事物是什么样子的，而只是说有一种事物存在的方式。"[3]正因为此，在实在论（实在独立于我们的表征系统而存在）与概念相对性论题（所有对于实在的表征都

---

〔1〕 John R. Searle, *The Construction of Social Reality*, New York: Free Press, 1995, p. 151.

〔2〕 See e. g. , N. Goodman, *Of Mind and Other Matters*, Cambridge Mass. : Harvard University Press, 1984, p. 36.

〔3〕 John R. Searle, *The Construction of Social Reality*, New York: Free Press, 1995, p. 155.

是相对于或多或少任意选择的概念系统而形成的）之间并不存在"甚至是表面的矛盾"。[1]

其次，塞尔通过将"事实"定义为指称真值条件的一般术语，"我们需要一个一般的术语来表示所有如'草是白绿的''雪是白的''2+2＝4'这些使真陈述为真的东西，而'事实'这个词能够满足我们的需要"，将"符合"定义为指称使句子因事实而得以成真的不同方式的一般术语，"正如我们需要一个一般术语来指称使命题为真的不同事物一样，我们也需要一个一般术语来命名那些命题正确描绘了事物的不同状况"，从而使真理符合论与概念相对性论题相兼容。[2]

应当说，塞尔对真理符合论的这一辩护策略是失败的。的确，这样一种表述的真理符合论是成立的，也与概念相对性论题相兼容，但它却沦为了一种同义反复。换句话说，在这样一种观点中，"真"即是"符合事实"，这不过是因为这些词语就是这样互相定义的。正因为此，它不仅与概念相对性论题兼容，而且兼容于所有版本的本体论与认识论观点。我们在谈论真理符合论的时候，所设想的并不是一种只关心如何定义真的语义学理论，我们还关心真的核实标准与认识途径，而上述这样一种同义反复的说法显然不能为满足这些要求作出任何贡献。

然而，当塞尔说概念相对性论题与外在实在论并不矛盾时，他无疑是对的。在概念相对性论题持有者看来，世界可以具有不同的划分方式，人们可以形成不同的对于世界的表征系统或话语框架，这是对的，但它仍然是以世界的存在为前提的。可

---

〔1〕　See John R. Searle, *The Construction of Social Reality*, New York: Free Press, 1995, p. 161.

〔2〕　See John R. Searle, *The Construction of Social Reality*, New York: Free Press, 1995, pp. 210～216.

以想见，当普特南建议我们去思考微型世界中包含几个对象时，必须先有在计算之前就已经存在的世界。正是在这个意义上，塞尔说："两个不同的概念系统可以对同一个实在作出不同的描述，没有外在于所有概念系统的对实在的描述，这些事实并没有对实在论的真理性造成任何影响。"〔1〕

但对于这种实在，还应注意以下两点：首先，它并不足以支撑一种真理符合论，因为我们无法脱离概念的框架而将命题与这种实在进行比较（实际上，这样一种关于实体存在的看法与所有的真理理论都是兼容的）。其次，作为使我们关于世界的谈论具有意义的条件，它的存在只是一种预设，并不能得到有效的证明。正如上文所指出的那样，对外在存在的彻底怀疑论从根本上说是无法被驳倒的。

塞尔对外部世界之存在的论证充分显示了它作为一种预设的特点。这个论证可以总结为如下四个步骤：（1）在公共语言中对话语的正常理解要求话语能够被适格的说者和听者以同样的方式被理解；（2）有很大一类话语是旨在描述独立于说者与听者的外在现象的；（3）上述（1）与（2）要求我们把这些话语理解为存在不依赖于我们的表征系统的真值条件，由于这些话语旨在描述公共的在本体论与认识论上均客观的现象，从而我们要预设它们的真与假是由世界的状态所决定的；（4）但是这种预设就等于主张存在着独立于我们的表征系统的事物，这种主张正是外部实在论。〔2〕

可以看出，这样一种论证并没有表明外在实在论是真的，

---

〔1〕 John R. Searle, *The Construction of Social Reality*, New York: Free Press, 1995, p. 165.

〔2〕 See John R. Searle, *The Construction of Social Reality*, New York: Free Press, 1995, p. 188.

只是表明了人类的一些话语实践需要预设外部实在。换句话说，外部世界的存在是一种以正常方式与他人进行交流的必要承诺。正是在这个意义上，蒯因主张我们不要去讨论什么东西确实存在，而是转而讨论特定的理论框架承诺什么东西存在。而特定的理论框架承诺什么东西存在，从根本上说则是一个承诺标准的问题，蒯因将此标准表述为，"存在就是成为一个约束变项的值"。[1]在这里，"约束变项"是指这样的表达式，当我们使用这些表达式时，我们就作出了相关对象存在的承诺，否则就会导致自相矛盾。比如，蒯因举例说，当我们说"有些狗是白的"时，我们就承诺了一条白狗的存在，但并不意味着我们承诺了狗性和白性的存在。"'有些狗是白的'是说有些是狗的东西也是白的，要使这个陈述为真，'有些东西'这个约束变项所涉及的事物就必须包括有些白狗，但无须包括狗性或白性。"[2]

蒯因之所以将存在视为一种承诺，这是因为在他看来，事物是相对于特定的概念框架而存在的，而这又是由于用以描述事物的命题只有在特定的命题体系内才有真值与意义。这就是他所坚持的"科学知识整体论"。这一理论是通过对逻辑实证主义之证实原则的批判而发展起来的。

我们知道，逻辑实证主义坚持命题的可证实性，即一个经验性命题是有意义的，当且仅当它是可被证实的。这就要求提出一个标准来确定，什么情况下可以说一个命题被证实了。然而，一般性命题无法得到彻底的验证，这就导致强的可证实标准被广泛认为无法在经验科学研究中得到适用，因为该标准将

---

〔1〕　参见，〔美〕蒯因："存在与量化"，载涂纪亮、陈波主编：《蒯因著作集》（第2卷），中国人民大学出版社2007年版，第416~433页。

〔2〕　〔美〕威拉德·蒯因：《从逻辑的观点看》，江天骥等译，上海译文出版社1987年版，第12页。

几乎所有的学术研究都排除在有意义的范围之外。[1]针对此困境，艾耶尔和波普尔分别进行了不同方向的努力。前者提出了弱的可证实标准[2]，而后者提出了证伪标准[3]。但在蒯因看来，艾耶尔与波普尔都错误理解了命题的性质，认为命题是单个地接受实践检验的。而实际情况是，任何命题都被包含在一个理论体系之内，当一个命题与经验不一致时，既可以改变这个命题，也可以调整该理论体系中的其他命题。从原则上说，只要一个理论体系经过了足够激烈的调整，那么其中的任何一个特定命题都可以被视为与经验相符。从而，"我们所谓的知识或信念的整体，从地理和历史的最偶然的事件到原子物理学甚至数学和逻辑的最深刻规律，是一个人工织造的力场"，"它只沿着边缘和经验接触"，当这个力场与经验相冲突时，可以通过对某些陈述重新分配真值来进行调整，而对哪些陈述重新分配真值则在很大程度上是不确定的。[4]

在《语词和对象》一书中，蒯因又借助"翻译的不确定性"来论证外部经验与知识体系之间的不对称性，即外部经验并不足以决定一个知识体系，由于公共可观察的外部刺激是极为贫乏的，因此"经验输入"和"理论输出"之间存在巨大的差额。从而在原则上说，也就可能存在诸多不同的知识体系。[5]在

〔1〕 参见陈坤："论价值领域内的智识可能性"，载《学术月刊》2007年第9期。

〔2〕 参见［英］A. J. 艾耶尔：《语言、真理与逻辑》，尹大贻译，上海译文出版社2006年版，第12~15页。

〔3〕 参见［英］卡尔·波普尔：《客观知识——一个进化论的研究》，舒炜光等译，上海译文出版社2001年版，第308~357页。

〔4〕 参见［美］威拉德·蒯因：《从逻辑的观点看》，江天骥等译，上海译文出版社1987年版，第40页。

〔5〕 参见［美］W. V. O. 蒯因：《语词和对象》，陈启伟、朱悦、张学广译，中国人民大学出版社2005年版，第21~25页。

蒯因看来，这意味着，对于认识论研究，我们应当采取一种自然主义的进路，即将人类的认识作为一种自然现象来进行社会学与心理学的考察，而不是对作为认识内容的理论进行一种概念的哲学分析。

应当说，蒯因对科学知识应当作为一个整体面对经验法庭之检验的描述是恰当的，但他的认识论观点却是难以令人苟同的。对于认识论来说，最为核心的问题是，什么样的信念是应当被接受的，而不是信念或知识体系是如何形成或产生的。换句话说，认识论所关心的是信念证成与认识规范，而不是信念或认识与外部事物之间的因果联系。尽管对因果联系的研究在一定程度上能够解决认识论研究中的一些问题，但其并不能取代后者。正是在这个意义上，苏珊·哈克说："一般地说哲学，特殊地说认识论，都是探究的不同类型，与各门科学是连续的；而且各门科学的结果与认识论中的某些传统的争议问题是相关的，并且可以合法地用以解决这些问题。但是，这种关联是协同的，而不是穷尽的；传统的认识论问题既不可能被纯粹科学的问题所取代，也不能简单地交给各门科学去处理。"[1]

我们知道，对于信念证成，在哲学传统上，历来有基础论与融贯论这两种主要的内在主义理论。[2] 这两种理论均有缺陷。基础理论将信念区分为基本信念与导出信念，但无论将什么样的信念算作基本信念，都对它的不证自明性缺乏具有说服

---

[1]　[英]苏珊·哈克：《证据与探究——走向认识论的重构》，陈波、张力锋、刘叶涛译，中国人民大学出版社 2004 年版，中文版序言，第 3 页。

[2]　除了内在主义理论之外，信念证成还有外在主义理论。在外在主义者看来，一个信念是否应当被接受应当看信念产生的过程，而不是信念本身的性质。在《当代知识论》一书中，美国学者约翰·波洛克等人对外在主义理论进行了令人信服的批判，限于篇幅与文章主旨，此处略过。如有兴趣，请参见 [美]约翰·波洛克、乔·克拉兹：《当代知识论》，陈真译，复旦大学出版社 2008 年版，第 163~186 页。

力的论证；而融贯理论又使信念与经验割裂开来。正是为了克服这两种理论的缺陷，苏珊·哈克提出了综合性的基础融贯论。这一理论既允许经验与信念证成相关联，又允许信念之间普遍的相互支持。简单地说，它可以被刻画如下："（1）一个主体的经验是与其经验信念的证成相关联的，但是不需要任何类型的具有特殊地位的经验信念，它们（代指具有特殊地位的经验信念）只能被经验的支持所证成，而与其他信念的支持无关；（2）证成并不是单向的，而是包含着渗透其中的相互支持关系。"[1]

苏珊·哈克所提出的基础融贯论，不同于传统基础论的地方在于，它允许信念之间的相互证成关系，而不是只有从基础信念到导出信念的单向度证成关系；而不同于传统融贯论的地方在于，它允许经验对于一些信念的直接支持，换句话说，有一些信念不仅能够从其他信念那里获得支持，而且能够从一些非信念的事物那里获得额外的支持。如果一个信念能够从非信念的事物那里获得支持，这也就意味着，在经验与信念之间不仅存在因果关系，而且存在逻辑关系。也正因为此，一个致力于揭示信念状态的社会学或心理学的研究才可能有助于解决致力于揭示信念内容的认识论研究中所出现的一些问题。

然而，在一定程度上被苏珊·哈克所忽略的是，那些能够从非信念的事物那里获得支持的信念，已经构成了一个具有特殊地位的子集。尽管它们也可能会被其他信念所反驳并因此而失去可接受性，但它们毕竟与那些只能从其他信念处获得支持的信念具有极为重要的不同。这就是，它们是初始可接受的，换句话说，如果它们没有被其他信念所反驳，那么它们就是被

---

〔1〕〔英〕苏珊·哈克：《证据与探究——走向认识论的重构》，陈波、张力锋、刘叶涛译，中国人民大学出版社 2004 年版，第 19 页。

证成的；而那些其他信念并不是初始可接受的，换句话说，如果它们没有被另外的信念所推出（而不仅仅是被其他信念所反驳），那么它们就是没有被证成的。

（二）妥当的本体论与认识论，及其对探讨法律真理的意义

在上一小节，我们依次考察了普特南的内在实在论、塞尔的概念相对性论题、蒯因的科学知识整体论与苏珊·哈克的基础融贯论，并分别讨论了它们在哪些方面是成立的，而在哪些方面又是陷入误区的。对这些代表性哲学理论的批判性考察是为了帮助我们形成妥当的本体论与认识论观点，并说明这对于我们探讨法律命题的真值究竟有何意义，以为下文讨论妥当的法律真理观奠定基础。

根据上文的讨论，我们将妥当的本体论与认识论观点总结如下：

本体论：（1）外部实在是一种理论预设与承诺，它是使我们关于公共事物的谈论具有意义的条件；（2）外部实在只有在特定的语言框架与概念系统中才具有可描述的特征与意义，而这在根本上是因为，任何经验都只有在语言划分了世界之后才能形成；（3）上述（1）与（2）表明了外部实在论是成立的（尽管这一成立是预设而不是证明），但只有在弱的意义上才是如此，换句话说，外部实在独立于人类的表征系统而存在，但外部实在的特征并非如此。

认识论：（1）一些信念能够从经验处获得直接支持，从而得到初始辩护，我们可以将这些信念称为基本信念；（2）另外一些信念要从其他信念中获得证成，我们可以将这些信念称为非基本信念；（3）基本信念并非不可推翻的，它可能因为无法满足认识主体试图从基本信念的全部集合中获得具有一致性的最大子集的目标而被剔除，也可能会被多个强有力的非基本信

念所推翻；这意味着，（4）基本信念与非基本信念之间的支持
关系并不是单向的，而是相互的；（5）在基本信念与基本信念、
非基本信念与非基本信念之间同样存在着相互的支持关系；从
而最终（6）一个信念是真的，当且仅当它存在于从上述那个最
大子集而来的融贯体系之中。

上面所表述的本体论与认识论观点可以分别被称为弱的外
在实在论与新的基础融贯论。相较于苏珊·哈克的基础融贯论，
新的基础融贯论承认了在融贯的信念体系中存在一个具有特殊
地位的子集，即从基本信念的全集中所获得的具有一致性的最
大子集。现在我们分别来看这种弱的实在论与新的基础融贯论
对真理观以及我们关于法律真理的看法究竟有何影响。

首先，弱的外在实在论明确了外部实在只有在特定的语言
框架与概念系统中才具有可描述的特征与意义，这意味着，那
些旨在描述外部实在的命题只有在特定的理论体系内才可能具
有真值。而这对于真理符合论来说，也就意味着，除非对它进
行如此重大的修正以使事实一词意味着关于外部实在之特征的
一些描述，而使符合一词意味着一些命题对另外一些命题的支持，
它便是无法成立的，但这样一种修正也使真理符合论变得名不副
实了。从而那种将命题的真值与特定理论体系联系在一起的真理
融贯论也就具有了更大的合理性。正是在这个意义上，普特南说：
"真理是某种（理想化的）合理的可接受性——是我们诸信念之
间、我们的信念同我们的经验之间的某种理想的融贯（因为那些
经验本身在我们的信念系统中得到了表征）——而不是我们的信
念同不依赖于心灵或话语的'事态'之间的符合。"[1]而苏珊·

---

〔1〕 ［美］希拉里·普特南：《理性、真理与历史》，童世骏、李光程译，上海
译文出版社 1997 年版，第 55 页。

哈克则说:"如果真理的任何标志对我们是可能的,满足于基础融贯论标准就是我们所能有的最好的真理标志。"[1]

对于命题只有在特定的理论体系内才有真值,还要注意两点。首先,尽管蒯因与普特南都提过在原则上存在多种理论体系的可能性,但这种可能性并不一定会成为现实。其次,使事物具有意义的概念框架或使命题具有真值的理论体系,并非主体可以自由选择的。个人所处的历史背景与社会化过程决定了他用以观察世界的概念框架,也为他提供了现实的理论体系。

我们知道,人类的某些经验可以被广泛地共享,但也有一些经验具有个体或群体的差异性。通常来说,出于某种同构性,人们对外部世界的观察与体验大体一致,这在一定程度上保证了自然科学知识体系最初要求的同一性。之后,科学家的集体努力、这个话语体系的实践功用以及科学知识生产的制度性特征,都在延续着这种同一性。无论如何,同一性的概念框架与理论体系离不开广泛的经验共享。因此,如果这种广泛的经验共享并不存在,那么具有多元性的概念框架与理论体系就不仅是可能的,而要成为现实了。这就是规范伦理学的现状。

从这个意义上说,规范伦理学与自然科学之间的差别并不像想象的那么大,它们最终都是实践性的,并且,实践也都建立在对一系列相关问题作出回答的基础上。只是在自然科学领域,多元的概念框架与理论体系还只是一种可能,但在伦理领域,这种可能已经成为现实。在一个价值分裂的社会中,道德命题之所以没有真值,正是由于存在多种概念框架与理论体系并存的格局;而我们也可以想见,在一个高度同质的社会中,

---

〔1〕 [英] 苏珊·哈克:《证据与探究——走向认识论的重构》,陈波、张力锋、刘叶涛译,中国人民大学出版社 2004 年版,第 218 页。

道德命题和自然科学的命题一样可以被判断正误。

严格来说，尽管都是规范性的，但法律命题和道德命题的处境并不相同。在法律命题的背后，总是有特定的实在法背景。而对该实在法中的规则、原则、概念与标准的描述、解释与秩序化可以形成一个整体上有效的法律命题体系。在这个意义上，法律命题具有真值，是因为它同样处于一个有效的理论体系中，正如自然科学中的命题一样。而如果离开了特定的理论体系，法律命题，比如"这个遗嘱是有效的"，就如同（在价值观分裂的社会中的）道德命题一样，既不可能为真，也不可能为假。

在一定程度上，可以这样认为，法律是当道德并不足以解决分歧时的一种替代产物。在人们各自的价值感受与伦理观念无法协调从而使一个规范性命题无法具有真值时，法律试图提供一个各方都可能认可的解决方案。该解决方案只依据特定的实在法素材，而不用依据某种总体性的道德理论，这就保证了观念彼此冲突的人们和平共处的可能性。从这也可以看出，为什么说，所有那些认为法律命题的真值依赖于某些道德命题的观点，在根本上都是荒谬的。

如果说弱的外在实在论与特定的真理观之间存在逻辑关系，那么在新的基础融贯论与特定的真理观之间所存在的便是"协同"关系。由于信念往往是命题的载体，而命题也往往是信念的内容，因此，在讨论信念的认识论与讨论命题的真理观之间便经常存在着事实上的相互影响。对此，本书在导言处已有所讨论，这里就不再赘述。事实上，下文将要讨论的基础融贯论的法律真理观在很大程度上便是借鉴了新的基础融贯论对于信念证立的处理方式。

二、基础融贯论法律真理观的展开

上文已述，一个妥当的真理观不仅应该告诉我们真理的定义，而且应该告诉我们真理的标准。对于法律真理来说，情况也同样如此。一个妥当的法律真理观应该既告诉我们一个法律命题为真究竟意味着什么，也告诉我们如何去获得为真的法律命题，或者说，如何证立一个法律命题以显示它是真的。

尽管严格来说，真理的定义与标准并不是一回事（定义告诉我们真理这个词语的含义，而标准则告诉我们判断一个命题真假的检验方法），但它们之间却存在紧密的联系。一方面，对真理是什么的看法往往决定了我们要如何去检验一个命题是否为真（除非它是一个像塞尔所辩护的真理符合论那样的纯粹语义学理论），在这个意义上，正如瑞彻尔所说，真理的定义也同时是它的不可错的标准（保证标准）〔1〕；另一方面，对如何检验一个命题是否为真的看法也在很大程度上影响着我们如何定义真理。正因为此，上一章重述的不同真理观，往往都是既包含定义、又包含标准的一整套学说。

对于法律真理来说，这也就意味着，关于法律命题为真意味着什么的看法与证立任何一个法律命题以显示其为真是紧密联系在一起的。从而，我们也就可以从法律命题的证立入手来谈论法律命题的真。

（一）法律命题的证立：基础论与融贯论

在上一章中我们提到，冗余论的法律真理观给我们的一个重要启发是，法律命题的真是在其证立过程中显示出来的。以

---

〔1〕　See Nicholas Rescher, *The Coherence Theory of Truth*, Oxford: Oxford University Press, 1982, p. 24.

朱建勇案为例，"朱建勇的行为构成故意毁坏财物罪"这一命题是否为真，取决于它能否从已知为真的前提中被推导出来。在导论处我们就已说过，在张明楷看来，这是完全可以做到的。简要说来，其证立过程如下：[1]

（1）所有故意使他人财物价值减少或丧失的行为均构成故意毁坏财物罪。

（2）朱建勇作出了故意使他人财物价值减少或丧失的行为。

（3）朱建勇的行为构成故意毁坏财物罪。

可以看出，结论（3）是从前提（1）与（2）的合取中推导出来的。这是一个有效的证立过程，但这并不意味着（3）是真的。有效的证立过程本身并不保证结论为真，它还取决于相应的前提是否为真。对于（3）究竟是否为真，我们暂时不去关心，而是先来考察这个证立过程所例示出来的关于法律命题之证立的一些特征。

首先，我们看到，这是一个法律三段论推理。在任何一个案件中，法律三段论推理都构成了全部法律推理的核心成分。当然，正如许多人正确指出的那样，法律三段论推理并非全部。但只要我们仔细考察，就会发现，其他推理的存在，往往是为了获取以使法律三段论推理顺利进行下去的相关前提。在这个意义上说，它们是为了辅助演绎推理，而不是为了取代它。正如麦考密克所说，"这些因素（与法律推理相关的非演绎性因素）正是借助其与演绎推理的关系，它们才是可理解的"[2]。

---

〔1〕 参见张明楷：《刑法学》（第3版），法律出版社2007年版，第749~750页。

〔2〕 ［英］尼尔·麦考密克：《法律推理与法律理论》，姜峰译，法律出版社2005年版，前言，第1页。

其次，在该证立过程中，前提（1）为法律命题，而前提（2）为事实命题。这构成了特定性法律命题的通常证立模式。但对于一般性法律命题的证立来说，作为前提的事实命题并不总是必要的。如对（1）本身的证立，在张明楷看来，之所以（1）所有故意使他人财物价值减少或丧失的行为均构成故意毁坏财物罪，是因为（4）刑法中的毁坏一词应该被解释为使他人财物价值减少或丧失。在这里，（4）为前提，而（1）为结论。但作为前提的法律命题却总是必要的。

上述两个方面的特征似乎使法律命题的证立碰到了一个无法克服的困难。[1]由于对一个法律命题 L_1 的证立要以另外一个法律命题 L_2 为前提，而对后者 L_2 的证立又要以 L_3 为前提，这也就陷入了无穷后退的困境。对于这一困境，我们可以设想下述两种解决思路：

首先一种思路是基础论的，我们可以赋予一些法律命题以自明的性质，像在数学中人们将所有的推论都建立在一些定理的基础之上一样，我们也可以将其他的法律命题都建立在这些自明的法律命题的基础之上。这一思路看上去是可行的，因为在法律语境中，我们可以预设那些直接陈述法律规则之内容的命题是自明的。"累犯不适用缓刑"就是这样一个命题。它的真理性并不是来源于以其他法律命题为前提的证立，而是来源于相应的法律规则（《刑法》第 74 条）。值得注意的是，我们依据这一法律规则判断这一命题为真，但我们并不是以它为前提证立这一命题。法律规则是一个实体，它不可能作为证立过程的一个前提。它与法律命题之间的关系是因果的，而非逻辑的。

---

〔1〕 有学者将其称为明希豪森三重困境，参见舒国滢："走出'明希豪森困境'"，载［德］罗伯特·阿列克西：《法律论证理论——作为法律证立理论的理性论辩理论》，舒国滢译，中国法制出版社 2002 年版，代译序，第 1~2 页。

可以说，在法律语境中，如果有一些法律命题是免于证立而为真的，那么就只能是这些直接陈述法律规则之内容的命题。

但这一思路存在以下问题：（1）一些法律规则本身是含混的，直接陈述该规则之内容的命题无法用来证立其他法律命题，比如，我们并不能用直接陈述《刑法》第275条之内容的命题来证立朱建勇的行为构成故意毁坏财物罪；（2）一些法律规则要结合其他法律规则才能得到理解，在法律中经常发生的情况是，不同的法律规则结合起来才能产生完整的意义，在这时，我们就不能仅单独地考察陈述不同法律规则之内容的命题，而至少要建立一种在它们之间的逻辑联系；（3）在法律中，经常发生的情况还有，直接陈述一个法律规则之内容的命题与直接陈述另外一个法律规则之内容的命题之间相互矛盾，这时我们往往基于一些相关考量而否定其中的一个是真的，因此，显然不能说所有直接陈述法律规则之内容的命题都是自明的；（4）如果其他法律命题的真建立在自明的一些法律命题的基础之上，那么它的真值就是不可改变的，但事实情况却是，即便规则没有变化，我们也经常会调整一些法律命题的真值。

另外一种思路是融贯论的。在它看来，由于上述理由，将法律命题的真理性建立在一些自明命题的基础之上，是一种没有希望的思路。在法律命题体系内，并不存在这样一类具有特殊地位的子集。真实的情况是，一个法律命题的证立取决于其他命题，所有法律命题相互推导，并最终构成一个首尾衔接的循环圈。当然，说一个法律命题 L_1 被 L_2 所证立、L_2 被 L_3 所证立、L_3 又被 L_1 所证立，这看上去是荒谬的；但如果这个循环圈足够大，这一想法就不像初看起来那么不合理了。[1]相反，它

---

〔1〕 在蒯因那里，循环圈则是科学知识的整体。参见［美］威拉德·蒯因：《从

是避免无限后退与武断终止证立的唯一出路。

当然，融贯论的思路也会碰到上一章所讨论的融贯论的真理观所碰到的问题。尤其是，如果一个法律命题的真在根本上只依赖于它所在的命题体系中的其他法律命题，那么在该法律命题体系与法律规则以及司法判决之间究竟是否还存在任何关系？与这一问题相关的是，如果我们无法在法律命题体系与法律规则以及司法判决之间建立有效联系，那么如何避免多种法律命题体系的并存呢？

（二）基础融贯论的提出与辩护

那么，是否存在一种将它们综合起来的方法，以使其既能克服基础论的缺陷，又能克服融贯论的缺陷，从而较好地解决法律命题的证立问题？在本书看来，这是可行的。就让我们分别从传统的基础论与融贯论需要修正的地方谈起。

上文已述，基础论将法律命题区分为两类：一类是基本命题，即直接陈述法律规则之内容的命题；另一类则是推出命题。基本命题的真是自明的，而推出命题的真却是以基本命题为前提的推理所证立的。应当说，将法律命题区分为基本命题与推出命题并无不当。在法律领域内，那些直接陈述法律规则之内容的命题对于法律命题体系的构建来说，显然具有基础性的地位。然而，还应看到的是，这些命题本身并非不可修正的。事实上，人们常常出于形式或实质的原因对它们进行修正。前者通常发生在一个基本命题并不具备完整意义的时候，而后者则可能发生在一个基本命题与另外一个（些）基本命题相冲突的时候，或在它与实质道德观相背离的时候。[1]

（接上页）逻辑的观点看》，江天骥等译，上海译文出版社 1987 年版，第 40 页。

〔1〕　齐佩利乌斯将这样一种需要修正的情形称为评价欠缺型漏洞。参见［德］齐佩利乌斯：《法学方法论》，金振豹译，法律出版社 2009 年版，第 93 页。

除了基本命题是可修正的，我们还应看到，基础论过于简单地看待了法律命题的种类以及它们之间的关系。一方面，如果基本命题是可修正的，也就意味着法律命题之间的支持关系不可能是单向的，而是双向的，这是因为修正要依赖其他命题而进行。换句话说，我们不仅可以用基本命题来证立推出命题，也可以用推出命题来证立基本命题，而在基本命题与基本命题之间、推出命题与推出命题之间，同样可以存在支持关系。另一方面，如果修正是实质性的，我们还需要一些针对修正何时进行以及如何修正的元规则命题。这些元规则命题既不是基本的，也不是推出的。以当一个基本命题与另外一个（些）基本命题相冲突时的修正为例，修正的元规则命题显然不可能是或来自于任何一个基本命题。

此外，基础论的狭隘性还体现在，它只关注从基本命题到推出命题之间的演绎推理；事实上，在法律命题体系的构建之中，尽管演绎推理处于主要地位，但非演绎推理也是常用的。例如，我们经常从一些法律命题中归纳出更为抽象的原则性命题，并以此来判断另外一些法律命题的真假。

我们可以稍微总结一下，对于基础论，我们在接受其将直接陈述法律规则之内容的命题视为基本命题时，应当注意的是：（1）基本命题是可修正的；（2）在基本命题与非基本命题之间存在复杂的相互支持关系；（3）法律命题不仅包括基本的和推出的，还有其他类别；（4）对于法律命题体系的构建来说，归纳推理等非演绎推理同样是重要的。

注意到这四点，我们也就能够在很大程度上避免上文所提到的基础论所面临的困境了。现在我们再来考察融贯论。

融贯论强调法律命题之间的相互证立。在它看来，首先，没有任何一个法律命题是免于修正的，从这个意义上说，所有的法律命题都处于同等的地位；其次，对法律命题的修正所依赖的是命题体系内的其他命题，而不是非命题的事物，其原因在于，只有命题能够证立命题，非命题的事物不可能与命题建立逻辑关系，从而也就不可能对命题起到支持或反对的作用；最后，命题的修正要借助其他命题来进行，没有任何一个命题是免于修正的，这两者联合在一起意味着，对于法律命题体系来说，并不存在一个坚实的基础。法律命题体系在实际上成为分析哲学中被广泛引用的纽拉特之船的隐喻——科学发展犹如大海上航船，我们不可能把船停在码头进行重建，而只能逐个甲板进行修补[1]——在法律领域内的翻版。

我们要小心辨析融贯论者所提出的每一个论断。首先，没有任何一个法律命题是免于修正的，这是对的，但它并不意味着所有的法律命题都处于同等的地位上。在法律领域中，有一类法律命题是与众不同的，就是那些直接陈述法律规则之内容的命题，它们被假定为真，除非碰到相反的理由；而另外的命题则是，只有在被证立之后，它们才能被视为是真的。其次，从存在这样一类被预先假定为真的命题也可以看出，并非只有命题能够给命题提供支持，尽管非命题的事物与命题之间不可能存在逻辑关系，但这并不意味着它不可能给命题提供支持。对于命题的支持，除了逻辑支持外，还存在因果支持，我们应当看到，在规则与直接陈述规则内容的命题之间并不存在逻辑关系，但通过主体对规则的认识与对命题的表述，在这两者之间却存在因果关系。最后，我们应当承认，融贯论者对于法律命题体系之变迁的描述是较为妥当的，尽管并不详实，但大致说

---

〔1〕　在分析哲学史上，纽拉特之船的隐喻被广泛引用，蒯因更是对它极为推崇，将它印在其《语词和对象》的扉页上。参见［美］W. V. O. 蒯因：《语词和对象》，陈启伟、朱悦、张学广译，中国人民大学出版社 2005 年版，扉页。

出了其要旨。佩岑尼克将其总结为"时间流逝中的融贯性"[1]。

至此,我们对基础论与融贯论的合理性与缺陷分别进行了考察,在这一考察的基础上,我们就能够将它们综合起来,保留它们的合理之处,而克服它们的缺陷;既看到基本命题的存在,又看到它的可以修正,既看到法律命题之间的相互支持,又看到一些法律命题的初始为真;以对法律命题的证立有更为妥当的认识。

具体说来,这一妥当认识包含如下要点:

(1)在法律命题体系中,存在一类具有特殊地位的命题,它们是初始为真的,换句话说,在未被否证之前,它们是真的,并不需要一个证立的过程,它们即是那些直接陈述法律规则之内容的命题,它们的真来自于法律规则的因果支持;我们可以将这类命题称为初显法律命题(对其性质的进一步阐述将在下文进行);然而

(2)初显法律命题并非不可修正的;这又意味着

(3)初显法律命题也可以得到其他法律命题的逻辑支持;

(4)法律命题之间的支持关系是相互的,在初显法律命题之间与非初显法律命题之间存在相互支持关系,而在初显法律命题与初显法律命题之间、非初显法律命题与非初显法律命题之间同样存在相互支持关系;

(5)所有法律命题构成了一个融贯的整体,这个整体也就是法律命题体系。

我们可以将这样一种对法律命题证立的认识称为基础融贯

---

〔1〕 See Aleksander Peczenik, *A Treatise of Legal Philosophy and General Jurisprudence* (*volume* 4: *Scientia Juris*), Dordrecht: Springer, 2005, pp. 147~149.

论。为了更好地理解它，我们可以将基础论、融贯论与基础融贯论对于法律命题的证立思路用图表示如下。

基础论的图示（字母表示命题，箭头表示证立关系，下同）：

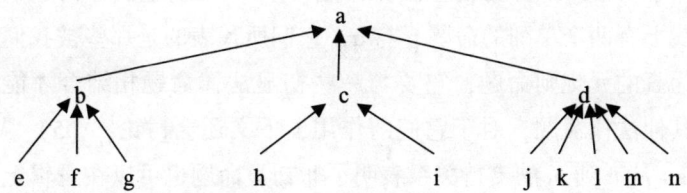

融贯论的图示（虚线箭头表示省略）：

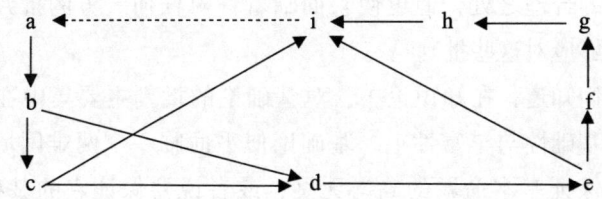

基础融贯论的图示：

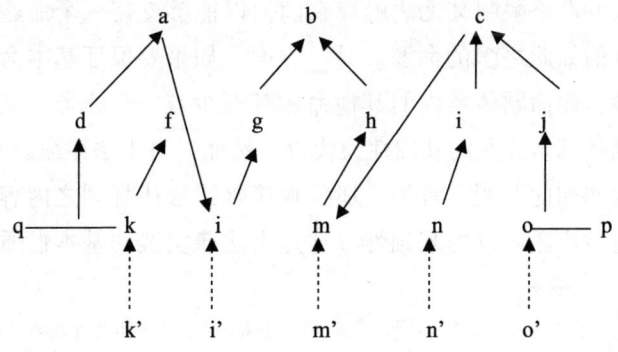

对于基础融贯论的图示，这里稍微解释一下：（1）带有上标的字母（如 k'）表示非命题的事物，主要为法律规则；（2）它对法律命题的支持之所以用虚线表示，是因为这种支持并不是逻辑上的推出关系，而是因果关系；（3）被它们所支持的命题（如 k）即为初显法律命题；（4）在初显法律命题的水平线上有两个单列的命题 p 与 q，它们所代表的是那些被我们假定为真的元规则命题，它要与一些初显法律命题相结合才能推出其他法律命题，对于它们的作用，下文还会讨论；（5）从 a 到 i，从 c 到 m 的支持关系表明了非初显命题也可以在逻辑上证立初显命题。

基础融贯论是对基础论与融贯论的综合，这固然使它吸收了双方的合理之处，但也使它面临着针对任何一方的批判。那么它能够应对这些批判吗？

我们知道，在知识论中，对基础论的批判主要集中在基本命题的基础性与丰富性上。基础论似乎面临一个两难困境，如果它要保证基本命题的确凿无疑，或者说要保证它的基础性，那么就必须严格限制基本命题的类型与数量，就像笛卡尔在寻找确定知识的基本前提中所做的那样[1]，但对基本命题之类型与数量的严格限制又无法解释它们何以能够支持一个命题体系所拥有的如此之多的命题。另一方面，如果要保证基本命题的丰富性，使命题体系内的其他命题都至少有一个来源，又通常要以牺牲基本命题的基础性为代价。然而，对于法律命题来说，情况并非如此悲观。首先，那些直接陈述法律规则之内容的命题具有被广泛认可的基础性，这是由法律实践的基本性质所决

---

〔1〕 参见［法］笛卡尔：《谈谈方法》，王太庆译，商务印书馆 2000 年版，第 15~18 页。

定的；其次，法律规则的丰富性也保证了这些直接陈述其内容的命题的丰富性。

最后，我们来看一下基础融贯论能否克服上一章中所提到的真理融贯论所面临的四个方面的困难。对于（1）关于融贯的含义并不清楚的问题，可以这样回应，有些命题之间存在的是一致关系，典型的比如那些直接陈述法律规则之内容的命题之间的关系；也有些命题之间存在的是衍推关系，典型的比如那些直接陈述法律规则之内容的命题与依据它们所推出的命题之间的关系。这一回应也解决了（2）所提出的其他命题的范围问题，一致关系下的其他命题是指命题体系内的所有其他命题；而衍推关系下的其他命题则仅仅是指它所依据推出的或它能推出的命题。此外，对于（3）可能存在多个融贯的命题体系与（4）融贯论割裂了命题体系与客观世界之间的关系这两个问题，都可以通过指出法律命题体系内那些直接陈述法律规则之内容的命题与作为一种外部实体的法律规则之间存在因果关系来予以澄清。

法律命题体系的构建遵循从基本命题的全集中获得具有一致性的最大子集的原则，就此而论，并不会出现多个融贯体系并存的局面。那么上文所说的从法律命题的证立来理解法律命题的真这一策略也就不会导致相对主义的看法。从而我们可以按照这一策略来理解法律命题的真，这意味着，说一个法律命题是真的，也就是说它在那个遵循上述这一原则而构建的法律命题体系之中被证立。

三、法律命题体系的构建与结构

从上文的讨论可以看出，对于法律命题的真来说，法律命题体系是极为重要的。任何一个法律命题只有相对于特定的法律命题体系而言才有可能是真的或假的。从而，为了更好地理解法律命题的真，下面就让我们来对法律命题体系的构建与结构进行考察。

（一）初显法律命题与法律命题体系的构建

上文曾反复提到这样一类直接陈述法律规则之内容的命题，并声称它们在法律命题体系中具有基础性的地位。但并没有对它们进行详细讨论。现在就让我们从那些与这些命题密切相关的描述法律规则的事实命题出发来认识它们，以方便理解法律命题体系的构建。

我们知道，任何一个法律规则都是由特定的语句所表达的，那么我们也就可以依此构建诸如"法律规则 a 包含了特定语句 b"这样一些为真的命题。比如，命题"《刑法》第 74 条规定了'对于累犯，不适用缓刑'"。在阿尼奥（Aulis Aarnio）等人看来，这一类命题是琐碎的法律命题，并不具有真正的重要性。[1]这种说法是错误的。首先，这一类命题并不是法律命题，而只是对特定事实进行描述的事实命题，如果没有其他一些默认的前提（比如规则处于整体上有效的法律秩序中），从它也推导不出法律命题。其次，这一类命题也并非不重要的，尽管它不是法律命题，但却是我们认识与构建法律命题的基础。离开这一类事实命题，法律命题也就成为幻想的空中楼阁。

如果一个法律规则要发挥作用的话，它所包含的语句就必须是可理解的。这样，我们也就可以把这一语句的含义称为法律规则的内容。那么，上述"法律规则 a 包含了特定语句 b"这一事实命题也就可以改写为"法律规则 a 包含了规则内容 p"。

---

〔1〕 Aulis Aarnio, Robert Alexy, and Aleksander Peczenik："The Foundation of Legal Reasoning: on the Truth and Validity of Interpretative Statements in Legal Dogmatics", in Aulis Aarnio & D. Neil MacCormick（ed.），*Legal Reasoning*（*volume* 1），New York: New York University Press, 1992, p. 19.

在这里，值得注意的是，如果要保证这一改写并不改变它作为事实命题的性质，从特定语句 b 到规则内容 p 就必须是无争议的，不涉及对其所用相关一般词项的进一步解释。

经过这一改写，我们能够将直接描述特定法律规则之内容的事实命题表述为：L_n（p）（"法律规则 n 规定了 p"）。其中，L_n 代指特定的法律规则，而 p 则代指法律规则的内容。如果该法律规则 L_n 处于整体上有效的法律秩序内，那么我们也可以依据 L_n（p）而得出 p。比如，我们可以依据《刑法》第 74 条之规定，得出"对于累犯，不适用缓刑"。可见，对于一个处于有效法律秩序内的制定法文本来说，如果存在一个规定了 p 的法律规则，那么我们也就有初显的理由来认可 p。我们也就可以把这一直接陈述法律规则之内容的命题称为初显法律命题 p_f。

之所以将其称为初显法律命题，或者说之所以我们只有初显的理由来认可 p，原因很多。这里列举如下三点：一是，可能存在其他相关的法律规则驳回我们对 p 的认可，或者要求我们对之进行修正；二是，对 p 的妥当理解，要求我们采用其他法律规则来对之进行整合，或要求我们将之表达为不同的多个命题；三是，p 本身可能是不明确的，在一些情况下，我们需要对它进行解释，以进一步明确它的含义，或者说，将之替换为更为明确的表述。

初显法律命题具有明显的可驳斥特征，它只有在未碰到相关反驳时才有可能成立。我们可以用规则间的冲突与限制为例来进一步展示这样一种特征。假设存在一个法律规则 L_n 规定了 p，而另外一个法律规则 L_m 规定了 ¬ p。此时我们有两个初显的法律命题，分别为 p_f 与 ¬ p_f。显然，它们不能同真。为了判断何者为真，我们需要另外一个在 L_n 与 L_m 之间进行优位选择的二阶规则。有时候，这一规则真实存在于特定的制定法文本中。

但也有一些时候，它并不存在，此时我们就需要一个判断优位顺序的假定。什么样的假定是合理的，在很大程度上取决于其对真实法律实践的解释力。假设，由该假定或二阶规则，L_n 优越于 L_m，我们就可以得出，当 p_f 与 ¬ p_f 并存的时候，认可 p 而非 ¬ p 才是明智的。

除了冲突，还有规则之间的相互限制。假设一条法律规则 L_1 规定（p_1）（a =$_{def}$ b），而另外一条法律规则 L_2 则规定"条件 C 下，b_1 视为 y"；再假设 b_1 是 b 的一个子集，那么由于 L_2 对 L_1 的这一限制，有（p_2）（a =$_{def}$ （b-b_1））。在这一情况下，认可 p_2 而非 p_1 更为合理。

可以看出，法律命题的构建也就是对所有相关初显法律命题的整合。在这一整合的过程中，我们不仅需要逻辑推理，很多时候，我们还需要作出假定与进行解释。解释是为了进一步明确含义，而假定则是试图使我们关于法律内容的知识体系更为完整与融贯。像自然科学中的假定一样，这些假定是我们设定为真的命题。这个设定是否妥当取决于它能够更好地将素材与理论联结起来，以扩展理论对素材的解释力与预测性。当然，在面临相反的经验时，这些假定是可以被推翻的。在法律领域内，这一相反经验可能是新的法律规则或权威司法解释的出台以及社会生活的剧烈变动等。

对于法律命题体系及其构建来说，还需要说明以下几点。首先，在法律命题体系中，初显法律命题与法律规则之间存在一一对应关系，但其他法律命题并非如此。比如，对于一个推出法律命题 p 来说，可能不存在任何一个规定 p 的法律规则，而只存在一些规定 $p_{1,2,……,n}$ 的规则。其次，我们在构建法律命题体系过程中所推出的命题并非不可修正的。像我们为了整合不同的初显法律命题而作出的假定一样，当已经确定的法律命题无法解决新颖案件时，当新的法律规则或权威司法解释出台时，或者当社会生活发生剧烈变动时，我们都很有可能需要修正已经确定的推出法律命题。最后，在法律命题体系的构建过程中，应当遵循从初显法律命题的全集中获得具有一致性的最大子集的原则；而在对法律命题体系的修正过程中，则要遵循对原有的法律命题体系造成最小损害的原则。对此，笔者将在下一章讨论法律续造时予以详述。

（二）法律命题体系的特征与结构

接下来让我们简单谈谈法律命题体系的特征与结构。通过上面的讨论，可以发现，法律命题体系首先具有融贯性。法律命题体系的构建，在很大程度上类似于拉伦茨所说的法律素材的体系化，"发现个别法规范、规整之间，及其与法秩序主导原则间的意义脉络，并以得以概观的方式，质言之，以体系的方式表现出来"[1]。法律规则是纷杂繁复的，它产生于不同的时间，不同的主体，也具有各自不同的效力，从而构建法律命题体系的一个主要任务就是将这些规则整合成融贯的整体。在这个整合的过程中，必须解决两类冲突。一是不同的初显法律命题之间的冲突，对这种冲突的解决通常依据某种特定的方案，比如依据它们所陈述之规则在位阶、时间以及其他性质上的不同来确定主从关系；二是初显法律命题与从它们中引申出来的原则性命题之间的冲突，通常而言，我们会通过否定那些"不合群"的初显法律命题为真来解决这种冲突，所以它体现了法律命题体系内的自我批判。

其次，法律命题体系具有开放性，它是不断保持自我批判

---

〔1〕〔德〕卡尔·拉伦茨：《法学方法论》，陈爱娥译，商务印书馆2003年版，第316页。

的。在形成体系的阶段，需要描述、解释与比较不同的法律规则，需要衡量不同的安置它们的方案，也需要从中抽取出一些共同的原则性命题。如上所述，在这个过程中，可能会遇到一些与所抽象之原则性命题相冲突、或无法采取合理方式纳入整体的初显法律命题，这时就需要否定它们为真。在体系形成之后，自我批判仍然是必需的。任何僵化的体系都必然会因为不适应现实而被逐渐淘汰，不管其在形成时多么精致。它必须能够在社会变迁、立法更迭或面临疑难案件时，进行自我调整，以便使自己对于法律素材的整合，以及在具体个案中将提出的解决方案，仍然是融贯的、明确的与可接受的。

最后，法律命题体系是由不同来源的法律命题所构成的，具有层级性。值得注意的是，这里所说的层级性，既不是指不同抽象程度的法律概念，也不是指不同效力等级的法律规范。而是指，构成法律命题体系的不同法律命题，由于其来源不同，所具有的在体系调整时的次序性。对此，将在稍后讨论法律命题体系的结构时予以详述。

上文已述，法律命题体系具有层级性。这意味着，在法律命题体系中，诸多不同的法律命题并非杂乱无章地堆砌在一起，而是按照从核心到外围的特定顺序所排列的，从而构成一个有秩序的整体。

大致说来，在法律命题体系中，存在这样几类法律命题：（1）被确定为真的初显法律命题，即那些直接陈述法律规则之内容的命题，以及可以直接从初显法律命题中推导出的推论命题；（2）假定为真的用以重构与整合不同法律规则的元规则命题；（3）通过对一条或几条法律规则进行重构或整合而产生的法律命题；（4）通过进一步澄清法律规则而得出的命题（或称解释性命题），以及从不同的法律规则中归纳而来的法律命题

(或称原则性法律命题);(5)参照一般生活经验与社会道德所设想的法律命题;以及(6)依据特定的事实命题而成立的特定法律命题。

在这几类命题中,排列较为靠前的,也是较为核心的;反之,排列较为靠后的,也是较为外围的。其中,最为核心的是被确定为真的初显法律命题;而处于最外围的,则是依据特定的事实命题而成立的特定法律命题。最核心的与最外围的都直接与外部事物相联系。初显法律命题与法律规则相联系,通常来说,当法律规则改变时,它也要被重新赋值;而特定法律命题则与司法判决相联系,通常来说,当一个特定的司法判决严重背离人们的常识感与道德观时(比如许霆盗窃案的一审判决[1]),我们就要对特定法律命题的真值进行调整,这又要求对推导出它的那个(些)一般法律命题的真值进行调整。整个调整的过程将按照从外围到核心的顺序进行。

由上面的讨论可以看出,法律命题体系的内部结构主要表现为不同法律命题的层级关系,可以用下图表示:

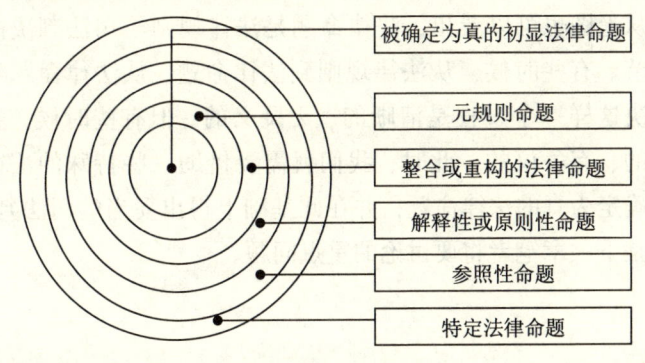

- 被确定为真的初显法律命题
- 元规则命题
- 整合或重构的法律命题
- 解释性或原则性命题
- 参照性命题
- 特定法律命题

---

[1] 参见广东省广州市中级人民法院刑事判决书,[2007]穗中法刑二初字第196号。

而其外部结构则较为复杂，它包括从法律规则到命题体系的输入、从命题体系到司法判决的输出，还包括司法判决对法律命题体系的反馈（法律命题体系因无法输出妥当的判决而发生的自我调整）。

可以用下图表示：

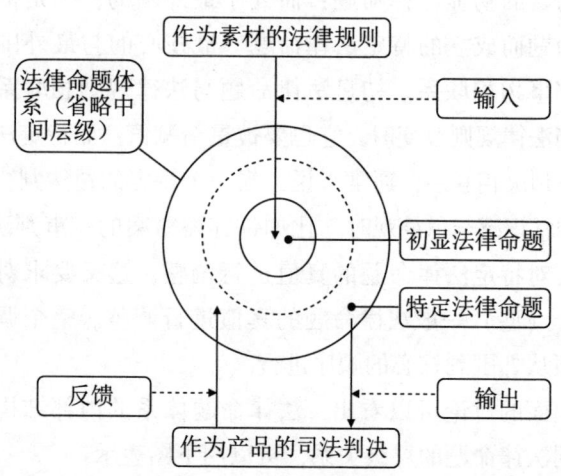

从上图也可以看出，法律命题是法律规则与司法判决的中间环节。有些时候，从法律规则到法律命题、从法律命题到司法判决这样一个过程是清晰的、无疑义的。但有些时候，它是复杂的、有争议的。此时，我们就需要借助一些特殊的法律方法来确定为真的法律命题，并在此基础上得出妥当的司法判决。这也是下一章笔者将要讨论的重点问题。

第六章

法律真理与司法判决

近几年来，国内学界对法学方法论的研究呈现出繁荣的态势，一些论文、著作与译作陆续发表或出版；学术界与实务界，也召开了一系列专门讨论法学方法的报告或研讨会。正基于此，有学者说，法学方法论已成为一种"显学"；更有学者认为，当下是"法治迈向方法的时代"。[1]方法论研究的蓬勃兴起，固然是好事；但其成效却并不十分令人满意。[2]在一些基本理论问题上，许多人的认识或者是含混的，或者干脆是错误的并以讹传讹的[3]；而这又导致它在解决疑难案件上的无力，或者用舒国滢教授的话说："当实践真正需要智力支持的时候，法学却并不在场；面对疑难的个案，几乎所有的人都手足无措。"[4]

这在很大程度上是由于，当下的法律方法论研究缺乏法学知识论的基础。法律方法旨在寻求正确判决，但方法论研究却

---

[1]　参见焦宝乾、陈金钊："法治迈向方法的时代：2010 年度中国法律方法论研究学术报告"，载《山东大学学报（哲学社会科学版）》2011 年第 2 期。

[2]　对此，可参见陈坤："法学方法论的困境与出路——论最小损害原则"，载《西南政法大学学报》2012 年第 1 期，中华人民大学复印报刊资料《法理学、法史学》2012 年第 8 期全文转载。

[3]　这尤其表现在对法律解释的认识上。参见陈坤："对当下法律解释学研究中几个基本问题的澄清"，载《南京师大学报（社会科学版）》2012 年第 6 期。

[4]　舒国滢等：《法学方法论问题研究》，中国政法大学出版社 2007 年版，第8 页。

很少去探究是否存在正确判决以及何谓正确判决，这不能不说是一个严重的缺憾。正是为此，本章试图用一种法律命题理论来为与正确判决相关的诸多问题提供一个前后一致的答案。具体说来，将首先在第一部分中表明这是如何可能的，然后用余下的两部分来讨论旨在获得正确判决的两种方法，即法律解释与法律续造。此外，由于疑难案件彰显了法律方法的重要性，因此在整个讨论的过程中，将重点关注疑难案件中的司法判决。

一、法律命题、正确判决与疑难案件

（一）关于正确判决的三个问题

正确判决问题一直是法理学界争论不休的问题。争议可能发生在不同层面上。首先，什么是正确的司法判决？即用什么来判断一个司法判决是否正确？人们提出的标准五花八门。但大体而言，可以分为两类：一类是外部标准，比如，一个司法判决只有符合社会效益最大化，才是正确的[1]；或者一个司法判决只有符合某些实质性的政治道德理想才是正确的[2]。而另一类标准则是内在的，比如，司法判决只有符合法律规则才是正确的[3]；或者，只有司法判决所据以作出的依据构成了对当下法律实践的最佳解释的一部分或者可以从这种最佳解释中推导出来，司法判决才是正确的[4]。

---

〔1〕 如，波斯纳法官。参见［美］理查德·波斯纳：《法官如何思考》，苏力译，北京大学出版社 2009 年版，第 211~241 页。

〔2〕 如，迈克尔·摩尔。See e. g., Michael S. Moore, "A Natural Law Theory of Interpretation", 58 *Southern California Review*, (1985), pp. 238~338.

〔3〕 法律实证主义者通常持有这样的观点。如［英］H. L. A. 哈特：《法律的概念》（第 2 版），许家馨、李冠宜译，法律出版社 2006 年版，第 122 页。

〔4〕 参见［美］德沃金：《法律帝国》，李冠宜译，时英出版社 2002 年版，第 340~348 页。

其次，是否存在正确的司法判决？人们的意见可以分为三种：一是，在所有的案件中，都不存在正确的司法判决，而这通常又是由于并不存在一个标准来衡量司法判决是否正确。[1] 二是，在所有的案件中，都存在一个正确的司法判决，在这样一种观点看来，一个被妥当地理解了的法律体系包含了所有法律问题的答案。[2] 三是，在一些案件中，存在正确判决；而另外一些案件中，则并非如此；或者说，在简单案件中存在正确判决，但在疑难案件中却并非如此。[3]

最后，如何获得正确的司法判决？这个问题与前面两个问题紧密相关。一方面，它以是否存在正确判决这个问题为逻辑前提，如果并不存在正确判决，那么无论使用何种方法都无法获得它。另一方面，如何获得正确判决也在很大程度上取决于我们将什么作为正确判决的标准。比如，如果我们将效益最大化作为判决正确的标准，那么获取正确判决就主要要求我们对不同的判决将造成何种结果进行准确预测。

从上面的讨论可以看出，对于正确判决来说，存在三类问题，分别为：标准问题、存在问题与获得问题。这三类问题并不是孤立的，获得问题与其他两类问题之间的关系已经说过。除此之外，标准问题与存在问题同样紧密相关。在特定的案件中，是否存在正确答案，也在很大程度上取决于我们将什么作

---

〔1〕　如，约翰·格雷。See John Chipman Gray, *The Nature and Sources of Law*, Gloucester, Mass. : Peter Smith, 1972, pp. 145~150.

〔2〕　如，上面所提到的德沃金与摩尔即持有这样的观点。早期的法律形式主义者，如兰德尔也持有这样的观点。See Thomas C. Gray, "Langdell′s Orthodoxy", 45 *University of Pittsburgh Law Review*, (1983), pp. 6~10.

〔3〕　See e. g., Joseph Raz, "Legal Reasons, Sources, and Gaps", in Joseph Raz, *The Authority of Law: Essays on Law and Morality*, Oxford: Clarendon Press, 1979, pp. 73~80.

为正确判决的标准。比如，正是由于将符合法律规则作为正确判决的标准，法律实证主义者才会得出在简单案件中存在正确答案，而在疑难案件中则并非如此的观点。

（二）从法律命题理论的视角看

上文已述，关于司法判决的标准问题、存在问题与获得问题均存在广泛的争议。现在让我们来考察，法律命题理论是否至少能够在一定程度上有助于平息这些争论，并为我们进一步认识这些问题提供建设性的方案。

让我们从标准问题开始。上文说过，大体而言，人们所提出的标准可以分为两类：一类是外部标准，而另一类是内部标准。可以看出，这两类标准都是实质的标准。在这里，我们可以从持有各种实质标准的人们都会同意的前提出发寻求一个形式的标准。这个前提即是，无论人们持有什么样的标准，都会同意，"判决满足（或不满足）这一标准"这样的命题是具有真值的。比如，如果一个人认为，只有那些能够促进效益最大化的司法判决才是正确的，那么他也就一定会同意，"一个特定的判决可能促进了（或不会促进）效益最大化"这个命题是能够被判断为真或假的；否则他所认为的这个标准也就是虚妄的了。而如果要论证这一命题是真的，就必须依据其他一些命题的支持，这也就意味着处于整个推理链中的其他命题也是真的。就此而论，我们可以提出一个形式的标准，即，如果一个司法判决是正确的，那么其据以作出的诸多命题就是真的。

虽然仅仅通过这一点并不能得出存在问题的妥当结论，一些人正是通过说明法律命题没有真假之分来怀疑正确判决的存在，但如果我们将它与第二章所讨论的对法律命题具有真值的论证结合起来，情况就大为不同了。由于法律命题在绝大多数情况下都有真假之分（参见第二章相关部分内容），从而在绝大多数的案件中，也就都存在着正确判决。此外，正是由于法律命题在绝大多数情况下具有真值，从而那些忽略法律命题的正确判决标准也就不再具有合理性。

这样，我们也就依据法律命题理论为正确判决的标准问题、存在问题与获得问题提供了一个统一的理解：衡量一个判决是否正确，也就是看它据以得出的法律命题是否为真；判断是否存在正确的司法判决，也就是判断相关的法律命题是否具有真值；而获得正确判决，也就是发现或构造为真的法律命题。

（三）两类疑难案件的逻辑分析

从法律命题的视角看，作出司法判决可以被视为一个解题的过程，即法官根据法律命题体系中的一个或一组法律命题，以及特定事物或行为的具体事实情况，来判断它的法律属性或法律后果。可以看出，对特定事物或行为的法律属性或法律后果的判断，依赖于妥当的一般法律命题的存在。然而，这个条件并不总是能够被满足。在一些时候，对于手头的案件来说，相关的法律规则是不清楚的，这导致陈述这些法律规则之内容的法律命题也是不清楚的，朱建勇案即是如此。在另外一些时候，对于手头的案件来说，相关的法律命题则是不妥当的，换句话说，如果我们依据它们，将得出与我们的常识感与道德观严重冲突的特定法律命题。比如，在许霆案中，"所有盗窃金融机构，数额特别巨大的，均应判处无期徒刑或死刑，并处没收财产"这一命题就是不妥当的。如果对于某个案件来说，并不存在妥当的可以用来证立特定法律命题的一般法律命题，我们就说这是一个疑难案件。

上文区分了两类疑难案件。一类根源于法律规则的含义是不清楚的；而另一类则是，存在清楚的相关法律命题，但是否能够用它来证立某个特定法律命题则是不清楚的。这个区分根源于概念涵摄与规则适用之间的逻辑区别。下面让我们用一阶谓词逻辑的工具进一步阐明这个区别。

法律三段论推理以（一阶）谓词逻辑的形式可以刻画如下：

(1) $(x)\,[\,M\,(x) \to OG\,(x)\,]$

(2) $M\,(a)$

(3) $OG\,(a)$

其中，(1) 对是规则内容的表述。可以看出，规则被理解为一种带有全称量词与应当算子（"O"）的规范条件式：对于任意的 x（x 可能是一个事物、状态、行为或主体，这取决于规则的内容，下面统一称为"对象"）来说，如果 x 是谓词 M 的一个实例，那么应对其赋予法律后果 G。(2) 是对事实小前提的表述，a 是一个特定的对象；$M\,(a)$ 表示对象 a 是 M 的一个实例。(3) 是将规则 (1) 适用到事实 (2) 上所得出的结论；$OG\,(a)$ 表示应当对 a 赋予法律后果 G。

比如，《刑法》第 234 条第 1 款规定："故意伤害他人身体的，处三年以下有期徒刑、拘役或者管制。"现有肖某因对某医院美容科所做的胡须移植手术效果不满意，持所携带菜刀朝参与过其手术的护士彭某以及附近的冯某苗、李某兰身上砍击，致 3 名受害人先后倒地。经鉴定，3 名受害人均受轻伤。[1]由于肖某的行为是"故意伤害他人身体"的一个实例，按照该规定，应对肖某判处三年以下有期徒刑、拘役或者管制。这一规则适用的过程可用规范三段论表示如下：

---

[1] 参见中华人民共和国最高人民法院刑事审判第一、二、三、四、五庭主办：《刑事审判参考》（总第 100 集），法律出版社 2014 年版，第 1036 页。

(4) ∀（x）［故意伤害他人身体（x）→（应当）判处三年以下有期徒刑、拘役或者管制（x）］

(5) 故意伤害他人身体（肖某）

(6)（应当）判处三年以下有期徒刑、拘役或者管制（肖某）[1]

所谓概念涵摄问题，是指某个案例 c 中的对象 a 是否为相关规则 R 中的一般概念 M 的一个实例；或者说，a 是否在 M 的外延之内——上述案例中的概念涵摄问题是：肖某的行为是否为"故意伤害他人身体"的一个实例。规则适用问题则是指，规则 R 应否适用到个案 c 上——上述案例中的规则适用问题是：《刑法》第 234 条第 1 款的规定应否适用到肖某故意伤害案中。就此而论，定义概念涵摄成立与规则适用成立可以分别如下：

(7) 概念涵摄成立 ≡$_{def}$ a 是 M 的一个实例（即 a ∈ M 为真）；

(8) 规则适用成立 ≡$_{def}$ R 的确应当适用到 c 上。

从上面的讨论中可以看出，概念涵摄（成立）与规则适用（成立）在概念上并不是一回事。但由于很长一段时间以来，人们都将法律推理理解为一个简单的适用规则的过程（即当概念涵摄成立时候适用规则、当概念涵摄不成立时不适用规则），它们常被认为在逻辑上是等值的。虽然在概念法学破产之后，很少有人仍然认为法官仅仅是"立法者的传声筒"，但这种看法并未得到彻底的反思。这突出地表现在：在一些学者看来，法律推理之所以不是一个简单的规则适用的过程，主要是因为规则所采用的一般概念不能自动涵摄特定案例中的相关对象（世界

---

〔1〕 这里为了使讨论符合中文的语言习惯，牺牲了细节上的精确性。精确地说，(5) 应该是：故意伤害他人身体的（肖某）；意指：肖某是'故意伤害他人身体'的一个实例。

不是贴着标签出现的"〔1〕，因此人们必须得去判断相关对象是否在规则所采用的一般概念的外延之内)，而这一判断并不总是顺利的；然而，一旦作出了判断，就只剩下一个简单的演绎推理的逻辑操作了。〔2〕采用上述一阶谓词逻辑的形式来刻画规则适用的过程这一法律逻辑学的传统做法，加剧了这种误解。这是因为，在这种刻画中，规则被理解为一个规范条件式；而对于规范条件式来说，当且仅当它的前件成立时，人们能够依据它推出后件的成立。这"印证"了概念涵摄成立与规则适用成立之间的逻辑等值。〔3〕

然而，这并不符合我们对司法实践的观察。因为在真实的司法实践中，存在下述两种案例。一种是，虽然概念涵摄是成立的，但人们有理由主张规则适用并不成立。比如，在李某抢劫案〔4〕

---

〔1〕 Martin Stone, "Focusing the Law What Legal Interpretation is Not", in Andrei Marmor, (ed.), *Law and Interpretation*, Oxford: OUP, 1995, p. 61.

〔2〕 See e. g., George C. Christie, "Objectivity in the Law", 78 *Yale Law Journal*, (1969), p. 1315.

〔3〕 当然，上述规则适用的模式只是一个简单的模型，真实的规则适用过程更为复杂。一方面，要适用的规则中可能包含多个一般概念。比如，《国籍法》第4条规定的内容可用一阶谓词逻辑的形式表示为：(x) [父母双方或一方为中国公民 (x) ∧ 出生在中国 (x) → 具有中国国籍 (x)]。另一方面，将规则适用到特定案例的过程可能需要多个三段论的迭代。比如，为了判断对象 a 是否为一般概念 M 的实例，可能需要一个解释性规则 "(x) [$N(x)$ → $M(x)$]"。此时的规则适用过程可以刻画为：(1) (x) [$N(x)$ → $M(x)$]，(2) $N(a)$，(3) $M(a)$，(4) (x) [$M(x)$ → $OG(x)$]，(5) $OG(a)$；它是两个三段论的迭代。但这些复杂化并不影响人们将规则适用刻画为以一阶谓词逻辑形式所表达的规范三段论。

〔4〕 案情：李某（男）乘旅客列车期间，与斜对面座位的旅客徐某（女）相识。23时30分左右，徐某去厕所，李某尾随其后，趁徐某从厕所开门出来之机，将她堵在厕所内将门反锁。李某对徐某进行语言威胁和打耳光，强行让她掏出现金990元及价值2300元的一部手机，装在自己口袋内。后徐某向乘警报案，李某被抓获。参见冉小毅："在旅客列车厕所中抢劫 是否属在公共交通工具上抢劫"，载《人民法院报》2006年2月15日。

中，虽然在火车厕所上抢劫是"在交通工具上抢劫"的一个实例，但人们有理由主张"在公共交通工具上抢劫应加重处罚"这一规则不应当适用到该案中。另一种是，虽然概念涵摄并不成立，但人们有理由主张规则适用是成立的。比如，《刑法》第67条第2款规定："被采取强制措施的犯罪嫌疑人、被告人和正在服刑的罪犯，如实供述司法机关还未掌握的本人其他罪行的，以自首论。"现有一位处于治安拘留的违法人员，在拘留期间，主动如实地供述了司法机关还未掌握的本人其他罪行。虽然该违法人员并不是"犯罪嫌疑人""被告人"与"正在服刑的罪犯"中任何一个的实例，但人们仍然有理由主张将该条规定适用到该案例中。[1]如果概念涵摄与规则适用在逻辑上是等值的，那么所有支持这种结论——当概念涵摄成立时主张规则不适用，或在概念涵摄不成立时主张规则适用——的理由都是虚妄的。这在直觉上是令人难以接受的，因为它会使所有那些在真实的司法实践中建立在这些理由上的判决都成为错误的。

当然，一个主张在直觉上难以接受并不意味着这个主张就是错误的——"地球是圆的"这一主张在很长时间内也是在直觉上难以接受的——但的确意味着：如果没有强有力的证据支持这一主张，那么可以合理地假定它是错误的。换句话说，反直觉的主张的支持者负有证明责任。但截至目前，并没有人令人满意地履行了对于概念涵摄与规则适用之间存在逻辑等值关系的证明责任。据说拉兹所提出的规则作为排他性理由这一论题可以为概念涵摄与规则适用之间的逻辑等值关系辩护，下一个小节笔者将反驳这种看法并给出相反主张（概念涵摄与规则

---

[1] 参见张明楷：《刑法分则的解释原理》，中国人民大学出版社2004年版，第14~15页。

适用之间不存在等值关系）的理由。

至于采用一阶谓词逻辑形式对规则适用的逻辑刻画，"印证"了概念涵摄与规则适用之间存在逻辑等值关系；并不能说明在它们之间的确存在逻辑等值关系，因为还有可能是由于这套逻辑系统并不适宜用以刻画司法推理。实际上，基于如下两个理由，我们认为这一"印证"是由于逻辑系统的不配套性所造成的。一是，一阶谓词逻辑只能用来刻画适用规则的推理，而不能用来刻画关于规则的推理（比如规则是否有效或是否应当适用等）；而在司法推理中，后一种推理与前一种推理同样是必要的。二是，如果以一阶谓词逻辑的形式来刻画规范性的规则，那么这些规则与推论规则在形式上看就没有任何区别了；而这两者存在显著的区别。如果违反有效的推论规则，那么论证就是不可靠的；但规范性的规则在推理的过程中则可能被推翻或废止。此外，依据规范性规则进行推理仍然要建立在有效的推论规则的基础上。总之，规范性规则与推论规则是完全不同的两回事。推论规则是我们从事推理的方式，而规范性规则则是我们有时要用到的前提。

上文已述，概念涵摄问题所问的是对象 a "是否" 为概念 M 的实例，因此可以假定这是一个描述性的问题（第四部分在讨论解释问题时将对这一假定进行证明，但即便它是一个规范性的问题，也不会影响此处的论证的有效性）；而规则适用问题所问的是规则 R "应否" 适用到案例 c 上，这显然是一个规范性的问题。从而，主张 "在概念涵摄与规则适用之间存在等值关系" 无疑是规范性的。它可以被表示为：

（9）对于任意的案例 c、规则 R 与主体 s 来说，当且仅当 c 中的相关对象 a 为 R 中的相关一般概念 M 的一个实例，s 应当将 R 适用到 c 上。

它实际上是如下两个主张的合取:

(10) 对于任意的案例 c、规则 R 与主体 s 来说,只要 c 中的相关对象 a 为 R 中的相关一般概念 M 的一个实例,s 就应当将 R 适用到 c 上。

(11) 对于任意的案例 c、规则 R 与主体 s 来说,只有 c 中的相关对象 a 为 R 中的相关一般概念 M 的一个实例,s 才应当将 R 适用到 c 上。

对 (11) 的讨论笔者将放在下一部分进行,这里只讨论 (10)。由于当且仅当 (10) 与 (11) 均成立时 (9) 才成立;因此,如果这里揭示了 (10) 是错的,那么 (9) 也就是错的。

由于一阶谓词逻辑系统并不适宜被用来刻画司法推理的过程,这里我们不采用这套逻辑将规则刻画为 $(x)[M(x) \rightarrow OG(x)]$,而是将它刻画为一个有序的二元对: $<an(R), cn(R)>$。其中,$an(R)$ 表示 R 的前件,$cn(R)$ 表示规则的后件。对于任意规则 R 与任意案例 c 来说,"c 中的相关对象 a 为 R 中的相关一般概念 M 的实例"与"规则的前件即 $an(R)$ 在 c 中被满足"在分析的意义上是等值的,因此 (10) 可以改写为:

(10.1) 对于任意的案例 c、规则 R 与主体 s 来说,只要 $an(R)$ 在 c 中被满足,那么 s 就应当将 R 适用到 c 上。

又由于"将 R 适用到 c 上"蕴含"赋予 c 中的相关对象 a 以规则的后件即 $cn(R)$ 所规定的法律后果 $G^{cn(R)}$",后者可以简单地描述为"对 a 做 $G^{cn(R)}$"。因此,(10.1) 蕴含:

（10.2）对于任意的案例 c、规则 R 与主体 s 来说，只要 an（R）在 c 中被满足，那么 s 就应当对 c 中的相关对象 a 做 $G^{cn(R)}$。

比如，对于朱建勇故意毁坏财物案、《刑法》第 275 条与任意的法官 j 来说，只要该条规定的前件在朱建勇案中被满足的话（或者说朱建勇的行为是"故意毁坏财物"的一个实例的话），那么 j 就应当判处朱建勇该条规定的后件所要求的"三年以下有期徒刑……"

下文将要表明，规范性主张（10.2）是不成立的，这意味着蕴含（10.2）的（10.1）以及与（10.1）在分析上等值的（10）都是不成立的；从而最终得出，（9）是不成立的。让我们从一个据说可以支持（10.2）的论证——拉兹所提出的规则作为排他性理由这一论题，在法理学中，这一论题为许多学者所赞许[1]——开始讨论。

拉兹接受实践推理的一般分析框架，从行动理由出发来考察"应当"。我们知道，行动理由不同于行动原因。行动原因是解释性与预测性的，它和那些没有主体所参与的事件的原因在性质上并无区别，均是人们用来解释行动（事件）为什么会发生、并在此基础上预测当特定条件满足时什么样的行动（事件）会发生的工具。行动理由则是证立性的，它为主体的行动提供了正当化的根据。[2]

---

〔1〕 比如，马默（Andrei Marmor）即从拉兹的这一论证出发构建自己关于法律解释的理论。See Andrei Marmor, *Interpretation and Legal Theory*, Oxford：Hart Publishing, 2005, pp. 134~136.

〔2〕 关于理由与原因之间的区别与联系，可参见杨国荣："理由、原因与行动"，载《哲学研究》2011 年第 9 期；李义天："理由、原因、动机或意图——对道德心理学基本分析框架的梳理与建构"，载《哲学研究》2015 年第 12 期。

行动理由具有黑尔所说的可普遍化的特征。[1]如果某个事实是某个行动的理由，那么所有该类事实都是该类行动的理由。比如，如果张三承诺在某时某地等待李四这一事实是张三应当在某时某地等待李四的理由，那么对于任意的主体 s 与任意的事项 A 来说，s 承诺做 A 都是 s 应当做 A 的理由。这意味着，对于任一成立的行动理由来说，人们都可以构造一个有效的原则；比如，上例中相应的原则就是"应当信守承诺"。实际上，这是由于，只有在存在某个相应原则的前提下，某个事件或行动才有可能成为具有证立意义的行动理由，否则它就只是没有任何规范性的"朴素"事实。[2]从这个意义上说，是原则使事实成为理由。更加确切一点的说法是：

（12）原则 P 使事实 f（包括行动）成为主体 s 应当采取某一行动 A 的理由 r。

值得注意的是，（12）并不意味着：

（13）只要存在原则 p 与事实 f 时，主体 s 就应当做 A。

"s 有做 A 的理由"并不意味着"s 应当做 A"；原因很简单，s 可能在有做 A 的理由的同时也有不做 A 的理由。此时，s 应否做 A 便取决于不同理由之间的权衡。使事实成为理由的原则是多种多样的，在许多时候它们所提出的具体要求可能相互

---

〔1〕　See Richard M. Hare, "Universalisability", 55 *Proceedings of the Aristotelian Society*, (1955), pp. 295～312.

〔2〕　对此问题更多讨论，还可参见 Marcus G. Singer, *Generalization in Ethics*, New York：Russell & Russell, 1961, p. 34（强调"没有任何真正的道德判断能够离开理由，也没有任何理由能够离开一般化原则"）。

冲突或至少不能同时得到满足；这使原则与理由具有分量这一面向。[1]换句话说，原则为行动所提供的理由只是初显的理由，而不是终局的理由。[2]一般地说，s 做 A 的终局的理由是：A 的支持性（初显）理由的集合胜过 A 的反对性（初显）理由的集合。因此，当我们要决定是否采取某个行动时，需要做的就是去权衡所支持与反对采取这一行动的初显理由。对于（10.2）来说这意味着：s 应当通过权衡各种相关的理由来决定是否对 c 中的相关对象 a 做 $G^{cn(R)}$。

在拉兹看来，上述分析忽略了规则这一排他性的理由。基于如下两种考虑，人们可能需要用规则来取代自己对于各种初显理由的权衡。一是出于效率的考虑。每次决定应当怎么做时都去权衡相关的理由显然是费时费力的，直接依据规则行事则可以"节省大量的时间和劳动"[3]。当然，规则可能并没有反映正确的权衡结果，此时依据规则而行动则可能是错误的。但在拉兹看来："即便自己的权衡总是得出正确的结果，为了正确行动而每次都进行权衡所耗费的成本也要大于其产生的边际收益。"[4]二是出于权威的考虑。在拉兹看来，如果比起自己去权衡相关的理由而行动，接受某个人的指示更有可能使我们作出符合正确的权衡结果的行动，那么该人对于我们具有实践权威；我们

---

〔1〕 原则的分量问题。See e. g., Ronald Dworkin, *Talking Rights Seriously*, Cambridge, Mass: HUP, 1976, pp. 26~27; Robert Alexy, *A Theory of Constitutional Rights*, Oxford: OUP, 2002, pp. 50~55.

〔2〕 初显的理由（prima facie reasons）可以理解为当只考虑某一个事实时成立的理由或者说仅建立在某一条原则上的理由，终局的理由（conclusive reasons）是权衡了所有相关的事实与原则之后成立的理由。

〔3〕 Joseph Raz, *Practical Reason and Norms*, (3rd edition), Oxford: OUP, 1999, p. 59.

〔4〕 Joseph Raz, *Practical Reason and Norms*, (3rd edition), Oxford: OUP, 1999, p. 60.

应该按照他的指令而非自己的权衡结果而行动。[1]比如，当我决定要做一笔投资时，如果比起自己去权衡需要考虑的各种因素，直接听从某个理财顾问的建议更有可能达到最佳的投资回报率；那么我应当做的就是听从他的建议。

当具有实践权威的立法者制定出规则之后，规则就成为一种新的行动理由了；并且，由于规则本身是建立在对各种基于原则的初显理由进行权衡的基础之上的，从而它不用再次和这些理由放在一块进行比较——否则就犯了将同一个理由计算两次的错误——而是直接排除并取代这些理由。[2]正是在这个意义上说，规则不仅和基于原则的各种理由一样是一阶的行动理由，而且是一种二阶的排他性理由。因此，当存在相关的规则时，s 应当做 A 的终局性理由就不再是 A 的支持性（初显）理由的集合胜过 A 的反对性（初显）理由的集合；而是规则中的前件被满足。这就是从规则作为排他性理由这一论题为（10.2）所做的辩护。

然而，关于立法者究竟是否具有实践权威，或者说立法者所制定的规则究竟是不是在多数时候反映正确权衡的结果，是有争议的。人们一般以立法者具有更丰富的专业知识[3]或民主、审慎的决策程序[4]等理由来为这一主张辩护，但这些辩护

---

〔1〕　See Joseph Raz, *The Morality of Freedom*, Oxford: OUP, 1986, p. 53.

〔2〕　See Joseph Raz, *The Morality of Freedom*, Oxford: OUP, 1986, p. 46.

〔3〕　See e. g. , Andrei Marmor, *Interpretation and Legal Theory*, Oxford: Hart Publishing, 2005, p. 136 [马默在脚注中提醒我们要注意到，现代的立法机关通常是像 FDA（食品与药品管理局）或 EPA（环境保护局）这样的行政机关，或者其他通常拥有大量专业知识的机关]。

〔4〕　See e. g. , Jeremy Waldron, "Legislative Intentions and Unintentional Legislation", in Andrei Marmor, (ed.), *Law and Interpretation*, Oxford: OUP, 1995, pp. 343~352.

远非结论性的。不过，即便这一主张是成立的，也不意味着规则在任何时候都是排他性的理由。这是因为，作为实践权威的立法者在制定规则时不太可能将所有的理由都考虑在内。回到理财顾问的例子，如果我明确地知道他在提供建议时没有注意到相关的金融法规已经进行了修订的话，那么仍然以他的建议来替代自己的权衡就是非理性的了。对于规则来说，情况同样如此，如果我们明确地知道某个理由没有被制定规则的立法者所考虑到的话，那么我们应该做的，就不再是直接依据规则而行事，而是仍然返回去权衡（包括该理由在内的）各种理由。由于规则在先、对规则的适用在后，立法者的预见性又是有限的，这一可能性总是存在的。[1]

基于效率的论证同样没有理由反对这种情况下的权衡，即便拉兹关于"每次都进行权衡的成本大于边际收益"的主张是正确的。原因在于，除了"每次都权衡"和"每次都不权衡"这两个选项之外，还有另外一个选项："在常规案件中不权衡，在疑难案件中权衡。"出现了立法者没有考虑到的但在规范意义上可能具有重要性的事实，无疑是使案件变得疑难的一种方式。[2]

上述讨论意味着，规则作为排他性理由这一论题并不能为（10.2）提供有效辩护。实际上，正是由于立法者在制定规则时不太可能考虑到所有可能相关的理由，从而在有些情况下，虽然规则的前件即 an（R）在 c 中被满足，s 可能仍然有不对 c 中

---

[1] See e. g., H. L. A. Hart, *The Concept of Law*, (2nd edition), Oxford: Clarendon, 1994, pp. 128~129.

[2] 有关简易案件、疑难案件问题，参见 Brian Bix, *Law, Language, and Legal Determinacy*, Oxford: OUP, 1993, pp. 63~76; Andrei Marmor, *Interpretation and Legal Theory*, Oxford: Hart Publishing, 2005, pp. 95~118.

的相关对象 a 做 $G^{cn(R)}$ 的理由。换句话说，概念涵摄成立并不是规则适用成立的充分条件。就此而论，概念涵摄与规则适用不可能是逻辑等值的。

在大多数案例中，情况是这样的：如果概念涵摄是成立的，那么规则被适用；如果概念涵摄不成立，那么规则不被适用。对于这一现象，尽管可能有多种解释，但最简洁的一个解释无疑是：

（14）概念涵摄成立为法官应当适用相关规则提供了某种理由；

（15）概念涵摄不成立为法官不应当适用相关规则提供了某些理由。

问题是，所谓的"某种理由"究竟是一种什么样的理由？是终局的理由（以下用 c-r 表示），还是初显的理由（以下用 p^{f-r} 表示）？实际上，（14）与（15）中所说的理由既不是终局的理由，也不是初显的理由，而是推定的理由（以下用 p-r 表示）。

对于（14），上文已述，由于立法者在制定规则时无法考虑到所有可能相关的理由，概念涵摄成立无法为法官应当适用相关规则提供终局的理由。但概念涵摄成立为法官应当适用相关规则所提供的理由也不是通常的原则所提供的初显的理由，而是一种推定的理由。

推定的理由可定义如下：

（16）对于任意主体 s 与任意行动 A 来说，如果 s 有某个推定的理由 $p-r_1$ 做 A，那么 s 应当做 A，除非［存在其他理由 r_1，且 r_1 胜过 $p-r_1$］。

对比初显的理由的定义：

（17）对于任意主体 s 与任意行动 A 来说，如果 s 有某个初显的理由 p_f-r_1 做 A，并且并非 [存在其他理由 r_1，且 r_1 胜过 p_f-r_1]，那么 s 应当做 A。

推定的理由与初显的理由之间的区别在于证明责任的分配不同。举个例子来说，假设 s_1 有理由 r_3 做 A_1、理由 r_4 不做 A_1，并且 r_4 胜过 r_3；但 s_1 并不知道 r_4 的存在，或者误以为 r_4 弱于 r_3，从而决定做 A_1。此时，如果 r_3 是初显的理由的话，那么 s_1 应当为此错误决定承担责任；但如果 r_3 是推定的理由的话，s_1 的决定便不应被描述为错误的。

回到对（14）的讨论中来。如果概念涵摄成立是初显的理由的话，那么在概念涵摄成立时，法官仍然有责任去探究是否存在反对规则适用的理由并进行权衡。如果概念涵摄成立是推定的理由的话，那么在概念涵摄成立时，法官便可以直接推定规则应当被适用。除非他已经明确地意识到（或被告知）存在某个（些）反对规则适用的理由，并且这个（些）理由具有足够强的分量。现在的问题是，当概念涵摄成立时，法官有责任去探究是否存在反对规则适用的理由吗？答案显然是否定的。因为它不仅会严重地贬损制定规则的意义，而且还会使规则适用成为一件不可能完成的任务。在所有的案例中，人们都无法绝对肯定地说：不存在具有足够分量的反对规则适用的理由。如果法官应当承担这一责任的话，那么在缺乏关于是否存在具有足够分量的反对规则适用的理由的相关信息的情况下，他就无法作出任何决定。

基于同样的原因，当概念涵摄不成立时，法官也没有责任去探究是否存在支持规则适用的理由，而是可以直接推定不应当适用规则；除非他已经明确意识到（或被告知）存在某个

（些）支持规则适用并具有足够分量的理由。就此而论，（15）中的概念涵摄不成立所提供的理由同样不是初显的理由。然而，对于（15）来说，情况稍微复杂一点。概念涵摄成立之所以能够成为支持规则适用的推定的理由，是因为规则被推定反映了正确的权衡结果。那么概念涵摄不成立何以能够成为反对规则适用的推定的理由呢？它又为何不能成为反对规则适用的终局的理由呢——或者说，（11）为什么是错的？为了回答这些问题，需要探究的是从一开始概念涵摄不成立何以能够为不应当适用规则提供理由。

虽然上节说过，"将规则 R 适用到案例 c 上"蕴含"赋予 c 中的相关对象 a 以 R 的后件所规定的法律后果 $G^{cn(R)}$ ［或者简单地说，对 a 做 $G^{cn(R)}$］"；但这两者并不是一回事。一个明显的例子是，如果两个不同的规则 R 与 R'规定了相同的法律后果［或者说 $G^{cn(R)}$ 与 $G^{cn(R)}$ 是相同的］，案例 c 满足 R'而非 R 的前件，那么说"法官具有推定的理由对 a 做 $G^{cn(R)}$"是对的，由于 $G^{cn(R)}$ 与 $G^{cn(R)}$ 是相同的，从而说"法官具有推定的理由对 a 做 $G^{cn(R)}$"也就是对的；但说"法官应当适用 R 到 c 上"显然是不对的。这意味着，"将 R 适用到 c 上"，并不是简单地"对 a 做 $G^{cn(R)}$"，而是"以 R 作出了相关的规定为理由 a 做 $G^{cn(R)}$"。如果概念涵摄不成立，那么 R 的前件 an（R）就不能被满足，R 作出了相关的规定可以被推定为无关的［并因此不能成为对 a 做 $G^{cn(R)}$ 的理由］；因此，概念涵摄不成立是不应当适用规则的推定的理由。而（11）之所以是错的，是因为这一无关性的推定在特定情况下是可以被废止的——正是在这个意义上它是一个推定。比如，如果人们根据 R 作出了相应的规定以及其他事实推论出 R 背后的原则与理由，并在此基础上决定案例 c 应当如何被处理的话，R 作出了相关的规定就不再是无关的了。

根据上面的讨论，现在可以将概念涵摄与规则适用之间的规范联系表述为：

（18）概念涵摄成立为法官应当适用相关规则提供了推定的理由；

（19）概念涵摄不成立为法官不应当适用相关规则提供了推定的理由。

正因为概念涵摄是否成立为法官是否应当适用相关规则提供了推定的理由，当概念涵摄成立（不成立）时，法官可以直接推定规则应当（不应当）被适用。然而，如果法官明确地意识到（或被告知）存在反对（支持）规则适用的理由，就应当在权衡之后再作出决定；应被纳入权衡的理由不仅包括规则所赖以建立的（实质的）初显的理由，还包括由法律应当具有安定性等在内的（形式的）初显的理由。[1]

现在来看在概念涵摄与规则适用之间存在如（18）（19）所说的这样一种规范性联系的一些辅证。我们知道，在真实的司法实践中，存在如下四种类型的案例：

	概念涵摄成立	概念涵摄不成立
规则被适用	甲型	乙型
规则未被适用	丙型	丁型

首先，在概念涵摄与规则适用之间所存在的这种规范性联

---

〔1〕 在阿列克西（Robert Alexy）看来，对于规则 R 与相冲突的原则 P 来说，只有在 P 的分量比 R 所赖以建立的实质原则 P_R 与形式原则 P_f 的分量之和还重的时候，R 的适用才会被 P 所限制。See Robert Alexy, *A Theory of Constitutional Rights*, Oxford: OUP, 2002, p. 48.

系能够解释为什么在这四种案例当中，甲型案例与丁型案例最为常见。虽然对于任何规则来说，在概念涵摄成立（不成立）时，都可能面临反对（支持）规则适用的理由；但在多数案例中，这种理由并未被实际地提出。正是这种规范联系，使法官能够在缺乏是否存在这些理由的信息的条件下作出适用（不适用）规则的决定。

其次，它也能够解释为什么至少部分的乙型与丙型案例具有直觉上的合理性。比如，在上述泸州"二奶"继承案中，虽然对于《继承法》（已失效）第 5 条所规定的"有遗嘱的，按照遗嘱继承或遗赠办理"来说，概念涵摄显然是成立的，但法官不适用这一规则的决定仍然具有直觉上的合理性。再比如，有学者曾提到过这样一个案例：某青年同时与两位女青年在其家乡举行婚礼。[1]该青年的行为显然并不是《刑法》第 258 条所说的"有配偶而重婚"的一个实例，但应当适用这一规则的主张仍然具有直觉上的合理性。

此外，它还能够解释，为什么丁型案例通常涉及的反向适用在直觉上是有效的。所谓反向适用，是指以：

（20）案例 c 中的相关对象 a 不是相关规则 R 中的一般概念 M 的一个实例。

为前提（之一），得出结论：

（21）不应赋予 a 以 R 的后件 cn（R）所规定的法律后果。

比如，在第 24 号指导案例中，法官以"被侵权人宋某因为

---

[1] 参见孔祥俊：《法律方法论——法律解释的理念与方法》（第 2 卷），人民法院出版社 2006 年版，第 1017 页。

体质状况在一定程度上影响了损害结果这一事实并不属于《侵权责任法》第二十六条——'被侵权人对损害的发生也有过错的，可以减轻侵权人的责任'——所采用的一般概念被侵权人对损害的发生也有过错的一个实例"为前提（之一），得出"不可以减轻侵权人的责任"这一结论。

在形式逻辑的框架下，这一推论过程通常被重构为：

（22）如果［被侵权人对损害的发生也有过错］，那么［侵权人的责任可以减轻］；

（23）并非［被侵权人对损害的发生也有过错］；

因此，（24）并非［侵权人的责任可以减轻］。

但这显然犯了否定前件的逻辑谬误。[1]不过，这并不意味着在所有的丁型案例中，人们都不能从（20）中推出（21）；而只意味着，从（20）到（21）的推理过程并不像规则适用的推理过程那样，能够刻画为一个以规则作为大前提的规范三段论。实际上，人们之所以能够在有些丁型案例中，从（20）中推出（21）来，仍然部分地依赖于概念涵摄与规则适用之间所存在的规范联系。概括来说，正是由于概念涵摄不成立为规则适用不成立提供了推定的理由，从而使"R作出了相关的规定"无法成为（21）的互补主张。

---

[1] 在经典逻辑中，对于"如果 p，那么 q"这样的实质条件式来说，人们能够根据前件 p 成立推导出后件 q 成立，也能够根据 q 不成立推导出 p 不成立；但不能根据 q 成立推导出 p 成立，也不能根据 p 不成立推导出 q 不成立。前两种有效的推论分别被称为"肯定前件式"（modus ponens）与"否定后件式"（modus tolenns）；后两种无效的推论则被称为"肯定后件谬误"（fallacy of affirming the consequences）与"否定前件谬误"（fallacy of denying the antecedent）。

（21）应当赋予 a 以 R 的后件所规定的法律后果的理由。

此时，如果不存在支持（21）的其他理由，而在特定的法律语境下又有推定：

（26）任何肯定性法律后果的赋予都必须以明确的法律规则为理由。[1]

这样就可以得出（21）了。

如果概念涵摄与规则适用之间不存在任何规范性的联系的话，那么很难解释像第 24 号指导案例中这样的反向论证为什么具有直觉上的有效性。

最后，它还能够解释，为什么在乙型与丙型案例中，人们经常对是否应当适用规则意见不一；甚至在一些人看来，在这一问题上并没有正确答案，或者说什么是正确答案从根本上说取决于法官的选择。[2]因为在这些案例中，人们关于是否应当适用规则的主张取决于他们对各种理由的权衡；而人们对理由的权衡又通常受到他们所具有的各种不同的实质性道德观念的影响。然而，需要再次强调的是，这并不一定意味着司法推理是缺乏客观性的，而只意味着裁判结论并不是由先在的法律素材所完全决定的。在接下来的一小节中，这一问题将得到更多的讨论。

---

〔1〕 这一推定可以被称为"闭合元规则"（closure meta-rule）；比如，刑法中罪刑法定的原则。对闭合元规则的进一步讨论，参见［意］齐瓦尼·萨尔托尔：《法律推理——法律的认知路径》，汪习根等译，武汉大学出版社 2011 年版，第 549 页。

〔2〕 比如，在 Brown v. Allen 案中，杰弗逊法官曾说："我们是终局性的不是因为我们是不可错的，恰恰相反，我们是不可错的是因为我们是终局性的。"（We are not final because we are infallible, but we are infallible only because we are final.）See Brown v. Allen, 344 U. S. 540,（1953）.

上文已述，在司法推理的传统描述中，有两个核心的主张：一是，法官（或其他从事法律推理的主体）在裁判的过程中，所面临的主要难题是判断相关对象的归属；二是，这一难题应当根据后果权衡来解决。如果我们厘清了概念涵摄与规则适用之间的逻辑分别与规范联系，就会认识到：这两个主张都是错误的。

首先，法律推理之所以不是一个简单的演绎推理的过程，不光是因为人们需要去判断相关对象是否在规则所采用的一般概念的外延之内；有些时候，即便这一判断并无疑难，或者说相关对象明确地属于（或不属于）规则所采用的一般概念，人们仍然不确定是否应当适用该规则。以"禁止车辆进入公园"这一规则为例。对于一辆普通的卡车来说，人们很容易就能够判断它属于车辆并适用该规则；但对于一辆电动车或救护车来说，人们可能很难决定是否适用该规则。然而，值得注意的是，虽然在电动车与救护车这两种情况下，人们都很难决定是否适用该规则；但难以决定的原因并不相同。在电动车的情况下，是因为电动车是否属于车辆是不明确的；在救护车的情况下，则不是因为救护车是否属于车辆是不明确的——救护车显然属于车辆，而是因为存在着让救护车进入公园的实质理由。

正是在这个意义上说，在法律推理的过程中，可能存在两个难题：一个难题是关于概念涵摄的，即在判断相关对象是否在规则所采用的概念的外延之内时遇到的困难；另一个难题则是关于规则适用的，即在（作出相关对象之归属这一判断之后）决定是否应当适用规则时所碰到的困难。因此可以分别被称为概念涵摄难题与规则适用难题。解决了概念涵摄难题并不意味着同时也就解决了规则适用难题。虽然概念涵摄成立为规则适用成立提供了推定的理由，因此人们可以在判断概念涵摄成立之后直接推定规则适用成立，但这一推定可以被废止——实际上，正是这一可废止性使规则适用难题的出现成为可能。因此，情况并不像有些学者所想的那样：一旦作出了相关对象的归属判断，剩下的就只是一个简单的逻辑操作了。

　　这两个难题具有不同的根源，并因此具有不同的解决方案。概念涵摄难题根源于一般概念所固有的不完备性。一般概念是在对外部事物的特征进行描述的基础上形成的，而外部事物具有无穷多的特征——一般来说，随着认识的深化，人们会不断发现事物的新特征——因此不可能对任何事物做穷尽的描述。"不管我给出一个事物多少特征，也不管我表明了该事物与其他事物之间存在多少联系，或对它的生命历程作出多少描述，永远都不可能达到严格详尽的地步。……没有最大化的描述。"[1]因此，日常生活与法律领域中的一般概念不太可能具有完全明确的意义，以使人们能够据之判断任何对象的归属。正因为概念涵摄难题是由意义的不明确所造成的，它的解决方案是旨在明确意义的法律解释；这意味着，如果法律解释从根本上说是一个事实发现的活动，那么在概念涵摄问题上就并没有后果权衡的空间。

　　规则适用难题的根源是：社会生活是复杂多变的，而立法者的理性则是有限的，因此总有可能考虑欠周。这至少有如下几种可能的情况，一种是：

　　（27）立法者在权衡了相关的理由之后对 M 类对象作出了相关的规定，但没有注意到 N 类对象与 M 类对象在某个重要的方面是相似的。

---

〔1〕　Waismann, "Language Strata", in A. Flew, （ed.）, *Logic and Language*, （*Second Series* 11）, Oxford: Basil Blackwell, 1961, p. 27.

比如，立法者在权衡了个人的婚姻自由与一夫一妻的社会伦理之后，决定禁止"有配偶而重婚"这类行为，但没有注意到"同时与多人举办婚礼"这类行为同样与一夫一妻的社会伦理相冲突；因此，如果前者应被禁止，后者同样应被禁止。

与此相对应的另外一种可能的情况是：

(28) 立法者对 M 类对象作出了相关的规定，但没有注意到：在由 M 类对象所构成的集合中，存在一个由 M_1 类对象所构成的特殊子集，M_1 类对象与 M 类对象中（除了 M_1 类对象）的其他对象在某个重要的方面有所不同。

比如，为了保护后人的孝思忆念，立法者决定赋予死者的"直系亲属"以起诉死者的诽谤者的自诉权，但没有注意到，并不是所有的直系亲属都对死者具有忆念孝思；特别是，若干代之后（比如四代）的直系亲属不太可能具有这种忆念孝思。[1]

在上述两种情况下，当手头案例事实中的相关对象属于 N 类或 M_1 类时，人们就有理由回过头来反思（依据概念涵摄是否成立而作出的是否应当适用规则的）相关推定是否仍应维持；从而造成规则适用难题。此外，还有一种可能的情况：

(29) 立法者对 M 类对象作出了一般性的规定，但在某种

---

〔1〕 相关的案例为曾引起巨大争议的"谤韩案"。在该案中，郭某在某杂志发表文章称：唐代文人韩愈具有风流才子的不良习气，寻花问柳以致染上性病，又误信方士之言食用硫磺中毒而死；于是韩愈第 39 代孙韩某向法院提起自诉。该案一、二审法院均认为韩某为法律所规定的"直系亲属"，因此具有自诉权；并且郭某无中生有成立诽谤罪。在《法学方法论》一书中，杨仁寿将该案作为引言，并对自己当年为法院判决所做的辩护进行了反省与检讨，认为自己和该案的一、二审法官都犯了形式主义的错误。参见杨仁寿：《法学方法论》，中国政法大学出版社 1999 年版，第 1~8 页。

特殊的情况下，赋予属于 M 类对象的 m_1 以规则所要求的法律后果将有损某个重要的道德价值或社会目标。

　　德沃金曾举过这样一个案例。立法者出于保护环境的社会需要规定：政府应当采取必要的行动，保证由政府审批、资助或执行的行动不会危及"濒危物种"的保全。田纳西水利部门为增加水力发电修建了一个水坝，投资超一亿美元，即将完工。后环保人士发现，该水坝的建成将会使一种叫作蜗牛镖的濒危物种灭绝；于是起诉要求停止继续修建该水坝。在该案中，如果严格适用相关规则，将会造成公共资金的巨大浪费。[1]

　　我国也有类似的案例。某地房地产规划部门批准一个房地产开发公司建造一座 50 层的大楼。在建到 40 多层时，附近 4 层楼房的居民发现这座大楼的规划违反国家有关楼高及间距的规定，遂提起行政诉讼，要求撤销房地产规划部门的批准决定。法院经过审查，认为该行政决定违法，依据《行政诉讼法》（1989年）第 54 条第 2 款之规定，应予撤销，但判决撤销这一批准决定，将会造成数亿元的经济损失，于是法院进退两难。[2]

　　与此相对应的另外一种可能的情况是：

_____

　　[1]　See Ronald Dworkin, *Law's Empire*, Cambridge, Mass. : HUP, pp. 20～23. 尽管如此，美国最高法院仍然作出了水坝必须停工的判决。首席大法官伯格（Warren Burger）在多数意见书中写道，当法律文本具有清楚的含义时，法院无权拒绝适用法律，哪怕这会带来难以接受的后果。Tennessee Valley Authority v. Hill, 437 U. S. 196, (1978).

　　[2]　据说 1999 年《最高人民法院关于执行〈中华人民共和国行政诉讼法〉若干问题的解释》（已失效）第 58 条的规定（"被诉具体行政行为违法，但撤销该具体行政行为将会给国家利益或者公共利益造成重大损失的，人民法院应当作出确定被诉具体行政行为违法的判决，并责令被诉行政机关采取相应的补救措施；造成损害的，依法判决承担赔偿责任"）就是源于这一案例。参见甘文："规则、原则和方法"，载《人民司法》2006 年第 12 期。在《行政诉讼法》（2014 年）中，上述司法解释被确定为正式的法律规则（第 74 条第 1 款）。

(30) 立法者在权衡了相关的理由之后规定只对 M 类对象赋予特定的法律后果 G，但在某种特殊的情况下，如果不赋予不属于 M 类对象的 n_1 以 G 的话，将有损某个重要的道德价值或社会目标。

下面这一案例就属于这种情况。2005 年，被告王某、吕某在江苏高淳县境内交通肇事致一名无名男子死亡；王某、吕某对此次事故负同等责任，被害无名男子不负事故责任。经确认，该无名男子为无法确定身份的外来流浪汉。该县民政局以其系社会流浪人员救助机构为由，对王某、吕某及相关保险公司提起民事诉讼，请求赔偿损失 18 万余元。依据《民事诉讼法》(1991 年) 第 108 条第 1 款的规定，只有那些"与本案有直接利害关系的公民、法人和其他组织"具有提起民事诉讼的原告资格；在该案中，该县民政局显然并不属于此类对象。基于此，该案一、二审法院均认为该县民政局不具有原告资格，无权主张损害赔偿。[1]虽然此案二审判决被《中华人民共和国最高人民法院公报》刊载，但在之后的多起类似案例中，并未被各地法院所遵循；不少学者、法官认为，从维护良好的公平正义观念以及保障受害人亲属的合法权益等角度来看，应该赋予民政部门主张损害赔偿的权利。[2]

在上述四种情况下的相关案例中，人们既有严格遵循规则——当规则的前件满足时适用规则，否则不适用规则——进行裁判的理由，也有突破规则进行裁判的理由；生效的判决也

---

〔1〕 参见"高淳县民政局诉王昌胜、吕芳、天安保险江苏分公司交通事故人身损害赔偿纠纷案"，《中华人民共和国最高人民法院公报》2007 年第 6 期。

〔2〕 李友根教授对此类案例进行了细致的整理与分析。参见李友根："指导性案例为何没有约束力：以无名氏因交通肇事致死案件中的原告资格为研究对象"，载《法制与社会发展》2010 年第 4 期。

彼此各异。值得注意的是，无论是严格遵循规则的理由，还是突破规则的理由，都不是由规则本身所提供的。就此而论，规则适用难题并不能通过对规则的解释来解决，而是要通过通常所说的法律续造来解决。

二、法律命题与法律解释

法律解释试图澄清相关的法律规则，以明确相关的法律命题，并使其能够在手头的案件中推导出为真的特定法律命题，从而获得正确的司法判决。

对于法律解释，我们最为关心的是，有哪些解释方法是有效的，但任何方法都是与特定目标相联系的。人们往往以目标来衡量方法是否妥当。这固然没什么问题，但它只是问题的一面，问题的另一面是，如果目标设置得不合理，也就无法提供任何可行的方法。因此，在提出一个法律解释的方法论之前，首先要明确的是，我们所谈论的法律解释，所要实现的，究竟是一个什么样的目标。

（一）法律解释的目标：探究立法意图

在一些学者看来，法律解释的目标在于构建针对个案的裁判规范（一般法律命题）。[1]尽管这一定位突出了个案规范作为法律与判决之媒介的重要性，但它没有将法律解释、法律续造以及法律发现区别开来。对个案规范的构建是法律发现的目标，在有些情况中，它无法只依靠法律解释就能够达成。换句话说，在构建个案规范的过程中，人们可能既需要澄清那些在

---

〔1〕 如焦宝乾："论法律解释的目标"，载陈金钊、谢晖主编：《法律方法》（第4卷），山东人民出版社2005年版，第124页；李伟："法官解释确定性的研究"，山东大学2007年博士学位论文。

语义上模糊的法律规则，也需要对特定的法律规则是否适用于个案作出自己的判断，甚至可能需要在规则缺失的情况下进行填补，以及对一些不适应社会发展的规则进行修正。这些显然都是不同的目的性活动，也具有不同的环节与方法。将它们统一称为法律解释，既不利于对司法实践活动的清晰描述，也不利于为之提供不同的方法论准则。因此，这样的理解是更妥当的：构建个案裁判是法律发现的目标，法律解释与法律续造是法律发现的不同环节。对于法律解释来说，它的目标仅仅在于澄清那些在语义上模糊的法律规则，或者说，明确法律规则的含义。

然而，明确法律规则的含义，只是一个笼统的说法。需要进一步阐明的是，什么是法律规则的含义？在此问题上，主观论与客观论之争由来已久。前者认为法律规则的含义就是作者试图传达的意思；而后者则认为，法律一经制定，便与立法者脱离了关系，具有自身独立的意旨，这也就是它的客观含义。[1]除了作者原意与客观含义之外，还有一种被称为"读者反应论"的观点，认为含义既不是作者所决定的，也不可能是独立于主体的，而只能是读者通过阅读的过程带进文本的。[2]

这里即试图通过批判读者反应论与客观含义说，来维护那种认为作者意图决定文本含义的传统观点，并将法律解释的目标明确为：以更为准确的表述复现作者试图通过文本向读者所传达的意思。

---

〔1〕 对主观论与客观论之争的梳理，参见黄茂荣：《法学方法与现代民法》，中国政法大学出版社 2001 年版，第 264~270 页。

〔2〕 See e. g. , Stanley Fish, *Doing What Comes Naturally: Change, Rhetoric, and the Practice of Theory in Literary and Legal Studies*, Durham, NC: Duke University Press, 1989, pp. 562~563.

如果我们将那种认为读者的理解决定文本含义的观点都称为读者反应论的话，那么它还可以细分为两个子类：一个就是德沃金所提到的建构模式，它认为法官应对法律解释采取建构性的态度，即从个人的信念体系出发，将最合理的意思归结于文本。另一个则认为，决定文本含义的并不是作为个体的读者，而是读者所在的解释共同体。如，在菲什看来："正是那些共享解释性策略的人所组成的共同体，而非文本或单个的读者，产生了意义。"[1]

基于个体信念的建构模式，与基于共同体的读者反应论，所共同存在的一个问题是，没有在"含义"与"关于含义的信念"之间进行区分。将后者等同于前者所造成的一个困境是，排除了出错的可能性。可以通过一个思想实验说明这点。如果一个法律规则的含义被某个法官认为是 X，而被另外一个法官认为是 Y，那么我们并不说它具有不同的含义，而只是说这两个法官具有不同的信念。同样，如果一个法律规则的含义在某个时间被某个法官或法律共同体认为是 S，而在另一个时间被认为是 T，我们也不说含义发生了变化，而只是说人们关于含义的信念发生了变化。含义的同一性使人们对它的探讨成为可能，而关于含义的信念的"可错性"，则使人们对它的探讨成为必要。一个人可能出错，一个解释共同体同样可能出错，而认为含义完全由读者所决定的观点则在根本上排除了这种出错的可能性。也使人们对于含义的严肃探讨成为一件荒诞的事情。

这是读者反应论，现在让我们来考察客观含义说。在这一说法看来，作品一旦完成，就具有了自己本身的意义，"本文的

---

[1] Stanley Fish, *Doing What Comes Naturally: Change, Rhetoric, and the Practice of Theory in Literary and Legal Studies*, Durham, NC: Duke University Press, 1989, p. 14.

意思和作者心里的意思便有了不同的命运"[1]；从而我们应该根据作品独立的意旨去解释它，而不是过分关注"作者心里的意思"。

假设文本具有独立的含义，初看起来是荒谬的，就像假设存在一个独立于任何主体的意义世界那样。含义是在人们的彼此交流中产生的，它不可能脱离主体而独立存在。正如赫施所说："含义是一件意识的事，而不是一些语词的事。……只要人们并没有用某个词序去表达什么，或人们并没有从这个词序中领会出什么，该词序就什么意义也没有。"[2]这意味着，更为妥当地是将"文本自身的含义"视为一种隐喻性的用法。而事实也正是如此，在人们的使用中，它或者是指在特定语言习惯下某文本的公共含义（或者说，人们关于该文本之含义的信念的聚合）；或者是指文本所隐含的"真理内容"。

认为应当根据公共含义来解释文本的人们通常用三个理由来支持自己的观点。首先，这关系到法治的达成，"法律必须以那人人得认知的意旨为意旨，盖人们因法律而负义务，同时也依法律形成自己的法律关系"[3]。这一理由看上去是极为有力的，但它却建立在一个错误的设想上，即存在一个相同的"人人得以认识的意旨"。事实上，之所以有解释的必要，正是因为存在着分歧与争端。

其次，在一些人看来，一个文本是由词语所构成的，而词

---

〔1〕 ［法］保罗·利科尔：《解释学与人文科学》，陶远华等译，河北人民出版社 1987 年版，第 14 页。

〔2〕 ［美］赫施：《解释的有效性》，王才勇译，生活·读书·新知三联书店 1991 年版，第 22 页。

〔3〕 黄茂荣：《法学方法与现代民法》，中国政法大学出版社 2001 年版，第 269 页。

语的含义显然是流变的，而不是固定的，在不同的社会处境中，人们总是可以将不同的含义赋予相同的词语；如果词语的含义是流变的，那么由词语所构成的文本的含义又如何保持着作者原意而不变呢？词语的含义是流变的，这是毋庸置疑的事实，"同志""小姐"等词语的含义在短短几十年间就发生了极大的变化，一个曾在法律领域内引起争论的例子是"卖淫"[1]。但词语含义的变化并不必然导致由词语所构成的文本的含义的变化，一个简单的例子是，如果一个年逾古稀的老人在大街上对你说"同志，请问建国路怎么走"，你会如何理解这里的"同志"？你会认为老人在问路的同时对你的性取向进行了判断吗？显然并非如此。那么词语与话语为什么会有这样的区别呢？从根本上说，是因为词语是没有作者的，而话语则是有作者的。词义之所以会发现变化，正是许多说话的人用它所构成的句子表达了自己所要表达的意思，从这个意义上讲，词义之所以能够流变，恰恰依赖于文本含义的固定。

最后一个理由也涉及文本含义的变化，但并不是从语言学上说的，而是从合理性上说的，即法律应当适应社会生活的变化。如，陈兴良曾说，刑法解释如果拘泥于立法原意，则容易与现实相脱节[2]；拉伦茨也曾提到，法律要为立法者所没有考虑到的问题提供答案[3]。对此理由，我们首先要区分立法者的意图与立法者所具有的具体信念，前者表现为立法者对某类事物的价值取向，而后者则表现为立法者所拥有的事实性知识。

---

〔1〕　参见中央电视台（CCTV）节目——《今日说法：南京同性卖淫案调查》（播出时间：2004 年 3 月 4 日），http://www.cctv.com/news/society/20040304/101314.shtml，最后访问时间：2012 年 12 月 25 日。

〔2〕　参见陈兴良："法律解释的基本理念"，载《法学》1995 年第 5 期。

〔3〕　参见［德］卡尔·拉伦茨：《法学方法论》，陈爱娥译，商务印书馆 2003 年版，第 198 页。

如果社会生活的变化所引起的结果仅仅是出现了立法者所没有设想到的情形，那么一个妥当的认为文本含义由作者意图所决定的说法，就不会遇到所谓僵化与不适应社会生活的问题。而如果社会生活的变化引起的结果是道德情感上的，或者说，过去立法者对某一类事物的价值取向被广泛认为是不合理的，那么所需要做的，是承认这一点，并进行法律续造或所谓"评价性的漏洞填补"〔1〕，而不是将某个具有合理性的说法强加给文本，并假装自己仍然是在进行认知性的法律解释。

这是公共含义，我们再来看真理内容。事实上，将发掘文本中的真理内容作为解释的目标，在解释学中具有悠久的传统。如，在斯宾诺莎看来，对《圣经》的解释与对自然的解释一样，都是要找到具有真理性的命题，从而对于那些不易理解的段落，要"根据其中根本的原理以推出适当的结论，作为作者的原意"〔2〕。

当然，这一看法的前提是，文本体现或隐含了某种实质性的真理，它可能是神的旨意，也可能是正确的道德原则。《圣经》文本被视为具有这样的特征。长期以来，法律也被视为具有这样的特征；比如，古典自然法学者普遍认为，法律可以根据人类理性予以重构从而成为完全"正当的法律"〔3〕。

事实上，从 19 世纪到现在，尽管传统的自然法理论已被广泛视为空洞的，但仍然有不少学者坚持认为，法律不仅是立法者的意志，它还体现了或至少应该体现一些具有真理性的原则。比如，在耶林看来，"人类的良知与实际的需求构成了法律的最

---

〔1〕 [德] 齐佩利乌斯：《法学方法论》，金振豹译，法律出版社 2009 年版，第 93 页。

〔2〕 [荷兰] 斯宾诺莎：《神学政治论》，温锡增译，商务印书馆 1963 年版，第 108 页。

〔3〕 [德] 考夫曼：《法律哲学》，刘幸义等译，法律出版社 2004 年版，第 33 页。

终泉源"[1]；考夫曼在一些地方将制定法视为法律理念的现实化[2]。如果文本只是"真实内容"的载体，那么重要的就不是文本的含义，而是它所体现或隐含的真理内容。那么解释的目标也就是将这种真理内容揭示出来，如伽达默尔所说："它（法学诠释学）的任务并不在理解通用的法律条文，而是需找合法性，……从而使法治完全渗透到现实中来。"[3]

将真理内容作为解释的目标，在很大程度上来源于对法律之确定性与合法性的追求。一方面，当规则是含混的，可以在多种方式上被理解时，人们期望能够依据一种处于规则之外的事物来判断哪一种理解才是正确的，并以之作为规则的文义；它可能是考夫曼所说的"事物本质"，也可能是摩尔所说的"道德实体"[4]。另一方面，当法律规则在特定案件的适用被认为"不符合规范原有的目的"[5]或"结果不可被接受"[6]时，人们期望能够依据一种更高的标准来对之进行实质性的修正。

然而，正如拉伦茨所言，"法律与自然规则不同，它是由人类为人类所创造的，它表现立法者创造可能的秩序的意志"[7]；

---

〔1〕［德］鲁道夫·冯·耶林：《法学是一门科学吗?》，李君韬译，法律出版社 2010 年版，第 62 页。

〔2〕［德］亚米·考夫曼：《类推与"事物本质"——兼论类型理论》，吴从周译，学林文化事业有限公司 1999 年版，第 139 页。

〔3〕［德］伽达默尔："诠释学与历史主义"，载洪汉鼎主编：《理解与解释——诠释学经典文选》，东方出版社 2001 年版，第 197 页。

〔4〕See Michael S. Moore, "Moral Reality Revisited", 90 *Michigan Law Review* (1992), pp. 2424~2533.

〔5〕如［德］罗伯特·阿列克西：《法律论证理论——作为法律证立理论的理性论辩理论》，舒国滢译，中国法制出版社 2002 年版，第 3 页。

〔6〕See Michael S. Moore, *Law, Language and Ethics*, University of S. Calif. Law Center, 1981, pp. 277~279.

〔7〕［德］卡尔·拉伦茨：《法学方法论》，陈爱娥译，商务印书馆 2003 年版，第 198 页。

这意味着，尽管法律规则一定隐含了立法者的价值追求及其经验性的考虑，但它本身并没有真假之分，而且并不必然能够体现所谓的真理内容，除非我们假定立法者永远是正确与周全的。从而试图将真理内容作为规则含义来解决含混，首先就可能是对规则含义的掩盖或背离。此外，由于规则之外的道德标准与后果标准是多样化的，在一个多元价值观的社会中，这一思路所最终导致的，只能是更大的不确定。

至于对合法性的追求，则是混淆了认知与评价这两种不同的实践活动。法律解释的任务仅仅在于说明法律规则表达了什么含义，而并不关心它所表达的含义是否合理。当然，这并不意味着"是否合理"这一问题不重要，而只是说，它应该由其他的法学方法去探究或解决。正如马默所说，我们应该把"规则包含了什么含义"与"它在特定的环境下是否应被遵循"这两个问题区别开来，即便我们承认法官在适用法律时始终应当考虑其后果的合理性，也并不意味着法律规则无法独立于目的和情境而被理解与适用。[1]

在对读者反应论与客观含义说进行批判之后，让我们回到作者意图论上来，将法律解释的目标定位为：以更为准确的表述复现作者试图通过文本向读者所传达的意思。根据上文的讨论，这一定位在合法性上是无可非议的，法律作为立法者所确定的对个体行为的规范性指引，它反映了立法者所希望的行为方式以及对社会事务的权威性安排，那么在解释法律时以立法者的意图为目标就具有天然的合法性。

（二）对立法意图的质疑与回应

对立法意图的质疑可以分为两类，本体论层面的质疑，即

---

〔1〕 Andrei Marmor, *Interpretation and Legal Theory* (*sec. edition*), Oxford and Portland, Oregon: Hart Publishing, 2005, p. 104.

认为立法意图不存在；认识论层面的质疑，即认为立法意图不可被认识。先来看本体论层面的质疑。

否认立法意图存在的理由可以区分为两类：一类是一般性的，即如果这些理由成立，那么对于所有的文本来说，都不存在所谓的作者意图；另一类是领域特定性的，它仅涉及作为一种特殊文本的法律规范。现在让我们分别来考察这两类理由。

一些人秉承结构主义语言学对语言和言语的区分〔1〕，认为作者只是语言活动的媒介。由于任何一个作者的观念或信念、动机或意图都是在特定的历史处境中形成的，他在写作的过程中所运用的语言也是社会建构的；从而作者本身也就是无关紧要的，只是语言表达自身的一个工具。〔2〕美国宪法学者惠灵顿（Keith E. Whittington）曾对这样一种观点进行了有力的反驳，认为这一观点混淆了实际陈述与潜在陈述之间的区别。尽管语言结构包含了所有的潜在陈述，但一个语句要真正出现，还需要主体在具体语境下的使用。〔3〕这一使用包含了特定的意图，从根本上说，正是这一意图，才使一个语言结构中的言语具有外在的指称，并可能与外部事物相联。〔4〕

除此之外，我们还应看到，如果上述依据结构主义语言学

〔1〕　参见［瑞士］费尔迪南·德·索绪尔：《普通语言学教程》，高名凯译，商务印书馆1980年版，第40~42页。

〔2〕　See e. g., Roland Barthes, "The Death of the Author", in Gail Stygall, ed., *Academic Discourse*: *Readings For Argument and analysis* (*third edition*), London: Taylor & Francis, 2002, pp. 101~106.

〔3〕　参见［美］基恩·E. 惠廷顿：《宪法解释：文本含义，原初意图与司法审查》，杜强强、刘国、柳建龙译，中国人民大学出版社2006年版，第91~92页。

〔4〕　参见［美］马丁·斯通："聚焦法律：法律解释不是什么"，载［美］安德雷·马默主编：《法律与解释：法哲学论文集》，张卓明等译，法律出版社2006年版，第92页。

的推论是正确的，那么被消亡的就不仅是作者，还有解释者；和作者一样，解释者也同样身处特定的社会语境中，脱离了语言结构，他也同样没法进行阅读。事实上，每一个主体都是由社会、历史与文化所建构的，也都在一定程度上充当着语言交流的媒介，或者用后现代主义哲学家列奥塔（Jean-François Lyotard）的话说，"每一个人都是处于关系网络中的信息传递站"[1]。如果这就意味着意图与主体都是虚构的，真正存在的只有语言，那么所有的知识与理论也都将成为一种幻想，它们不过是语言的自我分离与复合；那么说哪一种观点才是正确的，也就没有任何意义。可以看出，这样一种说法在事实上是自我驳斥的，一方面，它显然是要提出自己认为正确的看法，而另一方面，如果这一看法是正确的，那么它自身也就不可能有任何意义，或者说，不可能是正确的。

如果我们要避免这样一种悖论，就必须承认，在语言结构之外，依然有独立存在的、并且至少在一定程度上可以自由表达意图的作者。应当说，文本之所以能够产生，或者说一个特定的言语之所以能够在一个语言结构中由潜在成为现实，作者与意图都是不可或缺的。

一些学者并不打算对一般意义上的文本是否有作者意图发表意见，而只是认为，给定法律规范这一类文本的特殊性，并没有所谓的立法意图。这一特殊性主要是指，在当代社会，法律规范是立法机关的产物，并没有一个单独的作者；或者用美国法理学家与哲学家沃尔德伦（Jeremy Waldron）的话说："立法者是一个由形形色色的人组成的团体，他们来自一个异质且

---

〔1〕Jean-Franqois Lyotard, *The Postmodern Condition*: *A Report on Knowledge*, Minneapolis: University of Minnesota Press, 1984, p. 15.

文化多元的社会。"〔1〕

对于共享意图，首先应当明确地说，足够抽象程度上的共享意图是一定存在的。一些学者指出，人们有时不过是在用同一种表述来掩盖实质性的分歧〔2〕，这固然是真实的，但如果不至少有一个"作出双方都能接受的表述"这一共享的意图，就难以想象这一表述是如何出现的。对于立法来说，事情也同样如此，如果不至少有一个"以投票来决定法律是否通过"的共享意图，也就难以理解立法机关在做些什么。

当然，这一意图是极度抽象的，我们并不能指望它来决定特定规范类型的分类标准。然而，这个极度抽象的共同意图却使被通过的法律规范成为一个生效的、有意义的文本，而不是一段无意义的语词排列。由此，人们也就可以从文本中引申出具体意图。比如，对于"禁止车辆进入公园"这一规则，人们可以引申出如下具体意图，"如果一个事物能被称为车辆，那么禁止它进入公园"。这种可以直接从文本中引申出来的意图可以被称为"直接意图"，它的特征在于，无论作者还是读者，都无法在不打破语法与逻辑规则的情况下而否定它。

所以，真正的问题在于，立法者似乎并没有共享一些特定性的意图，如"是否禁止自行车进入公园"。如果只是考虑这一单个的规则，那么特定意图是很难确定的，但任何一个规则都不是独立存在的，它总是处在一个由规则所构成的整体内。这样，它就可以依据一些解释性材料来确定。对此，笔者在下一

---

〔1〕　[英] 杰里米·沃尔德伦："立法者的意图与无意图的立法"，载 [美] 安德雷·马默主编：《法律与解释：法哲学论文集》，张卓明等译，法律出版社 2006 年版，第 419 页。

〔2〕　如，苏力："解释的难题：对几种法律文本解释方法的追问"，载《中国社会科学》1997 年第 4 期。

部分中还会详细讨论。

当然，这一说法实际上隐含地说明了，共享意图不是一个摆在那里等着我们去发现的东西，而是要我们从文本与其他解释性材料中去推断。那么，这是否意味着它在本体论上是一种虚构呢？这就要看我们如何理解"虚构"，以及如何理解事物的存在状态。对此，笔者在另外一篇文章中已有详细讨论[1]，这里不再赘述。概言之，我们应该把存在视为一种被特定理论所承诺并有助于组织材料以在理论与经验现象之间进行沟通的事物，而不是在根本上独立于任何理论体系的完全外在物。

事实上，对于个人意图来说，我们（至少在当下）也不可能找到一种方法去发现作者在创作时头脑中究竟浮现了哪些事物形象，也只能去推断。再如，在刑事审判中，我们经常会谈论犯罪嫌疑人是想"杀人"还是只是想去"伤害"，对此，也只是根据其语言与行为去推断。这意味着，意图，不管是个人的还是集体的，从根本上说，都是一种合理化的重构。如果我们不能就此说个人意图是一种虚构，那么我们也不能说共享意图是一种虚构。

除了否定意图的存在之外，还有一些学者否认意图可以被认识。在他们看来，由于意图只存在于作者的头脑中，从而人们也就缺乏认识到它的途径。这个观点首先是有违常识的。事实上，我们经常根据文本自身以及与其相关的其他资料来推断作者的意图。比如，我们知道，2011年我国通过了《刑法修正案（八）》，其中第22条增加了"危险驾驶机动车罪"，只要我们具有基本的理解能力，就能够推断立法者具有维护道路上

---

〔1〕 参见陈坤："实体、事实与塞尔的社会实在学说——一种新的理解社会实体的方式"，载《兰州学刊》2011年第1期。

公共安全的意图，而如果我们对这一增加的背景有所了解（醉酒驾车的普遍化、被广泛争论的孙伟铭危害公共安全案等），那么就能够在很大程度上说这一推断是正确的。

许多谈论意图无法认识的人们，往往都是将意图与作者头脑中所能够想到的一切相混淆。事实上，意图只是指作者试图通过文本向读者所传达的最直接目的，它必须是可传达的；而作者"在创作中所想到的所有东西，并不是都能通过我的用词而传达给他人"[1]。由于意图是可传达的，它也因此是可把握的。对于意图的把握，人们并不是去分析作者的精神状态，而是通过文本以及与文本相联系的其他资料去推断。比如，英国法哲学家恩迪科特（Timothy A. O. Endicott）曾举过这样一个例子，在实用主义哲学家皮尔斯（Charles Peirce）的文章中有这样一句话"没有什么符号可以说是绝对地、完全地不确定的……"，而在整理其论文集的编辑看来，尽管这句话的表述是确凿无误的，但是应该把"不确定的"改成"确定的"。[2]在这里，无须去设想皮尔斯的精神状态，只要考虑到该语句所处的上下文脉络，以及皮尔斯作为实用主义与不确定哲学的创始人这一背景，大部分人就都能够得出这样的结论：这一修正之后的语句才真正反映了作者的意图。

这样一种推断的进路也避开了计算难题。这一所谓的难题可以表述为，即便我们能够查知每一个立法者的意图，也会面临计算上的难题，即多数究竟是投赞同票的多数，还是针对某一具体事项所具有特定意图的多数；或者用美国宪法学家派比特

---

〔1〕 ［美］赫施：《解释的有效性》，王才勇译，生活·读书·新知三联书店1991 年版，第 27 页。

〔2〕 参见 ［英］蒂莫西·A. O. 恩迪科特：《法律中的模糊性》，程朝阳译，北京大学出版社 2010 年版，第 29 页。

（Philip Pettit）的话说，是理由的多数，还是结论的多数？[1]换句话说，不同个体之间的意图如何结合？[2]事实上，我们在探究一条法律规则的特定意图时，并不是去探究每一位参与立法的人在想什么，然后进行加总或结合，而是利用文本以及与文本相联系的解释性资料去推断。

当然，这假定了对于一个法律来说，其中的多数规则在多数时候是清晰的。这个假定之所以成立，一方面是因为一种经验性的观察，如比利时法学家胡克（Mark Van Hoecke）所说，"大多数情况下，制定法文本的含义是清楚的，不管是对于法官来说，还是对于包括学者、律师以及当事人在内的所有民众来说"[3]；另一方面，也是因为人们难以想象，存在这样一部法律，其中多数规则在多数时候是含混的，却依然能够发挥其指引或规范人类行为的作用。换句话说，尽管在一些情况下，人们关于法律在特定情况下究竟是否适用的意图是不一致的，但这不可能成为一种普遍性的情形，否则立法将成为一种"神秘的、难以理解的事业"[4]。

（三）抽象意图与分类标准

上文已述，从生活中的经验类型到法律中的规范类型，需要立法者对分类标准的选择，这一选择通常反映了立法者试图

---

[1] See Philip Pettit, "Collective Intentions", in Ngaire Naffine, Rosemary Owens, and John Williams, ed., *Intention in Law and Philosophy*, Dartmouth Publishing Company and Ashgate Publishing Limited, 2001, pp. 245~247.

[2] 如，[美]德沃金：《法律帝国》，李冠宜译，时英出版社 2002 年版，第 328 页。

[3] Mark Van Hoecke, *Law as Communication*, Oxford: Hart Publishing, 2002, p. 152.

[4] Andrei Marmor, *Interpretation and Legal Theory* (*sec. edition*), Oxford and Portland, Oregon: Hart Publishing, 2005, p. 126.

通过法律规则来达成的目的。为此，一些学者才强调目的解释的重要性；如，日本刑法学家町野朔认为，"进行刑法解释时，……必须考虑刑法是为了实现何种目的"[1]。我们可以把立法者试图通过法律规则来达成的目的称为抽象意图，与作为直接意图的立法者所设想的法律效果相对应。

正是抽象意图决定了分类标准，也就此决定了手头的案件事实是否属于刑法条文背后的规范类型。我们可以通过"禁止车辆进入公园"这一常见的例子来更为清晰地认识这一点。对于这个规则来说，如果立法者的抽象意图是保护公园内的游客安全，那么分类标准就是一个运动的事物是否可能会对游客造成伤害；而如果抽象意图是维持空气清新，那么分类标准就是它是否排放尾气。分类标准的不同直接决定了哈特经常提到的"滑板车"[2]到底算不算车辆的问题。可见，对于处于实际争议中的疑难案件来说，我们首先要通过抽象意图来确定分类标准，然后依据分类标准来判断手头案件事实的归属。这也就是在刑法解释中将类型思维与立法意图相结合的具体路径。

在一些人看来，分类标准应当依据"事物本质"或其他一些实质性的考量来确定。对于"事物本质"，上文已经做了一些批判，要点在于，如果不从特定的视角看，事物也就无所谓本质。空洞地问"从本质上说男性被性侵犯与女性被侵犯是否具有意义的一致性"是没有任何意义的。当然，在特定的案件中，可能会有一些具体的道德或政策理由，倾向于特定的分类标准。然而，如果我们不顾抽象意图，而直接求助于这些道德或政策

---

〔1〕　转引自张明楷：《刑法的基本立场》，中国法制出版社 2002 年版，第129 页。

〔2〕　Hart, "Positivism and the Separation of Law and Morals", 71 *Harvard Law Review*, (1958), p. 607.

理由，那么刑法解释的客观性就无从保障，而只能求助于"决断的权力"[1]；更为根本的问题是，我们并不是在进行刑法解释，而是在进行刑法创制，是在用自己认为合理的文本来取代立法者的文本，或者用美国法学家坎普斯（Paul Campos）的话说，是读者对文本的"占用"[2]。这意味着，客观的与合法的刑法解释都要求我们通过立法者的抽象意图来确定分类标准。

通过抽象意图来确定分类标准，首先意味着要将生活事实中的经验类型与法律条文中的规范类型严格地区别开来。一个典型的例子是：从性自主权被剥夺这一事实来看，男性被性侵犯与女性被强奸，应构成同样的经验类型；正如从出卖肉体这一事实来看，男性卖淫与女性卖淫应构成同样的经验类型一样。然而，由于《刑法》第236条背后的抽象意图是"保护妇女的性自主权"，那么分类的标准就不是一个行为是否剥夺了任何个体的性自主权，而是该行为是否剥夺了妇女的性自主权；反之，由于《刑法》第358条背后的抽象意图是"保护社会与婚姻伦理"，分类的标准也就并不专门针对妇女卖淫了。

那么，这里的问题就是，抽象意图又如何获得呢？在一些情况下，立法者的抽象意图较为明显地体现在刑法用语之中。比如，上文所提到的"强奸罪"，《刑法》第236条第1款用了"妇女"一词，就已表明这是一条专门保护妇女性自主权的规则，但也有一些时候，抽象意图是什么不是那么明显。此时，确定抽象意图的方法通常有两种：历史解释与体系解释。

所谓历史解释，也就是根据特定规则在制定时的历史背景

---

〔1〕 [德] 考夫曼:《法律哲学》，刘幸义等译，法律出版社2004年版，第133页。
〔2〕 See Paul Campos, "Three Mistakes about Interpretation", 92 *Mich. Law Review*, (1993), pp. 389~390.

来确定抽象意图。历史背景是一种较为宽泛的说法，它主要包括三个方面，分别是：(1) 法律制定时的社会背景；(2) 立法材料；(3) 立法沿革。

法律制定时的社会背景有助于我们确定某条法律规则的抽象意图，这点上文已经说过，所举的例子是《刑法修正案（八）》第 22 条所增添的"危险驾驶机动车罪"。只要我们对该条规则出台的社会背景有基本的了解，就能够判断它的抽象意图为"维护道路上的公共安全"。

对于立法材料，许多学者都有过讨论。如，拉伦茨所述的"由草稿、讨论会记录及理由说明中获得之具体的规范想法，其对规范内容的理解是极有价值的协助资料"〔1〕；杨仁寿所述的"过程中之一切记录、文件、立法理由书等资料"，均是"法意解释时参考的资料"〔2〕。张志铭认为，法律草案在提交立法机关审议通过时，往往附有包括立法目的、依据等在内的说明报告，这些说明报告作为"立法机关审议通过有关法律案的基础"，可以在司法解释中成为"基本背景资料"。〔3〕在民法领域，梁慧星教授曾举过这样一个例子，"对于《民法通则》第122 条所规定的产品责任，究竟是过错责任，还是无过错责任？依据主持《民法通则》起草的负责人于该法颁布之后所作的解释，可以直接得出结论，该条为无过错责任。"〔4〕

除了立法的社会背景与立法材料外，立法在历史上的沿革也可以表明或暗示立法者所具有的抽象意图。这在我国刑法、

---

〔1〕 ［德］卡尔·拉伦茨：《法学方法论》，陈爱娥译，商务印书馆 2003 年版，第 220 页。

〔2〕 杨仁寿：《法学方法论》，中国政法大学出版社 1999 年版，第 163 页。

〔3〕 张志铭：《法律解释操作分析》，中国政法大学出版社 1999 年版，第 151 页。

〔4〕 梁慧星：《民法解释学》，中国政法大学出版社 1995 年版，第 221 页。

民法的实际适用中都有适例。刑法中的适例，如王某民等遗弃案[1]。对于王某民等人的行为是否触犯《刑法》第 261 条所规定的遗弃罪，陈兴良教授经过对该条规定的历史沿革进行详细考察，得出了否定的结论。[2]民法中的适例，如，对于《民法通则》第 123 条规定的从事危险作业造成损害的民事责任，如果该损害为不可抗力所造成的，是否应该免除责任？由《民法草案》第四稿（1982 年）与《民法通则》（1986 年）之间的对比可知，立法者具有不可抗力造成损害不能免除民事责任的意图。[3]

以上是历史解释，现在来看体系解释。任何一个规则都不是孤立存在的，如魏德士所说"它们必须作为整个法律秩序的部分要素来理解"[4]。从而，体系也就成为进行法律解释所不可忽略的要素。具体说来，它对于抽象意图的确定可以通过两个途径来实现：一是，从法律规则所在的层级脉络中发现特定法律规则的抽象意图。以朱建勇故意毁坏财物案为例。依据《刑法》第 275 条所处的制定法背景，即"故意毁坏财物罪"处于刑法"侵犯财产罪"之章节下，我们自然可以看出，立法者的抽象意图为"保护公私财产"。二是，从法律规则所在的水平脉络中依据相邻法律规则的抽象意图，来确定该规则的抽象意图。比如，《刑法》第 261 条规定了遗弃罪（对于年老、年幼、

---

〔1〕 参见国家法官学院、中国人民大学法学院编：《刑事审判案例要览》（2003年刑事审判案例卷），人民法院出版社、中国人民大学出版社 2004 年版，第 218~224 页。

〔2〕 参见陈兴良："非家庭成员间遗弃行为之定性研究"，载《法学评论》2005 年第 4 期。

〔3〕 参见梁慧星：《民法解释学》，中国政法大学出版社 1995 年版，第 221 页。

〔4〕 ［德］魏德士：《法理学》，丁晓春、吴越译，法律出版社 2005 年版，第 320 页。

患病或者其他没有独立生活能力的人，负有扶养义务而拒绝扶养，情节恶劣的，处5年以下有期徒刑、拘役或者管制），这里的遗弃行为仅仅是指对家庭成员之间的遗弃，还是也包括对（像王某民案这样）非家庭成员之间的遗弃？如果只去探究此条规则中的"抚养义务"或该罪名处于哪一章之下，是说不清楚的，但如果我们把目光稍微放宽一些，看到《刑法》第260条第1款（虐待家庭成员，情节恶劣的，处二年以下有期徒刑、拘役或管制）与第262条（拐骗不满十四周岁的未成年人，脱离家庭或者监护人的，处五年以下有期徒刑或拘役），就可以发现，相邻两条规则的抽象意图都很明确地旨在保护婚姻家庭，而不是宽泛意义上的生命与身体安全。基于此，我们可以判断，这同样也是第261条的抽象意图。

当然，历史解释与体系解释，在确定立法者的抽象意图时，一个基本的预设都是，立法者是一个理性的主体；正如我们依据某人的言语与行为来推测其意图时，也必须假定她是一个具有正常心智结构与精神状态的人一样。然而，我们并不假定立法者具有特定的实质性道德或功利性追求，所有这些都必须严格地从文本与其他解释性材料中来，而不能先行赋予立法者身上。

疑难案件的典型特征是，我们很难判断案件事实的归属。朱建勇的行为是不是一种"故意毁坏"？组织男性出卖肉体是不是"组织卖淫"？上文已述，概念思维的思路是行不通的，概念从根本上说只是一种约定。从而我们需要转向类型思维，探寻立法者试图通过这些概念来规制的那一类事物或行为。相应地，这些问题也就转换为，朱建勇的行为与"故意伤害"是否属于同一类型（具有意义上的一致性）？组织男性出卖肉体与"组织卖淫"是否是一致的？手头的案件事实是否可以归属到条文背后的规范类型，这个问题实际上可以细分为：（1）分类标准是什么；（2）依据该分类标准，案件事实的性质是什么。

将这两个问题区别开来并分别回答，是正确进行刑法解释的必要条件。前一个问题，上一小节已经讨论，它主要涉及的是立法者的抽象意图；而后一个问题则更多是一个经验科学的问题。为了更好地理解这一点，我们首先要了解"抽象意图"与"信念"之间的区分。抽象意图是立法者创制具体刑法规则的目的，而信念则是指其对于某一具体事物或行为是否能够依据该具体刑法规则来进行规制的认识。简单来说，前者是一种评价性的态度，即立法者想要做什么；而后者则是一种认知性的态度，即立法者认为什么。

当然，在创制具体的规则之前，立法者的具体信念可能会影响其抽象意图。但在我们去解释已经制定出来的法律时，这些均已固定，并可以从逻辑上加以区分。以（美国）1945 年环境法令为例。[1]此法令的制定者显然有规制有毒物质的抽象意图；但同时，他们也有着何为有毒物质的一些信念。在刑法解释中，重要的是抽象意图，而不是信念。这是因为，抽象意图回答了问题（1）分类标准是什么，但立法者所具有的信念并不能回答问题（2）依据该分类标准，案件事实的性质是什么。在此例中，这显然是一个要由经验科学来加以回答的问题。正因为此，美国解释学家莱斯格（Lawrence Lessig）强调，解释者应当具有的"结构性谦逊"要求他们避免修正作者关于政治或道德价值的预设，但这并不要求他们避免修正后者关于事实

---

〔1〕 这个例子在美国法律解释学者中广泛讨论，如［美］大卫·布林科："法律解释、客观性和道德"，载［美］布莱恩·莱特编：《法律和道德领域的客观性》，高中等译，中国政法大学出版社 2007 年版，第 32~33 页。

的预设。[1]

将抽象意图与信念区别开来，我们也就避免了所谓的"反事实难题"。许多学者都对"反事实难题"有过讨论。大多数人认为它代表了意图主义的失败。[2]如，张明楷认为，由于立法者在制定刑法时以过去已经发生的案件作为模型来表述构成要件，当面对立法时未曾发生过的案件，立法者也就不可能有立法原意。[3]美国法学家亚历山大（Larry Alexander）从"意图是面向未来的一种筹划"这一观点出发来反驳这一看法，认为意图能够"延至他（作者）在创作时刻所看到的世界之外"，立法者没想到某物并不一定就意味着立法者对它没有特定的态度，这一错误观点从根本上说是混淆了"你就未预料到的情形 S 而言的实际意图是什么"与"你要是预料到 S 的话本来会有的意图是什么"这样两个不同的问题。[4]事实上，如果我们理解了抽象意图与信念之间的区分，就更能认识到，亚历山大这一反驳的正确性。"反事实难题"的论证无法成立，这在根本上是因为，我们并没有打算在刑法解释的过程中去寻求立法者的特定信念；我们所探究的毋宁说是，当立法者具有某种抽象意图的时候，根据常识或一些经验科学的证据，什么样的结论会必然出现。

在大多数情况下，只要我们确定了分类标准，案件事实的性质也就是一目了然的。比如，在朱建勇案中，只要我们确定

---

[1]　See L. Lessig, "Fidelity in Translation", 71 *Texas Law Review*,（1993），pp. 1254~1255.

[2]　如，［美］德沃金：《法律帝国》，李冠宜译，时英出版社 2002 年版，第 333 页。

[3]　参见张明楷：《刑法学》（第 3 版），法律出版社 2007 年版，第 34 页。

[4]　参见 ［美］拉里·亚历山大："全有抑或全无？权威者的意图和意图的权威"，载 ［美］安德雷·马默主编：《法律与解释：法哲学论文集》，张卓明等译，法律出版社 2006 年版，第 473~475 页。

了分类的标准是"使财物价值降低或灭失"，那么就自然可以判断出朱建勇的行为与"故意毁坏"这一规范类型具有意义上的一致性。但偶尔也会出现相反的情况，即，虽然我们确定了分类标准，但并不清楚案件事实的性质，而需要依据一些经验科学的证据来判断。此时，经验科学的解释方法，也就派上了用场。比如，《刑法》第 367 条第 2 款、第 3 款规定了"有关人体生理、医学知识的科学著作不是淫秽物品""包含有色情内容的有艺术价值的文学、艺术作品不视为淫秽物品"。在这里，分类标准是清楚的，但手头案件事实中的具体事物是否能称上"医学知识"或是否具有"艺术价值"，还需要依据经验科学（包括人文社会科学）的证据。

（四）抽象意图与类推解释

除了确定分类标准之外，还有另一种解释思路，即类推解释思路。我们知道，一般意义上的类推（类比推理），是指从两个（或两个以上的事物）在某一方面（或某几方面）是相似的，推出它们在另一方面也是相似的；其基本结构为：〔（Fb∧Fa）∧Gb〕→Ga。[1]这一表达式的意思为：(1) 事物 b 与事物 a 均具有特征 F；并且，(2) 事物 b 还具有特征 G；因此，(3) 事物 a 也具有特征 G。

我们在生活中经常运用类推。假设你决定发表某一作者所写的文章，是由于以前他所写的一篇文章获得了广泛的好评。这里就存在一个类推：文章 b 与文章 a 都为具有某一特定作者所写（特征 F），而文章 b 又具有获得了广泛好评（特征 G）；

---

〔1〕 在这一表达式中，b 为我们用来参照的类比源，a 为待解决问题中的类比项，F 为已知的 a 与 b 所共有的属性，G 为已知 b 所具有因此我们推断 a 也具有的属性，符号"∧"表示合取，符号"→"表示蕴含。为前后一致，下文所有的类比项均用 a 表示，而以 b、c、d 等小写字母来表示类比项。

于是，你推断文章 a 可能也会获得广泛好评（特征 G）。

显然，这一推理并不保真，一个作者上次写的文章获得了广泛好评，并不意味着他这次写的文章一定会获得广泛好评。但由于保真的演绎推理并不能给我们带来任何新的知识，所以在我们探究世界的过程中，非保真的或者说只是基于或然性（probability）的推理形式构成了所有经验知识的来源；其中类比推理则构成了主要的推理形式，因此开普勒说，"我珍视类比胜于任何别的东西，它是我最可依赖的，它能揭示自然界的秘密，在几何学中它应该是最不容忽视的"[1]。

我们不仅在认识事物时使用类推，而且在决定如何对待事物时也经常使用类推。前者为经验类推，后者为规范类推。假设，某个餐厅制定了这样一条规则：禁止携带宠物狗进入餐厅。现在，有一个客人携带了宠物猫。作为"执法者"的餐厅保安基于猫和狗都可能给人带来伤害，禁止其带猫入内。这就是一个规范类推的简单例子。在刑法没有禁止类推适用时，刑事司法实践中有许多这样的案例。比如，在马晓东侵占他人财产类推案中[2]，法官从侵占与盗窃都会给他人财产造成损失这一相似性出发，将其按照盗窃罪定罪判刑。

从上面的例子中可以看出，经验类推与规范类推存在如下几个方面的区别。第一，经验类推的目标是认知性的，利用已知来推断未知；而规范类推的目标则是实践性的，是为了给手头案件提供一个妥当的解决方案。第二，在规范类推中，为了解决手头案件而参照的那个案件在当下的法律秩序之内有一个

---

〔1〕〔美〕G. 波利亚：《数学与猜想》（第 1 卷），李心灿等译，科学出版社 1984 年版，第 11 页。

〔2〕参见"马晓东侵占他人财产类推案"，载《中华人民共和国最高人民法院公报》1990 年第 1 期。

确定的处理方案；换句话说，规范类推一定要落脚在某条具体规则之上。既然如此，选择哪一具体规则为落脚点，对于规范类推来说，就尤为重要。比如，对于客运车辆上的司乘人员在客运途中施暴强逼乘客买票这种行为[1]，是应当选择规定抢劫罪的法律规则作为类推解释的落脚点，还是应当选择规定强迫交易罪的法律规则作为类推解释的落脚点，就成为类推解释过程中的一个重要问题。第三，经验类推的结论是可以证实的，而规范类推的结论是不可证实的。我们能够根据实际情况来验证"该作者这次写的文章会获得好评"这一结论是否正确；但我们却无法用同样的方式来验证"马晓东的行为应按盗窃罪定罪判刑"[2]。既然结论是无法验证的，那么对于规范类推来说，推理过程本身的可靠程度就尤为重要；正因为此，本章将在第三部分专门讨论此问题。

在法律解释中，我们所谈论的类推是规范类推，而不是经验类推。上文已述，规范类推有一个重要特征：即它一定要落脚在某条具体规则之上。我们知道，规则所采取的都是"一般性的分类词语"（general classifying words）[3]；换句话说，它指称的都是某一类事物，而非个别的事物。比如，在《刑法》第275 条中，"毁坏"一词所指称的就是所有可以被称为毁坏的行

---

〔1〕 参见周振想："司乘人员施暴强逼乘客'补票'该以何罪定罪"，载刘佑生主编：《疑案精解》（第 1 辑），中国检察出版社 2003 年版，第 107 页。

〔2〕 这根源于我们无法从真理符合论的视角来看规范性主张的正确性。规范性主张的正确性取决于它能否被有效证立（justified），而不取决于它是否符合事实（也没有所谓的事实用以判断它是否与之相符）。正因为规范性主张是否正确无法用事实来验证，一些学者认为它是没有客观性的。对此种怀疑论的批判，参见陈坤："论价值领域内的智识可能性"，载《学术月刊》2007 年第 9 期。

〔3〕 H. L. A. Hart, *The Concept of Law*（2nd edition），Oxford: Oxford University Press, 1994, p. 124.

为。既然如此，我们可以根据手头案件事实是否属于此类事物（或者说，是否在此概念的外延之下），区别如下三种情况：（1）手头案件事实显然属于此类事物，如砸坏一台电脑显然属于毁坏；（2）手头案件事实显然不属于此类事物，如侵入他人银行账户并转移其财产到自己名下显然不属于毁坏；（3）手头案件事实是否属于此类事物存疑，如侵入他人股票账户并采取高进低出的手段使他人财产遭受损失是否属于毁坏，便是存疑的。

所谓强类推，是指情况（2）下的类推，即当手头案件事实显然不属于此类事物时，将其视为属于此类事物而适用相关规范。比如，在某地曾发生"一男娶二女"案，某青年男子同时与两个女子举行婚礼，这样一种案件事实显然并不属于《刑法》第258条规定的"有配偶而重婚"或"明知他人有配偶而与其结婚"；因为在其举办婚礼之前，该男子并无配偶。有法官认为，同时娶二女与先后娶二女在性质与危害性上并无不同，因此此案应按重婚处理。[1]

值得注意的是，对于此处所谈论的强类推，有的学者直接将其称为"类推"，如德国法学家罗克辛指出；"类推是通过类似性推论的方法，将一个法律规则转而适用于一个在法律中没有规定的其他案件的做法"[2]；有的学者将其称为"类推解释"，如陈兴良教授指出："类推解释是指对于法律无明文规定的事项，就刑法中最相类似的事项加以解释的方法"[3]；也有的学者称为"类推适用"，如日本刑法学者西原春夫指出："所

---

〔1〕　孔祥俊：《法律方法论——法律解释的理念与方法》（第2卷），人民法院出版社2006年版，第1018页。

〔2〕　［德］克劳斯·罗克辛：《德国刑法学总论》（第1卷），王世洲译，法律出版社2005年版，第79页。

〔3〕　陈兴良：《刑法适用总论》（上卷），法律出版社1999年版，第35页。

谓类推适用，就是对于法律没有规定的行为，适用关于具有类似性质的行为的法律来加以处罚。"[1]将其直接称为"类推"显然失之宽泛；另一方面，强类推显然并非解释法律的一种思路，而是填补漏洞的一种思路，从而将其称之为"类推适用"才是妥当的。

所谓弱类推，是指情况（3）下的类推，即手头案件事实是否属于此类事物存疑时，通过揭示手头案件事实与此类事物之典型情况的相似性，将其视为属于此类事物而适用相关规范。比如，某大学规定违反诚信的行为都应受到惩罚，现在有一个学生写了张假支票并用其购买商品；这个学生是否应当受到惩罚？[2]在此例中，写假支票并用其购买商品的行为是否是一种不诚信的行为是存在疑问的；但撒谎显然是一种不诚信的行为。因此，可以通过揭示该种行为与撒谎之间的相似性来适用该规则。

弱类推并不像传统的法律解释思路那样，试图确定相关概念的内涵；然而，从它与其具有相同的目标——即确定手头案件事实是否在相关概念的外延之下——来看，可将其视为法律解释的另外一种思路。因此，本书将情况（3）下的弱类推统一称为类推解释。

强类推与弱类推（或者说类推适用与类推解释）之间的区别在于，手头案件事实是明确地不在相关概念的外延之下，还是不确定其是否在相关概念的外延之下。比如，根据我们的语言习惯，真军警抢劫显然不属于冒充军警抢劫，而男性出卖肉

---

〔1〕 〔日〕西原春夫主编：《日本刑事法的形成与特色》，李海东等译，法律出版社、成文堂1997年版，第124页。

〔2〕 See Stephen F. Barker, *The Elements of Logic*, New York：McGraw-Hill, 1980, p. 287.

体是否属于卖淫则是存疑的。因此，将真军警抢劫视为冒充军警抢劫[1]即为强类推（类推适用），而将组织男性出卖肉体视为组织卖淫[2]则是弱类推（类推解释）。

刑法学界的通说认为，"禁止类推"原则的根据是罪刑法定原则，而罪刑法定原则最根本的价值在于保障人权，即避免国民在不能预测的情况下受到刑罚处罚；为此，"司法无权通过造法的途径，创造——诸如为了平等之故——犯罪行为的新的事实构成"[3]。据此，刑法所禁止的类推显然不包括弱类推。因为在弱类推所发生的情况（3）下，手头案件事实是否在相关概念的外延之下是存疑的。存疑则意味着它在相关词语的可能含义之内，从而对存疑情况的确定也就并不会突破国民可预测的范围。实际上，对存疑情况的确定也正是法律解释的核心任务；只是在这里，采取了类推而非传统的解释思路。

正是从人权保障的角度出发，有利于被告的强类推应当被允许。比如，《刑法》第 67 条第 2 款规定："被采取强制措施的犯罪嫌疑人、被告人和正在服刑的罪犯，如实供述司法机关还未掌握的本人其他罪行的，以自首论。"现在有一位被处于治安拘留的违法人员，在拘留期间，主动如实供述司法机关还未掌握的本人其他罪行。该人员显然不属于"犯罪嫌疑人""被告人"与"正在服刑的罪犯"中的任何一类，那么对他也就不能适用该条款的规定成立自首，但从规范目的与个案公正出发，可以进行类推适用。[4]诚如张明楷教授所言："之所以允许有利

---

〔1〕 如，张明楷：《刑法学》（第 3 版），法律出版社 2007 年版，第 17 页。

〔2〕 如，刘耀彬："'卖淫'的刑法解释"，载《河北法学》2004 年第 7 期，第 119 页。

〔3〕 ［德］H. 科殷：《法哲学》，林荣远译，华夏出版社 2002 年版，第 227 页。

〔4〕 张明楷：《刑法分则的解释原理》，中国人民大学出版社 2004 年版，第 14~15 页。

于被告人的类推解释（此处指的是强类推，下同，引者注），是因为刑法中存在一些有利于被告人的规定；而这些规定因为文字表述以及立法疏漏的缘故，按照文字含义适用时会造成不公平现象。所以允许有利于被告人的类推解释，正是为了克服形式侧面的缺陷，实现刑法的正义。"[1]

综上，"刑法禁止类推"的确切含义为"刑法禁止不利于被告的强类推"。反过来说，刑法允许作为解释思路的弱类推，以及有利于被告的作为漏洞填补方法的强类推；这也是下文将要谈到的判断法律解释中可以运用类推的标准。

在区分了类推解释与类推适用之后，现在我们来探讨，类推解释思路与传统解释思路相比，具有哪些优势。

首先，类推解释思路比传统解释思路具有更广的适用范围。上文已述，法律解释发生在手头事实是否能被某概念所涵盖存疑的情况下，大体而言，这可能有两种情况：（1）相关概念是模糊的或评价性的，如"数额较大""情节恶劣"；（2）相关概念是含混的，如"毁坏""诈骗"。模糊或评价概念与含混概念之间的根本区别在于，前者只有外延是不明确的；而后者则是内涵与外延均不明确。内涵不明确，外延一定不明确；但反过来说却并不成立。比如，"秃头"的内涵是明确的，它是指"没有头发或头发很少的人"；但它的外延却并不是明确的，我们不知道一个只有 100 根头发的人到底算不算秃头。而"水果"的内涵与外延则均是不明确的，正是由于我们不知道"水果"是指"多汁可食用的植物果实"，还是指"人们习惯上在非用餐时间生吃的植物部分"，所以我们无法判断西红柿是不是

---

[1] 张明楷："罪刑法定原则与法律解释方法"，载《华东刑事司法评论》2003 年第 1 期。

水果。[1]既然传统解释思路试图通过明确概念的内涵来判断手头事实是否在其外延之下，那么它就只可能解决情况（2）中的含混概念，而不可能解决情况（1）中的模糊或评价概念。比如，《刑法》第 48 条第 1 款规定："死刑只适用于罪行极其严重的犯罪分子。对于应当判处死刑的犯罪分子，如果不是必须立即执行的，可以判处死刑同时宣告缓期二年执行。"其中，"罪行极其严重""必须立即执行"均不是含混的概念，而是模糊或评价性的概念。很明显，当我们无法判断某一犯罪分子是否符合"罪行极其严重"或是否符合"必须立即执行"的话，是不可能通过澄清概念内涵的方式来解决的；却可以通过将手头事实与相关的典型案例（比如最高人民法院公报案例）进行比较来加以解决。

其次，类推解释思路具有更强的可操作性。上文已述，传统解释思路的核心是找到相关概念的充要条件式定义，而这在司法实践中通常很难做到。最大的障碍是我们对于未来事实的无知，而这点又是我们所无法克服的。正如哈特所说："如果我们所生活的世界能被有限的特征所刻画，而且这些特征能够以我们所熟知的方式相组合，那么我们就可以预先对每一种可能性加以规定。……但这并非我们所生活的世界。"[2]我们当前可以给相关概念下一个武断的定义，但这将以排除新型案件出现时的进一步反思与权衡为代价，从而极有可能导致个案不公。

---

〔1〕　对此，美国最高法院在"尼克斯诉赫登案"（Nix v. Hedden）中表明了自己的态度，认为应当将"水果"理解为指称一个生活概念而非植物学的概念。See Nix v. Hedden, 149 U. S. 304 （1893）, http：//supreme. justia. com/cases/federal/us/ 149/304/case. html.

〔2〕　H. L. A. Hart, *The Concept of Law*（2nd edition）, Oxford：Oxford University Press, 1994, p. 128.

比如，我们当前可以根据以往的经验将刑法中的"财物"定义为"有价值的有体物"，但这样一来的话，盗窃电力就不可能构成盗窃罪。[1]

这意味着，对于法律概念来说，其完备性与实用性其实是不可兼得的。完备的概念将使法律规范僵化，并至少在一定程度上失去对未来生活的实用意义；而实用的概念又不可能完备。这正如德国法哲学家菲韦格所说："假如人们依靠日常语言（在法的领域，这大概常常依然是不假思索的事情），那么作为体系论者就会不断陷入这种危险：通过日常语言的解释和再解释而不知不觉被一种温柔的力量牵着走。但是，假如人们在迫不得已的情况下原因日常的语言理解（这种事情在法学上不断地发生，而且理智地说，它必然经常发生），那么这就已经整个地认输了。"[2]

最后，从类推解释思路出发，更有助于作出符合规范意旨的判决。传统解释思路着眼于词语的含义，而类推解释思路则着眼于相关概念所能涵盖的典型实例的意义。比如，刑法实践中经常发生争议的入户抢劫问题。进入作为居所使用的渔船抢劫是入户抢劫吗，进入在普通住宅中开设的商店抢劫呢？如果我们采取传统的解释思路，则要给"户"下一个定义，而作为一个日常生活用语，它在事实上并没有一个或一组人人均赞同的共同特征。反过来，如果我们从类推解释的思路出发，考虑到"户"的典型实例的意义在于保障人们对于家的安全感，那

---

〔1〕 在日本刑法学界，关于盗窃电力是否构成盗窃财物曾发生过广泛的争议，直到 1907 年的新刑法在盗窃罪与强盗罪中，增加了新的第 245 条，"关于本章之罪，电气视为财物"。参见梁慧星：《裁判的方法》（第 2 版），法律出版社 2012 年版，第 109 页。

〔2〕 ［德］特奥多尔·菲韦格：《论题学与法学——论法学的基础研究》，舒国滢译，法律出版社 2012 年版，第 97 页。

么就能够作出相应的判断。

严格来说，所有的类推论证从逻辑上来说都不是有效的；但一些论证仍然可以评价为比另外一些论证更好或更差；而在规范类推中，由于结论是不可证实的，我们尤为需要这种评价。类推论证的好坏决定了类推结论的可信度。类推论证的好坏用其可靠性来衡量。对于规范类推来说，其可靠性越强，结论的可信度也就越高。规范类推的可靠性可在两个层面上加强或削弱：一是类推前提中实体与相似特征的数量；另一个则是前提与结论中相似特征与差异特征的相关性。

为便于理解，让我们先举一个经验类推的例子（在此问题上，规范类推与经验类推的道理是一样的）。假设你决定购买一箱蓝旗舰牌复印纸，是因为你上次购买了这个牌子的复印纸，它用起来字迹清晰。这里存在一个结构为 $[(Fb \wedge Fa) \wedge Gb] \to Ga$ 的类比推理：（1）上次购买的复印纸 b 与手头要购买的复印纸 a 均是蓝旗舰牌（特征 F）；（2）上次购买的复印纸 b 用起来字迹清晰（特征 G）；（3）手头要购买的复印纸 a 很有可能字迹清晰（特征 G）。

这一结论显然并不具有很高的可信度，你手头要购买的复印纸很有可能并不像上次所购买的那样好。那么，怎么做才能提高该结论的可信度呢？

首先能够想到的是，如果你之前多次购买蓝旗舰牌复印纸，并且用起来均字迹清晰，那么手头要购买的复印纸用起来字迹清晰的可能性就要比上述情况大很多。这意味着，实体数量越多，类推论证的结论就具有越高的可信度；或者说，类推本身就具有越强的可靠性。我们可以将这样的类推表示为：$[(Fa \wedge Fb \wedge Fc \wedge \cdots\cdots Fn) \wedge (Gb \wedge Gc \wedge \cdots\cdots Gn)] \to Ga$。

对于规范类推来说，情况同样如此。比如，《刑法》第 50

条第 2 款规定："对被判处死刑缓期执行的累犯以及因故意杀人、强奸、抢劫、绑架、放火、爆炸、投放危险物质或者有组织的暴力性犯罪被判处死刑缓期执行的犯罪分子，人民法院根据犯罪情节等情况可以同时决定对其限制减刑。"我们知道，判处死刑的情节条件是"罪行极其严重"，而缓期执行的情节条件则是"不是必须立即执行"；那么此处限制减刑的情节条件首先要满足"罪行极其严重但不是必须立即执行"，其次又要比一般死刑缓期执行具有更为严重的情节。这里所涉及的均是一些模糊或评价性的概念；按照上文的分析，对于这类概念，只能采取类推解释的思路。为了便于法院进行类推解释，最高人民法院发布了两个与此条文相关的指导案例，分别为指导案例 4 号与 12 号，作为适用限制减刑的典型实例。[1]

对于上述购买复印纸的例子，我们还能够想到的是，如果手头要购买的复印纸 b 不仅是蓝旗舰牌（特征 F），而且与上次购买的复印纸 a 还具有差不多的重量（特征 M）、光滑度（特征 N）、硬度（特征 P）以及厚度（特征 Q）；那么它就更有可能字迹清晰（特征 G）。这意味着，相似特征的数量越多，类推论证就具有越强的可靠性。可以将这一具有多个相似特征的类推表示为：$[(Fb \wedge \cdots\cdots Mb \wedge Gb) \wedge (Fa \wedge \cdots\cdots Ma)] \rightarrow Ga$。

上述指导案例 4 号与 12 号即具有多个相似特征，分别为：（1）两案均是由民间矛盾纠纷激化所引起的故意杀人案件；（2）两案被告均是临时起意、激情杀人，而非有计划、有预谋的犯罪；（3）在两案中，被告均认罪态度好、坦白悔罪，本人与其亲属均有赔偿被害方经济损失的愿望和行动；（4）两案被

〔1〕 参见吴光侠、周小霖："指导案例 4 号《王志才故意杀人案》的理解与参照"，载《人民司法》2012 年第 7 期；吴光侠、林玉环："指导案例 12 号《李飞故意杀人案》的理解与参照"，载《人民司法》2013 年第 3 期。

告均无前科劣迹，平时表现良好；（5）两案被告犯罪手段均特别残忍；（6）在两案中，被害人亲属均不予谅解、请求严惩。可以设想，在之后类似案件的审理中，手头案件事实所具有的上述相似特征越多，类推的结论也就越可信。

在经验类推中，与相似特征的数量至少同等重要的是相似特征的相关性。在上述购买复印纸的例子中，我们能够通过生活常识判断，复印纸的品牌（特征 F）、重量（特征 M）、光滑度（特征 N）、硬度（特征 P）以及厚度（特征 Q）与复印纸用起来是否字迹清晰（特征 G）具有一定程度的相关性，而复印纸由谁购买则与其没有相关性。

当然，这种相关性不可能是强到我们能够完全把握的因果关系。否则的话，我们就不再需要类推了；而是可以通过构建一个 $\forall$（x）（F（x）$\wedge$……Q（x）$\rightarrow$ G（x））这样的大前提来进行演绎论证了。我们之所以不能构建这样一个大前提，也不能构建其逆命题 $\forall$（x）（G（x）$\rightarrow$ F（x）$\wedge$……Q（x））以确定不具有何种某些特征的复印纸是否字迹清晰，正是由于我们意识到：一方面，并非所有具有这些特征的复印纸都一定会用起来字迹清晰；同时，另一方面，也并非所有不具有这些特征的复印纸用起来都一定是字迹不清晰的。换句话说，这些特征对于字迹是否清晰来说既非充分条件，也非必要条件。

对于规范类推来说，情况同样如此。如，武器通常能给别人带来更为严重的伤害，但能够给人带来严重伤害这一特征既不是其在法律上被视为武器的充分条件，也不是其必要条件。说其不是充分条件是由于，几乎任何物品在特定情况下都能给人带来严重伤害，所以我们不能将"可能给人带来严重伤害"作为武器的定义，这将造成"武器"外延的无限扩大，从而不可避免地突破语言习惯；而说其不是必要条件则是因为，一些在特定情况下并没有也不太可能给人带来严重伤害的事物——只要规范允许——仍然可算作武器，比如不能发射子弹的仿制枪。正由于我们无法构造一个关于武器的充要条件式定义，法律解释中的类推才显示出它的重要性。当然，尽管如此，我们仍然能够说，在给人带来严重伤害与武器之间仍然具有很强的相关性。正是这种相关性提高了特定法律语境下考夫曼在"盐酸案"中通过类推思路适用加重强盗相关规范的可靠性。[1]

在上面所总结的指导案例4号与12号所具有的6个相似特征中，我们可以看出，特征（1）~（4）与判决死刑缓期执行具有相关性，而特征（5）（6）则与限制减刑具有相关性。当然，在这两个指导案例中，我们还可以寻找到其他的相似特征，比如（7）受害人殁年均是26岁；但它无论是与判决死刑缓期执行还是与限制减刑，均无相关性。

任何两个事物都不可能完全相同，它们之间总会有一些差异，而类比源与类比项之间的差异通常会弱化类推论证的可靠性。比如，尽管手头要购买的复印纸与你以前购买过的复印纸在许多方面都相似，但如果比它便宜一半，你则很可能会担心其质量。在这里，相关性的因素同样起着作用：常识经验告诉我们，商品的价格与其质量具有一定的相关性。

在规范类推中，两个案例之间的差异特征也可能会被用来削弱论证的力量；但人们同时也可以用该差异特征并不具有相关性来反驳这一弱化。让我们用下述案例来说明这一点。

2006年8月，李某通过某亲戚弄来假币5万元，让其朋友张某帮助他联系买主，张某经多方联系，告知李某说有人愿意

---

〔1〕 参见［德］亚图·考夫曼：《类推与"事物本质"——兼论类型理论》，吴从周译，学林文化事业有限公司1999年版，第89页。

以实物换取假币。李某在张某的介绍下以 8 千元假币换得刘某的一部三星牌手机。后李某又以 2 万元假币换取冯某的一台联想牌电脑，又用剩余的假币换取徐某销售的一辆摩托车。买主刘某在使用换取的假币在人民商场购物时被人识破，公安机关根据刘某的交代将李某抓获。在审理中，有两种意见：一种认为李某的行为构成使用假币罪；而另一种则认为李某的行为构成出售假币罪。

出售与使用均是一般生活用语，我们无法对它们下一个充要条件式的明确定义，并以此来判断李某行为的性质。在此，最行之有效的办法就是将李某的行为与典型的使用行为以及出售行为进行比较，看它与何者更为一致。然而，李某的行为与典型的使用假币或出售假币均有不同。典型的使用假币的行为，是以假充真，而李某并没有以假充真；而典型的出售假币的行为，所获取的是真的货币，而李某获取的乃是实物。

对此，多数法官认为，是否以假充真对行为能否构成使用假币来说具有相关性，而获取的是货币还是实物对于能否构成出售假币来说则不具有相关性。因此，不能将李某的行为解释为使用假币，而可以解释为出售假币。[1]

正由于相关性因素在规范类推中发挥着举足轻重的作用，所以在刑法类推的过程中，评估相似特征与差异特征的相关性是非常重要的一个步骤。下面我们就来考察在法律解释中运用类推的具体步骤。

上文已述，规范类推与经验类推的一个重要区别在于，规范类推要以某项规范作为落脚点。从而在法律解释中运用类推

---

〔1〕 如，汤步银："从一则案例看出售与使用假币罪的区别"，载 http://www.chinacourt.org/article/detail/2007/12/id/280547.shtml，最后访问时间：2020 年 6 月 30 日。

的第一步，就是寻找相关规范。

对相关规范的寻找并不是一个完全理性的过程，它依赖于主体所具有的对案件事实与法律体系的前理解。正如考夫曼所说的，如果没有这种前理解，"法律人就必须漫无计划、漫无目的地翻阅法律，看能否找到一点适当的规定"〔1〕。菲韦格将其视为论题学方法的第一个步骤，"当人们在某个地方遇到一个问题时，可能会简单地预先采取这样的办法：常识性地任意选择前提，以便能够得出多少启发我们明白的结论。观察告诉我们，人们在日常生活中几乎总是在这样做"〔2〕。比如，当碰到在互联网上裸聊牟利的案件时，我们会设想它是否构成《刑法》第364条规定的传播淫秽物品罪；当碰到删除他人电子邮件的案件时，我们会设想它是否构成《刑法》第252条规定的侵犯通信自由罪。

相关规范寻找这一步骤控制了之后的论证走向，因此一上来就找到能够适用的规范对于迅速完成法律解释是很有帮助的。然而，正是由于这一步骤依赖于人们的是非观与法律直觉等因素，寻找到的相关规范未必能够适用，而是取决于接下来的其他步骤。

我们首先考察手头案件事实与相关概念之间的关系，只有当手头案件事实在相关概念的外延之下是否存疑时，类推解释思路才是可用的。这正如日本学者加藤一郎所说："法律规范之事项，如在'框'之中心，最为明确，愈趋四周，愈为模糊，几至分不出框内或框外。法之文义，亦系如此，其文义必在

---

〔1〕 ［德］考夫曼：《法律哲学》，刘幸义等译，法律出版社2013年版，第91页。

〔2〕 ［德］特奥多尔·菲韦格：《论题学与法学——论法学的基础研究》，舒国滢译，法律出版社2012年版，第31页。

'框'之朦胧之地，始有复数解释之可能也。"[1]

这一考察应以规范面向的人们所共享的语言习惯为标准，而不是以相关概念的某一学科的精确定义为标准。比如，从语言习惯出发，苹果显然是水果，白菜显然不是水果，西红柿是不是水果则是存疑的；但如果以水果的植物学定义（植物的果实，包含植物的种子、由植物的花衍生而来）为标准，西红柿显然是水果。再如，从语言习惯出发，三轮车是不是汽车也是存疑的，而如果按照国家标准 GB/T3730.1–2001 的规定，"汽车"为"由动力驱动，具有四个或四个以上车轮的非轨道承载的车辆"，则三轮车显然不是汽车。

这一考察之所以要从语言习惯出发，其根本原因在于，法律是为普通公民提供行为指引的一般规范，而"人们学习规则经常是在日常生活的沟通中并相互操作……由日常交往语言来确定"[2]。日本曾经发生的"狸貉异同案"即很好地体现了语言习惯的重要性。在该案中，猎户所捕获之"十字花纹貉"是否为狩猎法施行规则所规定的"狸"，成为问题的焦点之一。一、二审法院均依据动物学家川濑博士鉴定结果，貉乃狸之一种，认定其为狸。大审院认为，虽然从动物科学上讲，狸貉同属一物，但猎户所捕之十字花纹貉，"鲜有人名之为狸"；以此为理由之一撤销原判，改判无罪。[3]

在刑法适用中，从语言习惯这一限制条件出发，依据上文所谈论的刑法禁止类推原则的要求，诸如下述这样的类推均是应当排除的：将拐卖 14 周岁以上男子的行为以《刑法》第 240

---

[1]　转引自杨仁寿：《法学方法论》，中国政法大学出版社 1999 年版，第 105 页。

[2]　[德] 考夫曼：《法律哲学》，刘幸义等译，法律出版社 2004 年版，第 194 页。

[3]　参见杨仁寿：《法学方法论》，中国政法大学出版社 1999 年版，第 103～104 页。

条拐卖妇女、儿童罪定罪处罚；将永久赠与他人枪支的行为以《刑法》第 128 第 2、3 款规定的非法出借枪支罪定罪处罚；将医疗单位购买、使用不符合标准的医用器材的行为以《刑法》第 145 条规定的销售不符合标准的医用器材罪定罪处罚。[1]这是由于，14 周岁以上的男子是否在"妇女"或"儿童"的外延之下，赠与是否在"出借"的外延之下，以及购买、使用是否在"销售"的外延之下，并不是存疑的；从语言习惯出发，它们明显不在相关概念的外延之下。当然，在民法适用中，并不存在"禁止类推"的原则，但突破语言习惯的类推已经不是类推解释，而是类推适用了。

所谓典型案例，是指那些相关规范明显能够适用的案件，也就是那些案件事实明显在相关概念的外延之下的案件。通常来说，除了数字之外，法律规范中的一般性词语所指称的都是一个以原型为样本的范畴，而不是一个具有明确定义的范畴。这一方面是由于，立法者要处理的是反复出现但在细节上又总会有些不同的某类事物或行为，而"完全将（这些）类型概念化是不可能达到的"[2]；另一方面则是由于，立法者通常要借助日常生活用语来描绘这类事物或行为并提出相应的规范性方案，而日常生活用语又主要是基于事物的整体形象而非分析性

---

〔1〕 从此出发，2001 年 4 月 10 日颁布的《最高人民法院、最高人民检察院关于办理生产、销售伪劣商品刑事案件具体应用法律若干问题的解释》称，"医疗机构或者个人，知道或者应当知道是不符合保障人体健康的国家标准、行业标准的医疗器械、医用卫生材料而购买、使用，对人体健康造成严重危害的，以销售不符合标准的医用器材罪定罪处罚"，即是一个不应被允许的类推。

〔2〕 ［德］亚图·考夫曼：《类推与"事物本质"——兼论类型理论》，吴从周译，学林文化事业有限公司 1999 年版，第 119 页。

的特征来构造的〔1〕。

在以原型为样本的范畴中，不同成员的地位并不相同；或者说，具有不同的典型性。比如，对于鸟这一范畴来说，麻雀比鸵鸟更典型〔2〕。从特征上看，典型成员是那些具有更多共同特征的成员；而从语言习惯上看，典型成员则是那些其在这个范畴之内没有争议的成员。此处所谈论的典型案例，是指那些从语言习惯上看，案件事实明显在相关概念的外延之下，从而相关规范明显能够适用的案件。

有些时候我们能够从过往的判决中找到典型案例（在最高人民法院所发布的公报案例、指导案例以及其他案例中，也有一些属于用以指导法官如何适用新规范的典型案例，如上文所谈论的指导案例 4 号与 12 号）；但也有些时候我们可能需要自己去构造典型案例，即去设想一个明显属于相关概念的事物或行为。比如，对于毁坏来说，我们可以设想砸坏别人电脑的行为；对于武器来说，我们可以设想刀具或枪支；对于卖淫来说，我们可以设想妇女出卖肉体的行为。

在我们发现或构造典型案例之后，接下来的任务就是将手头案例事实与典型案例事实相比较，并罗列它们的相似特征与差异特征。当然，我们不可能考察案例中的全部事实，而只可能考察那些具有法律意义的事实。正如霍姆斯所说："律师不会提及他的客户在拟定合同时戴着白色的帽子，……原因在于，在他看来，它并不影响公共权力发挥作用的方式。"〔3〕

---

〔1〕　See e. g., Ronald Langacker, "Foundations of Cognitive Grammar", Vol. 1: *Theoretical Prerequisites*, Stanford: Stanford University Press, 1987, p. 19.

〔2〕　参见 [德] 弗里德里希·温格瑞尔、汉斯–尤格·施密特:《认知语言学导论》，彭利贞、许国萍、赵微译，复旦大学出版社 2013 年版，第 27~28 页。

〔3〕　O. W. Holms: "The Path of Law", 10 *Harvard Law Review*, (1897), p. 991.

再次，对于哪些相似特征与差异特征可能具有重要性的判断，离不开法官所具有的经验知识与对法律体系的认识；因此，一些相似特征或差异特征（尤其是差异特征）可能会被忽略，但由于裁判的过程发生在公共的、可争论的场景下，多个主体的视角的存在会有效地降低这一风险。正如在判例法的背景下，律师经常提出手头案例事实与先例之间的差别那样，在我国刑事司法实践中，法官外其他主体的参与也会使一些可能具有重要性的因素被纳入考量中来。比如，在王某辉侵犯著作权案中，辩护律师即提出了王某辉的行为与侵犯著作权的典型行为（以及构成其他罪名的典型行为）之间的区别。[1]

任何两个事物之间都既有某些相似之处，也有某些不同之处，在评估相似与不同的相关性之前，我们无法作出任何决定。正如哈特所说："在我们明定哪些相似性和差异性与个案'相关'之前，'等者等之'就只能是个空洞的形式。"[2]从这个意义上说，评估相关性是类推论证的关键环节。此外，评估相关性也决定了接下来是适用该规范，还是要去重新发现新的规范。

上文已述，在经验类推中，评估相关性的标准是人们的生活经验（比如，对于复印纸的质量来说，其重量、硬度等是相关的，其形状与大小则并不相关）。在规范类推中，评估相关性的标准则是抽象意图，即相关特征是否构成了法律作出相应规定的理由。比如，在上文提到的"盐酸案"中，盐酸与刀枪的相似特征是，它们都能给人带来严重的伤害，差异特征是盐酸并不具有固定的形状；由于给人带来严重伤害是法律规定加重

---

〔1〕 参见寿步："为王某辉制售虚拟装备案进行无罪辩护的二审辩护词"，http://www.netlawcn.net/second/content.asp? no=1613，最后访问时间：2014年6月30日。

〔2〕 ［英］H. L. A. 哈特：《法律的概念》（第2版），许家馨、李冠宜译，法律出版社2006年版，第153页。

强盗的理由，所以该相似特征具有相关性，而盐酸与刀枪之间的形态差别并不具有相关性。

如果相似特征具有相关性，那么则适用该规范；而如果差异特征具有相关性，则要重新发现规范，重复上述诸步骤。假定 F 与 M 为相似特征与差异特征，可以将类比论证表述为：$r(F, G) \mid (Fa \wedge Fb) \wedge Ga \rightarrow Gb$；或者，$r(M, G) \mid (Ma \wedge \exists Mb) \wedge Ga \rightarrow \exists Gb$。前一论证是说，相似特征 F 与 G 具有相关性，因此具有 F 特征的 b 适用该规范；后一论证是说，差异特征 M 与 G 具有相关性，因此不具有 M 特征的 b 不适用该规范。

值得注意的是，在整个论证过程中，我们并不需要 $(x)(Fx \rightarrow Gx)$ 或 $(x)(\exists Mx \rightarrow \exists Gx)$ 这样的前提，也没有试图构造这样的前提[1]；换句话说，我们在 F 与 G 或 M 与 G 之间建立的相关性并不承诺 F 或 M 为 G 的充分条件或（和）必要条件。上文已述，我们认为盐酸与刀枪之间的相似特征（给人带来严重伤害）与法律规定加重强盗之间具有相关性，因此盐酸属于该规范所谈论的武器；但并没有承诺给给人带来严重伤害是某物在法律上成为武器的充分条件或必要条件。这是由于，法律解释中的类推要受到语言习惯的严格限制。这就是说，如果某一事物在语言习惯下显然被视为武器，那么即便它不具有该特征，也在这一规范涵盖之下；如果某一事物在语言习惯下显然不被视为武器，那么即便它具有该特征，也不在这一规范涵盖之下。

---

〔1〕　在这点上，存在一些相反主张。比如，在考夫曼看来，类推通向演绎，即当我们得到一个相关的比较点后，为了得出手头案件事实可适用的结论，还需要构造一个 $(x)(Fx \rightarrow Gx)$ 这样的大前提。但实际上，只从相似特征是相关的这一事实，无法得出这样一个前提；另一方面，如果我们能够得出这样一个前提的话，也就不需要类推论证了。Vgl., Arthur Kaufmann, Das Verfahren der Rechtsgewinnung: Eine rationale Analyse, Munchen: C. H. Beck'sche Verlagsbuchhandlung, 1999) S. 60~71.

而某一事物在通常的语言习惯下是否被视为武器是无法用一个公式来加以描述的。

三、法律命题与法律续造

法律解释并不解决所有的法律疑难。按照我们在上面提出的分类，法律解释只能解决语义含混，而不能解决语用含混。解决语用含混，需要另外一种法律方法，即法律续造。下面就让我们来具体考察法律续造。

上文已述，法律续造所应对的是语用含混。对于语用含混来说，法律命题本身是清晰的，但它用它来证立相关的特定法律命题却会造成不妥当的结果。这时我们就必须对其进行修正，而这又可能导致对那些推导出它的命题进行修正，整个修正将采取从外围到核心而进行的顺序。这也意味着，如果说在法律解释的情况下，我们还可以说司法判决是从先在的法律命题体系中推导出来的；那么在法律续造的情况下，我们就需要对先在的法律命题体系进行修正，对其中的某些命题进行重新赋值。

我们知道，自从概念法学破产以来，一直存在的一个问题就是，如果司法判决无法从先在的法律命题体系中被逻辑地推导出来，那么法官还能依据什么去获得一个妥当的判决呢？是否先在的法律命题体系就不起作用了？的确有许多学者是这样认为的，于是他们开始转而寻求某种外部思路。[1]这在很大程度上是由于，他们将法律命题体系视为封闭而非开放的，但事实是，法律命题体系是对外部经验保持开放的，也是能够在碰

---

[1] 参见陈坤："疑案审理中的实质权衡与最小损害原则"，载《交大法学》2012 年第 2 期。

到困境的时候进行自我修正的，而疑难案件正是提供了这样一个进行自我修正的契机。从而正确的思路不是放弃法律命题体系而去寻找某种外部资源，而是去思考如何修正既有的法律命题体系才是妥当的。在笔者看来，这一问题的答案就是，遵循最小损害原则。下面我们就来谈谈这一原则的依据与具体运用。

（一）最小损害原则的实践依据

作为一种方法论准则，最小损害原则并不是一种纯粹的构想。事实上，在现实的司法实践中，我们经常可以发现法官追求最小限度损害的努力。

以泸州"二奶"继承案为例。我们知道，在泸州"二奶"继承案中，一、二审法院均排除了《继承法》的适用。二审法院提供的理由是："依《立法法》第五章之规定，《民法通则》作为基本法律（上位法），其效力高于作为一般法律（下位法）的《继承法》。"〔1〕

从表面上看，二审法院的判决是法条主义的。它先依据《立法法》得出《民法通则》之效力高于《继承法》的结论，排除了《继承法》的适用，再依据《民法通则》得出遗嘱无效的结论。但经过详细的考察〔2〕我们可以发现，促使法官进行了相关抉择的是其道德观。事实上，正是由于在法官看来，支持原告诉讼主张所造成的对其道德观的损害，要大于不支持原告诉讼主张所造成的对具体条文的损害，才选择不支持原告的诉讼主张。

同样的例子再如广西"驴友"案，一审法官依据三点理由判决被告承担赔偿责任，其中第一点理由是："目前，我国尚未

---

〔1〕　请参见泸州市中级人民法院民事判决书，〔2001〕泸民一终字第 621 号。

〔2〕　参见陈坤："疑难案件、司法判决与实质权衡"，载《法律科学（西北政法大学学报）》2012 年第 1 期。

建立起与户外探险活动相关的制度和法律规定，如发生人身损害事故，没有一个责任认定机制。而事后责任追究的缺失，就会造成户外探险活动事前的轻率化、盲目化。"在这里，法官通过"责任认定机制"确立了"没有户外探险活动相关的制度和法律规定"与"户外探险活动的轻率化、盲目化"之间的因果联系，并暗示了后者是应该努力予以避免的。[1] 在这一案例中，也正是由于法官试图避免判决被告不承担责任所造成的对相关后果与公平观念的损害，才促成了一审判决的作出。

从上面两个例证可以看出，在司法实践中，法官试图让自己的信念体系受到的损害最小。在这种信念体系中，既包括一些经验性知识，也包括对法律规则、原则以及一般社会道德的认识或看法。博西格诺曾这样谈论法官信念体系的形成以及对其作出司法判决的影响："法官的教育、种族、阶层、经济、政治和社会的影响构成一个复杂的环境，法官虽未完全意识到，但他们通过影响法官有关公共政策、经济与社会以及公平游戏或善恶的观点，来最终影响法官的判决。"[2] 个人的信念体系是在其经历中形成的，也是在其经历中被不断调整的。当面临困境或碰到相反经验时，先在的信念体系就会被修正。伯顿（Steven J. Burton）曾经提到，尽管从理论上说，每个人都可以选择自己愿意的方式来修正自己的信念体系，但最有可能被选择的一定是那些需要最小调整的方式。[3]

然而，由于信念体系的特殊性，一种修正对于某个人来说，

〔1〕 参见南宁市青秀区人民法院民事判决书，[2006] 青民一初字第 1428 号。

〔2〕 [美] 博西格诺等：《法律之门：法律过程导论》，邓子滨译，夏出版社 2002 年版，第 30 页。

〔3〕 Steven J. Burton, *An Introduction to Law and Legal Reasoning*, London: Little, Brown, 1995, p. 126.

可能是损害最小的，但对于另外一个人来说却不是。比如，《刑法》第 263 条规定了"冒充军警人员抢劫"属于情节加重犯，但对真军警人员抢劫却没有规定。那么，在司法实践中，如果遇到后一种情形，应当如何处理？我们假定，在这一情形出现之前，人们有着一些共同的信念，如：（1）"冒充的意思就是假冒"；（2）"真军警抢劫的社会危害性比冒充军警抢劫更重"；（3）"社会危害性越大，惩罚力度应该越大"；（4）"刑法没有明文规定加重的，不应以加重犯论处"等。在该情形出现之前，这些信念之间并不存在现实的冲突。然而，该情形的出现却使这些信念之间不再融贯，从而必须修正其中的一个或一些。对于一些人来说，因为我们可以在"假冒与充当"的意义上来理解"冒充"，从而修正（1）是损害最小的[1]；但对于另外一些人来说，这一修正严重地突破了刑法概念的文义射程，从而是不可接受的，此外，并没有什么证据能够证明真军警抢劫就一定比冒充军警抢劫具有更大的社会危害性，因此，修正（2）才是损害最小的[2]。

　　如果谈论的是各自的信念体系，那么究竟修正（1）还是修正（2）才是损害最小的，就不存在一个具有客观性的答案。这意味着，我们必须寻找另外一种具有公共性的事物，以作为最小损害的对象，才有可能使最小损害成为一种具有普适性的适用模式与法学方法。

　　（二）最小损害原则的科学依据

　　上文讨论了最小损害原则的实践基础，通过考察裁判实例

---

　　[1]　张明楷：《刑法分则的解释原理》，中国人民大学出版社 2004 年版，第 238 页。

　　[2]　王树茂："'冒充军警人员抢劫'相关问题辨析"，载《中国检察官》2010 年第 10 期。

指出，在疑难案件的审理中，法官总是试图将自己的信念体系的损害限制到最小。事实上，这一行为倾向并不是法官所特有的，认知心理学告诉我们，这是当个体面临认识失调时的普遍性反应。

我们知道，每个理性的主体都有一系列包括各种经验知识与道德观念的信念，它们在一定程度上构成一个相互支撑的网络，而这个网络则来源于对过往经验的总结。但在现实生活中，人们总是会面临新的情况，碰到相反的经验，当此情况发生时，就可能需要修正已有的信念体系。对此，奥斯古德（C. E. Osgood）与坦南鲍姆（P. Tannenbaum）的实验证实，人们对各自信念体系的修正总是通过一种最小损害的方式进行，他们将这一原则称为"和谐原则"，由于最小损害也就意味着与原有参照框架的最大一致。[1]个体的这一行为倾向可以通过经济学中的经济效应准则来获得解释。任何信念的形成都不会是无代价的，无论是过往经验的总结，还是对其的修正，都是需要耗费资源的，无谓地扩大修正的幅度则是对信息资源的浪费。[2]

在一些学者看来，最小损害不仅是对个体行为倾向的一种描述，它同时也是一种具有规范性的方法。如，蒯因提出，当信念冲突时，合理的做法是，"对相冲突的信念的证据进行评估，将最缺乏支持的信念予以清除"[3]；波洛克和克拉茨提出，"如果我们必须放弃某些信念，理所当然应放弃那些我们认为最

---

〔1〕 See C. E. Osgood & P. Tannenbaum："The Principle of Congruity and the Prediction of Attitude Change", 62 *Psychological Review*,（1955），pp. 42~45.

〔2〕 P. Gardenfors, Knowledge in Flux: Modeling the Dynamics of Epistemic States, Cambridge：MIT Press, 1988, p. 227.

〔3〕 涂纪亮、陈波主编：《蒯因著作集》（第5卷），中国人民大学出版社2007年版，第346页。

可疑的信念"[1]。我们知道，当下的科学哲学界对于知识体系持一套整体论的观点，即不再认为命题具有独立的意义，知识体系作为一个整体接受实践的检验。如，蒯因即将知识体系比喻成一个"人工的织造物"，"整个科学是一个力场，它的边界条件就是经验"，而"在力场的周围同经验的冲突"会引起"内部的再调整"。[2]而普特南则从另外一个角度来谈论这种整体性，即任何一个命题都只有在特定的概念框架中才有真值，而我们对于世界的认识不可避免地要参照该概念框架而进行。[3]这意味着，当面临相反经验时，对哪一个命题重新分配真值在原则上是开放的。然而，从外围到内核依次调整并止步于必要的最小损害却是一个被普遍认为应当遵守的方法论准则。[4]

当然，一些人可能会认为，作为一种科学方法论的最小损害，并不一定能够适用到法律领域中来。这一想法有些道理，但过度夸大科学知识体系与法律命题之间的区别却是意义不大的。事实上，这两者之间的区别仅仅在于，科学知识体系所据以形成的素材更为广泛，它们的性质则是一致的：法律命题体系同样是一个融贯的、并对外部经验保持开放的命题体系。

（三）最小损害原则的标准

上文在讨论最小损害原则的实践依据时指出，作为最小损

---

〔1〕［美］约翰·波洛克、乔·克拉兹：《当代知识论》，陈真译，复旦大学出版社 2008 年版，第 9 页。

〔2〕涂纪亮、陈波主编：《蒯因著作集》（第 4 卷），中国人民大学出版社 2007 年版，第 47 页。

〔3〕［美］希拉里·普特南：《实在论的多副面孔》，冯艳译，中国人民大学出版社 2005 年版，第 15 页。

〔4〕 See e. g., Alchourron, Gardenfors, and Makinson, "On the Logic of Theory Change: Partial Meet Contraction and Revision Functions", 50 *Journal of Symbolic Logic*, (1985), pp. 510~530.

害原则之对象的，不能是法官个人的信念体系，而必须是一种具有公共性的事物。当然，容易理解的是，它还必须能够提供充分的理由，以说明，为什么一个正确的裁判应当对之造成最小限度的损害。

显然，法律命题体系是满足这两个要求的。一方面，它具有公共性；另一方面，它是从法律规则中构建而来的，依法审判也是现代民主政治的题中之意。那么接下来的问题就是，如何判断法律命题体系所受到的损害是最小的？或者说，如何比较不同的裁判对该体系所造成损害的大小？

首先，依据上文所提到的法律命题体系的层级性（参见第四章），对较为核心层级的命题的损害要大于对较为外围层级的损害。如，对依据规则而来的命题的损害要大于依据原则或一般社会道德而来的命题，这也是为什么在舒国滢教授看来，对法律原则的适用必须在穷尽法律规则的前提下才是妥当的。[1]以泸州"二奶"继承案为例，如果不支持原告的诉讼主张，则会损害由陈述《继承法》第 16 条第 3 款之内容而产生的命题，即"公民可以立遗嘱将个人财产赠给国家、集体或者法定继承人以外的人"。如果支持原告的诉讼主张，则可能损害由参照一般性社会道德而设想的命题，即"将财产遗赠与'二奶'违背了公序良俗的原则"。如果不考虑其他因素，不支持原告诉讼主张从而给前一命题所造成的损害要大于支持原告诉讼主张从而给后一命题所造成的损害。此时，最小损害原则要求法官支持原告的诉讼主张。

其次，当对一些命题的损害是明确的，而对另外一些命题

---

[1]　舒国滢等：《法学方法论问题研究》，中国政法大学出版社 2007 年版，第 478 页。

的损害并不明确或可以避免时，前者的损害大于后者。仍以泸州"二奶"继承案为例，上文已述，如果不支持原告的诉讼主张，则会损害由陈述相关法条之内容而产生的命题，这一损害是明确的；而支持原告的诉讼主张，是否会损害由参照一般性社会道德而设想的命题则是不明确的。这是由于，对一般性社会道德的参照，并不必然可以得出"将财产遗赠与'二奶'违背了公序良俗的原则"这一命题。首先，考虑到此案的特殊情况，黄某彬将财产遗赠与张某英的行为并不一定就有违伦理道德。[1]其次，即便该行为有违伦理道德，也并不必然意味着其违背了公序良俗原则，正如上文所提到的判决书所承认的那样，"并非一切违反伦理道德的行为都是违反社会公德或社会公共利益的行为"；正基于此，在一些学者看来，在此案中，保护"二奶"是否有损社会公共利益是"结论未显"或"需经论辩"的[2]。在这个意义上讲，最小损害原则也要求避免明确的损害，从而支持原告的诉讼主张。许霆盗窃案的情况也是如此，一审判决严重冲击了人们的常识性观念，尽管由这些常识性观念而来的是较为外围的命题，但由于二审判决通过援引《刑法》第 63 条第 2 款，做到了既没有损害该命题，又避免了损害那些由刑法条文而来的命题，从而也就是更为妥当的。

再次，要探究损害的原因，通常来说，由于素材改变而导致的损害要小于其他损害。我们知道，法律命题体系中的任一命题均有其素材来源，素材的改变会导致我们修正相应的命题。

---

〔1〕 黄某彬在与张某英同居的五年里，与蒋某芳基本断绝关系。在黄某彬病逝之前，一直是张某英承担其医疗费用，照顾其起居。参见王甘霖："'第三者'为何不能继承遗产"，载《南方周末》2001 年 11 月 1 日；《多事的遗嘱》，中央电视台《社会经纬》节目 2002 年 3 月 7 日。

〔2〕 如，陈林林："方法论上之盲目飞行：利益法学方法之评析"，载《浙江社会科学》2004 年第 5 期。

比如，由陈述法律规则之内容而产生的命题，如果规则改变了，那么命题就要修正。同样，那些参照一般生活经验而来的命题，如果一般生活经验改变了，命题也要随之修正。朱建勇故意毁坏财物案的情况即是如此，对于毁坏，由于在相当长一段时间内，财物都是有形的，那么参照一般生活经验所形成的命题也就可以是"毁坏是对财物之物理性的破坏"。然而，在新的社会条件下，尤其是，无形财产的出现，改变了相关的生活经验，从而将这一命题修正为"毁坏是财物价值的降低"也就是顺理成章的，至少是可以被辩护的。

最后，判断最小损害，还要看特定的损害所带来的潜在影响，即损害的波及度。比如，对于真军警抢劫是否成立冒充军警抢劫的问题，如果判决成立，将损害基于普通生活经验所形成的对冒充的理解；如果判决不成立，则可能会损害同样基于生活经验所形成的命题，比如"真军警抢劫的社会危害性比冒充军警抢劫更为严重"。对这两种损害来说，前一种损害将波及法律命题体系中其他各处对于冒充的理解，比如，《刑法》第279 条第 1 款的"冒充国家机关工作人员"、第 2 款的"冒充人民警察"，第 372 条的"冒充军人"；后一种损害是极为具体的，并不会影响人们对其他行为社会危害性大小的判断，从而波及度也是有限的。

尽管从理论上说，总是存在这样的可能性，即"两种裁判结果所损害的命题为同一层级、损害均是明确的并基于素材改变的、又都具有差不多的波及度"，但在现实生活中，这一情形毕竟是相对稀少的。因此，我们说，遵循最小损害原则的法律续造能够解决至少大部分的语用含混。

四、小结

本章内容旨在说明，对妥当法律真理观的探寻并不是一种纯智力的游戏，而是我们理解法律规则、探知法律内容、反思法律方法以致获取正确判决的重要理论工具。通过考察法律命题与司法判决之间的关系，我们能够通过一种法律命题理论来为正确判决的存在问题、标准问题与获得问题提供一个前后一致的答案；并详细讨论了两种获得正确判决的方法：法律解释与法律续造。将法律解释视为澄清法律规则的含义以进一步明确相关的一般法律命题，而将法律续造视为对法律命题体系的调整。对于法律解释来说，要根据抽象意图来确定分类标准或类推的相关性标准；而对于法律续造来说，则要遵循调整要对已有的法律命题体系产生最小损害的原则。通过这两种法律方法，绝大部分的疑难案件都是可以解决的，或者说，都是存在正确答案的。

主要参考书目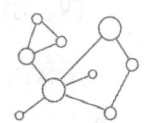

一、中文著作

1. 陈波、韩林合主编：《逻辑与语言——分析哲学经典文选》，东方出版社 2005 年版。

2. 陈波：《理性的执著：对语言、逻辑、意义和真理的追问》，北京师范大学出版社 2014 年版。

3. 陈嘉映：《语言哲学》，北京大学出版社 2003 年版。

4. 陈景辉：《实践理由与法律推理》，北京大学出版社 2012 年版。

5. 陈启伟主编：《现代西方哲学论著选读》，北京大学出版社 1992 年版。

6. 陈新民：《法治国家论》，学林文化事业有限公司 2001 年版。

7. 陈兴良：《刑法适用总论》，中国人民大学出版社 1999 年版。

8. 国家法官学院、中国人民大学法学院编：《刑事审判案例要览》（2003 年刑事审判案例卷），人民法院出版社、中国人民大学出版社 2004 年版。

9. 韩林合：《〈逻辑哲学论〉研究》，商务印书馆 2016 年版。

10. 洪汉鼎编著：《〈真理与方法〉解读》，商务印书馆 2018 年版。

11. 洪谦主编：《逻辑经验主义》（下册），商务印书馆 1984 年版。

12. 洪谦主编：《逻辑经验主义》（上卷），商务印书馆 1982 年版。

13. 黄茂荣：《法学方法与现代民法》，法律出版社 2007 年版。

14. 孔祥俊：《法律方法论》（第 1-3 卷），人民法院出版社 2006 年版。

15. 雷磊：《规范、逻辑与法律论证》，中国政法大学出版社 2016 年版。

16. 梁慧星：《裁判的方法》（第 3 版），法律出版社 2017 年版。

17. 梁慧星：《民法解释学》，中国政法大学出版社 1995 年版。

18. 林定夷：《科学、非科学、伪科学：划界问题》，中山大学出版社 2016 年版。

19. 刘钢：《真理的话语理论基础》，人民出版社 2015 年版。

20. 刘星：《法学知识如何实践》，北京大学出版社 2011 年版。

21. 刘佑生主编：《疑案精解》，中国检察出版社 2003 年版。

22. 罗仕国：《科学与价值：作为实践理性的法律推理导论》，中国社会科学出版社 2008 年版。

23. 舒国滢等：《法学方法论问题研究》，中国政法大学出版社 2007 年版。

24. 疏义红：《法律解释学实验教程——裁判解释原理与实验操作》，北京大学出版社 2008 年版。

25. 涂纪亮、陈波主编：《蒯因著作集》（第 1-6 卷），中国人民大学出版社 2007 年版。

26. 王利明：《法律解释学导论》，法律出版社 2009 年版。

27. 王寅：《认知语言学》，上海外语教育出版社 2008 年版。

28. 颜厥安：《法与实践理性》，中国政法大学出版社 2003 年版。

29. 杨仁寿：《法学方法论》，中国政法大学出版社，1999 年版。

30. 於兴中：《法理学前言》，中国民主法制出版社 2015 年版。

31. 张斌峰：《法律推理新探：语用学与语用逻辑的视角》，中国政法大学出版社 2014 年版。

32. 张传新：《自适应道义逻辑与法律推理研究》，山东人民出版社 2011 年版。

33. 张明楷：《刑法的基本立场》，中国法制出版社 2002 年版。

34. 张明楷：《刑法分则的解释原理》，中国人民大学出版社 2004 年版。

35. 张骐：《法律推理与法律制度》，山东人民出版社 2003 年版。

36. 张志铭：《法律解释操作分析》，中国政法大学出版社 1999 年版。

二、中文译著

1. ［奥］卡林·诺尔-赛蒂那：《制造知识———建构主义与科学的与境

性》，王善博等译，东方出版社 2001 年版。

2. ［奥］克拉夫特《维也纳学派》，李步楼、陈维杭译，商务印书馆 1999 年版。

3. ［奥］维特根斯坦：《逻辑哲学论》，韩林合译，商务印书馆 2012 年版。

4. ［奥］维特根斯坦：《哲学研究》，李步楼译，商务印书馆 2000 年版。

5. ［英］A. F. 查尔默斯：《科学究竟是什么》，查汝强、江枫、邱仁宗译，商务印书馆 1982 年版。

6. ［澳］约翰·A. 舒斯特：《科学史与科学哲学导论》，安维复译，上海科技教育出版社 2013 年版。

7. ［德］H. 科殷：《法哲学》，林荣远译，华夏出版社 2002 年版。

8. ［德］罗伯特·阿列克西：《法律论证理论———作为法律证立理论的理性论辩理论》，舒国滢译，中国法制出版社 2002 年版。

9. ［德］阿图尔．考夫曼：《类推与"事物本质"—兼论类型理论》，吴从周译，学林文化事业有限公司 1999 年版。

10. ［德］考夫曼：《法律哲学》，刘幸义等译，法律出版社 2013 年版。

11. ［德］特奥多尔·菲韦格：《论题学与法学———论法学的基础研究》，舒国滢译，法律出版社 2012 年版。

12. ［德］弗雷格：《弗雷格哲学论著选辑》，王路译，商务印书馆 1994 年版。

13. ［德］弗里德里希·温格瑞尔、汉斯-尤格·施密特：《认知语言学导论》（第 2 版），彭利贞、许国萍、赵微译，复旦大学出版社 2013 年版。

14. ［德］汉斯-格奥尔格·伽达默尔：《诠释学Ⅰ：真理与方法》，洪汉鼎译，商务印书馆 2010 年版。

15. ［德］卡尔·拉伦茨：《法学方法论》，陈爱娥译，商务印书馆 2003 年版。

16. ［德］鲁·卡尔纳普：《哲学和逻辑句法》，傅季重译，上海人民出版社 1962 年版。

17. ［德］康德：《康德著作全集》（第 3 卷），李秋零译，中国人民大学出版社 2010 年版。

18. ［德］克劳斯·罗克辛：《德国刑法学总论》（第 1 卷），王世洲译，法律出版社 2005 年版。

19. ［德］克劳斯·施莱希、斯特凡·科里奥特：《德国联邦宪法法院：地位、程序与裁判》，刘飞译，法律出版社 2007 年版。

20. ［德］鲁道夫．冯．耶林：《法学是一门科学吗?》，李君韬译，法律出版社 2010 年版。

21. ［德］鲁道夫·哈勒：《新实证主义》，韩林合译，商务印书馆 1998 年版。

22. ［德］齐佩利乌斯：《法学方法论》，金振豹译，法律出版社 2009 年版。

23. ［德］魏德士：《法理学》，丁晓春、吴越译，法律出版社 2005 年版。

24. ［德］尤尔根·哈贝马斯：《交往行动理论》（第 1 卷），曹卫东译，上海人民出版社 2018 年版。

25. ［法］保罗·利科尔：《解释学与人文科学》，陶远华等译，河北人民出版社 1987 年版。

26. ［法］布鲁诺·拉图尔、［英］史蒂夫·伍尔加：《实验室生活：科学事实的建构过程》，张伯霖、刁小英译，东方出版社 2004 年版。

27. ［法］皮埃尔·迪昂：《物理学理论的目的和结构》，李醒民译，华夏出版社 1999 年版。

28. ［法］笛卡尔：《第一哲学沉思录：反驳与答辩》，庞景仁译，商务印书馆 1986 年版。

29. ［法］笛卡尔：《谈谈方法》，王太庆译，商务印书馆 2000 年版。

30. ［法］米歇尔·福柯：《规训与惩罚》，刘北成、杨远婴译，生活·读书·新知三联书店 2007 年版。

31. ［古希腊］亚里士多德：《工具论》，李匡武译，广东人民出版社 1984 年版。

32. ［古希腊］亚里士多德：《形而上学》，吴寿彭译，商务印书馆 1959 年版。

33. ［荷］斯宾诺莎：《神学政治论》，温锡增译，商务印书馆 1963 年版。

34. ［美］G·波利亚：《数学与猜想》（第 1 卷），李心灿等译，科学出版社 1984 年版。

35. ［美］A. 爱因斯坦、［波兰］L. 英费尔德：《物理学的进化》，周肇威译，上海科学技术出版社 1962 年版。

36. ［美］爱因斯坦：《爱因斯坦文集》（第 1 卷），许良英等译，商务印书馆 1976 年版。

37. ［美］布莱恩·莱特编：《法律和道德领域的客观性》，高中等译，中国政法大学出版社 2007 年版。

38. ［美］布莱恩·比克斯：《法律、语言与法律的确定性》，邱昭继译，法律出版社 2007 年版。

39. ［美］德沃金：《法律帝国》，李冠宜译，时英出版社 2002 年版。

40. ［美］约翰·杜威：《人的问题》，傅统先、邱椿译，上海人民出版社 1965 年版。

41. ［美］弗里德里克·肖尔：《像法律人那样思考》，雷磊译，中国法制出版社 2016 年版。

42. ［美］赫施：《解释的有效性》，王才勇译，三联书店 1991 年版。

43. ［美］惠廷顿：《宪法解释：文本含义、原初意图与司法审查》，杜强强译，中国人民大学出版社。

44. ［美］鲁道夫·卡尔纳普：《卡尔纳普思想自述》，陈晓山、涂敏译，上海译文出版社 1985 年版。

45. ［美］卡尔纳普：《科学哲学与科学方法论》，江天骥译，华夏出版社 1990 年版。

46. ［美］J. 卡勒：《索绪尔》，张景智译，中国社会科学文献出版社 1989 年版。

47. ［美］托马斯·库恩：《科学革命的结构》（第 4 版），金吾伦、胡新和译，北京大学出版社 2012 年版。

48. ［美］理查德·波斯纳：《超越法律》，苏力译，北京大学出版社 2016 年版。

49. ［美］理查德·波斯纳：《法官如何思考》，苏力译，北京大学出版社 2009 年版。

50. ［美］理查德·罗蒂：《后形而上学希望———新实用主义社会、政治和法律哲学》，张国清译，上海译文出版社 2003 年版。

51. ［美］理查德·罗蒂：《实用主义哲学》，林南译，上海译文出版社 2009 年版。

52. ［美］鲁德纳：《社会科学哲学》，曲厚跃、林金城译，生活·读书·新知三联书店 1983 年版。

53. ［美］理查德·罗蒂：《后哲学文化》，黄勇译，上海译文出版社 2004 年版。

54. ［美］A. P. 马蒂尼奇编：《语言哲学》，牟博等译，商务印书馆 1998 年。

55. ［美］安德雷·马默：《法律与解释：法哲学论文集》，张卓明等译，法律出版社 2006 年版。

56. ［美］希拉里·普特南：《理性、真理与历史》，童世骏、李光程译，上海译文出版社 2005 年版。

57. ［美］希拉里·普特南：《实在论的多副面孔》，冯艳译，中国人民大学出版社 2005 年版。

58. ［美］希拉里·普特南：《事实与价值二分法的崩溃》，应奇译，东方出版社 2006 年版。

59. ［美］H. S. 塞耶：《牛顿自然哲学著作选》，上海外国自然科学哲学著作编译组译，上海人民出版社 1974 年版。

60. ［美］史蒂文·卢坡尔：《伦理学导论》，陈燕译，中国人民大学出版社 2008 年版。

61. ［美］唐纳德·戴维森：《真理、意义与方法》，商务印书馆 2008 年版。

62. ［美］威廉·詹姆斯：《实用主义：一些旧思想方法的新名称》，陈羽纶、孙瑞禾译，商务印书馆 1979 年版。

63. ［美］约翰·波洛克、乔·克拉兹：《当代知识论》，陈真译，复旦大学出版社 2008 年版。

64. ［美］约翰·R. 塞尔：《社会实在的建构》，李步楼译，上海世纪出版集团 2008 年版。

65. ［日］西原春夫主编：《日本刑事法的形成与特色》，李海东等译，法律出版社 1997 年版。

66. ［日］野家启一：《库恩：范式》，毕小辉译，河北教育出版社 2002 年版。

67. ［瑞士］费尔迪南·德·索绪尔：《普通语言学教程》，高名凯译，商务印书馆 1985 年版。

68. ［意］齐瓦尼·萨尔托尔：《法律推理——法律的认知路径》，汪习根等译，武汉大学出版社 2011 年版。

69. ［英］A. J. 艾耶尔：《语言、真理与逻辑》，尹大贻译，上海译文出版社 2006 年版。

70. ［英］K. S. 肯尼、J. W. 塞西尔·特纳：《肯尼刑法原理》，王国庆等译，华夏出版社 1989 年版。

71. ［英］M·麦金：《维特根斯坦与<哲学研究>》，李国山译，广西师范大学出版社 2007 年版。

72. ［英］卡尔·波普尔：《客观知识———一个进化论的研究》，舒炜光等译，上海译文出版社 2001 年版。

73. ［英］大卫·布鲁尔：《知识与社会意象》，艾彦译，东方出版社 2001 年版。

74. ［英］蒂莫西·A. O. 恩迪科特：《法律中的模糊性》，程朝阳译，北京大学出版社 2010 年版。

75. ［英］A. C. 格雷林：《哲学逻辑引论》，牟博译，中国社会科学出版社 1990 年版。

76. ［英］H. L. A. 哈特：《法律的概念》（第 2 版），许家馨、李冠宜译，法律出版社 2006 年版。

77. ［英］卡尔·波普尔：《猜想与反驳———科学知识的增长》，傅季重等译，上海译文出版社 1986 年版。

78. ［英］卡尔·波普尔：《科学发现的逻辑》，查汝强、邱仁宗、万木春译，中国美术学院出版社 2008 年版。

79. ［英］伊·拉卡托斯：《科学研究纲领方法论》，兰征译，上海译文出版社 1999 年版。

80. ［英］罗素：《意义和真理的探究》，贾可春译，商务印书馆 2009 年版。

81. ［英］罗素：《哲学问题》，何兆武译，商务印书馆 1959 年版。

82. ［英］尼尔·麦考密克：《法律推理与法律理论》，姜峰译，法律出版社 2005 年版。

83. ［英］萨米尔·奥卡沙：《科学哲学》，韩广忠译，译林出版社 2013 年版。

84. ［英］苏珊·哈克：《逻辑哲学》，罗毅译，商务印书馆 2006 年版。

85. ［英］苏珊·哈克：《证据与探究———走向认识论的重构》，陈波、张力、刘叶涛译，中国人民大学出版社 2018 年版。

三、英文专著

1. Alberto Coffa, *The Semantic Tradition from Kant to Carnap*, Cambridge：Cambridge University Press, 1991.

2. Aleksander Peczenik, *On Law and Reason*, Dordrecht：Kluwer, 1989.

3. Andrei Marmor, *Interpretation and Legal Theory*, Oxford：Hart Publishing, 2005.

4. Andrei Marmor, *Law and Interpretation：Essays in Legal Philosophy*, Oxford：Clarendon Press, 1997.

5. AulisAarnio, *On Coherence Theory of Law*, Lund：Juristforlaget, 1998.

6. Bill Newton-Smith, *The Rationality of Science*, London & New York：Taylor & Francis, 2003.

7. Brain Bix, *Law, Language, and Legal Determinacy*, Oxford：Oxford University Press, 1993.

8. Bruce Chapman, *Law, Probability and Risk*, Oxford：Oxford University

Press, 2013.

9. Charles. L. Stevenson, *Facts and Values*, Westport, CT: Greenwood, 1973.

10. David Ross, *Foundations of Ethics*, Oxford: Clarendon, 1939.

11. Dennis Patterson, *Law and Truth*, Oxford: Oxford University Press, 1996.

12. G. E. M. Anscombe, *Intention*, *Cambridge*, Mass.: Harvard University Press, 2000.

13. G. P. Baker & P. M. S. Hacker, *Wittgenstein: Rules, Grammar and Necessity*, Oxford: Wiley-Blackwell, 2009.

14. Garth L. Hallett, *Language and Truth*, New Haven: Yale University Press, 1988.

15. Giovanni Sartor, *Legal Reasoning: A Cognitive Approach to the Law*, Dordrecht: Springer, 2005.

16. H. L. A. Hart, *The Concept of Law*, (2nd ed.), Oxford: Clarendon Press, 1994.

17. HaigKhatchadourian, *Truth: Its Nature, Criteria and Conditions*, Frankfurt: De Gruyter, 2011.

18. Hilary Putnam, *Realism and Reason*, Cambridge: Cambridge University Press, 1983.

19. Hillary Putnam, *Realism with a Human Face*, Cambridge, Mass.: Harvard University Press, 1990.

20. Hillary Putnam, *The Many Faces of Realism*, Chicago: Open Court, 1987.

21. J. L. Austin, *Philosophical Papers*, Oxford: Oxford University Press, 1979.

22. Jean-Franqois Lyotard, *The Postmodern Condition: A Report on Knowledge*, Minneapolis: University of Minnesota Press, 1984.

23. John C. Grey, *The Nature and Sources of Law*, Gloucester, Mass.: Peter Smith, 1972.

24. John Chipman Gray, *The Nature and Sources of Law*, Gloucester, Mass.: Peter Smith, 1972.

25. John Hospers, *An Introduction to Philosophical Analysis*, London: Routledge

& Kegan Paul Ltd. , 1970.

26. John L. Mackie, *Ethics*: *Inventing Right and Wrong*, Harmondsworth: Penguin Books, 1977.

27. John R. Searle, *Expression and Meaning*, Cambridge: Cambridge University Press, 1979.

28. John R. Searle, *The Construction of Social Reality*, New York: Free Press, 1995.

29. Joseph Raz, *Practical Reason and Norms*, Oxford: Oxford University Press, 1999.

30. Joseph Raz, *The Morality of Freedom*, Oxford: Clarendon, 1986.

31. Karl N. Llewellyn, *The Bramble Bush*, New York: Oceana, 1951.

32. Marcus G. Singer, *Generalization in Ethics*, New York: Russell & Russell, 1961.

33. Mark Van Hoecke, *Law as Communication*, Oxford: Hart Publishing, 2002.

34. Marry Heese, *The Structure of Scientific Inference*, Berkeley: University of California Press, 1974.

35. Martin Hollis and Steven Lukes, *Rationality and Relativism*, Cambridge, Mass. : MIT Press, 1982.

36. Michael Glanzberg, *The Oxford Handbook of Truth*, Oxford: Oxford University Press, 2018.

37. Michael S. Moore, *Law*, *Language and Ethics*, Calif. : Uni. S. Calif. Law Center, 1981.

38. Nelson Goodman, Of Mind and Other Matters, Cambridge Mass. : Harvard University Press, 1984.

39. Nicholas Rescher, *The Coherence Theory of Truth*, Oxford: Oxford University Press, 1982.

40. Paul Feyerabend, *Against Method*, New York: Verso, 1993.

41. Peter F. Strawson, *Introduction to Logical Theory*, London: Methuen & Co Ltd, 1952.

42. Peter F. Strawson, *Logico—Linguistic Papers*, London: Methuen, 1974.

43. Peter Lipton, *Inference to the Best Explanation*, London: Routledge, 1993.

44. R. M. Hare, *Freedom and Reason*, New York: Oxford University Press, 1965.

45. R. M. Hare, *The Language of Morals*, New York: Oxford University Press, 1964.

46. Raimo Siltala, *Law Truth and Reason*, Dordrecht: Springer, 2013.

47. Richard Rorty, *Truth and Progress*, New York: Cambridge University Press, 1998.

48. Robert Alexy, *A Theory of Constitutional Rights*, Oxford: OUP, 2002.

49. Ronald Dworkin, *A Matter of Principle*, Cambridge, Mass: Harvard University Press, 1985.

50. Ronald Dworkin, *Law's Empire*, Cambridge, MA: Belknap, 1986.

51. Ronald Dworkin, *Talking Rights Seriously*, Cambridge, Mass: Harvard University Press, 1976.

52. Rudolf Carnap, *The Unity of Science*, London: Kegan Paul, 1934.

53. Rudolf Haller, *Questions on Wittgenstein*, Bristol: Routledge, 1988.

54. Saul Kripke, *Naming and Necessity*, Cambridge, Mass. : Cambridge University Press, 1980.

55. Saul Kripke, *Wittgenstein on Rules and Private Language*, Oxford: Blackwell, 1982.

56. Stanley Fish, *Doing What Comes Naturally: Change, Rhetoric, and the Practice of Theory in Literary and Legal Studies*, Durbam and London: Duke University Press, 1989.

57. Stephen F. Barker, *The Elementsof Logic*, New York: McGraw—Hill, 1980.

58. Steven J. Burton, *An Introduction to Law and Legal Reasoning*, London: Little, Brown, 1995.

59. StevenShapin and Simon Schaffer, *Leviathan and the Air — Pump: Hobbes, Boyle and the Experimental Life*, Princeton: Princeton University

Press, 1985.

60. Theo A. F. Kuipers, *Elsevier Handbook of the Philosophy of Science: General Philosophy of Science*, Amsterdam: Elsevier, 2007.

61. Wolfgang Künne, *Conceptions of Truth*, Oxford: Clarendon Press, 2003.